정치 양극화와
한국 민주주의의 위기

정치 양극화와
한국 민주주의의 위기

한국인의 정체성 5

강원택·손열 편

책을 내면서

2024년 12월 3일, 윤석열 대통령의 비상계엄 선포는 한국 민주주의에 대한 심각한 도전이었고, 1987년 민주화 이후 쌓아 올린 헌정 질서를 뒤흔드는 중대한 퇴행이었다. 이 조치는 민주주의의 근본 원칙을 위협했고, 역사의 시계를 거꾸로 돌리려는 시대착오적인 시도였다. 이 충격적인 조치는 단순한 정치적 위기를 넘어, 한국 정치 시스템의 작동 방식과 민주주의의 건강성에 대한 근본적 의문을 던져준 사건이었다.

그러나 한국의 민주주의는 이 거센 도전에 맞서 회복력을 보여주었다. 국회의 결의로 계엄이 신속히 해제되었고, 윤 대통령에 대한 탄핵소추안이 가결된 후 헌법재판소의 인용 결정으로 파면이 확정되었다. 우리의 헌정 체제 내에서 질서 있는 위기 해소가 이루어졌다는 점은 긍정적이었지만, 그 과정에서 극단적인 분열과 대립이 생겨났다. 거리에서는 격렬한 대립이 발생했고, 정파적, 이념적 갈등은 걷잡을 수 없이 증폭되었다. 이러한 분열과 대립은 과거 어느 때보다 심각해졌으며, 사회 전반에 걸쳐 깊어진 양극화가 드러났다.

이 책은 이런 현상에 주목한다. 이 책의 문제의식은 비상계엄 선포를 둘러싼 일련의 사건과 그와 함께 표출된 한국 사회의 분열과 대립에 대한 것이다. 비상계엄 사태는 단순히 하나의 정치적 사건이 아니라, 한국 정치의 응축된 구조적 문제가 터져 나온 결과로 볼 수도 있다. 정치적 태도의 차이가 단순한 견해 차이를 넘어 극단적인 진영 논리로 고착화되고, 타협보다 적대와 거부감이 우선시되는 배제와 부정의 정치가 제도권 정치뿐만 아니라 시민사회까지 지배하게 된 것이 아닌지 우려가 된다.

건강한 민주주의는 정치 지도자나 제도권 정치가 타협과 자제의 덕목을 통한 정치력을 발휘해야 할 뿐만 아니라, 시민들 역시 자신과 다른 정치적 선호를 갖는 이들에 대한 관용과 상호 존중의 마음을 가져야 한다는 점을 이번의 정치 위기가 잘 보여주고 있다. 민주주의가 외형적으로 작동한다고 해서 그것이 곧 건강한 민주주의를 의미하는 것은 아니다. 건강한 민주주의는 법과 제도의 수준을 넘어, 시민들 간 배려와 관용의 태도가 자리 잡을 때 보장될 수 있다.

이 책은 동아시아연구원이 2005년부터 5년 주기로 출간해 온 〈한국인의 정체성〉 시리즈의 일환으로 기획되었다. 2025년에 출간하는 제5집의 주요 연구진은 작년 11월 기획 모임을 갖고 한국 정치와 사회의 양극화 현상에 주목하여 민주주의와 거버넌스, 정책변화를 체계적으로 분석하고자 하였다. 곧이어 비상계엄 선포로 촉발된 정치적 혼란과 갈등의 심화를 목도하면서, 정파적 대립과 극단적인 정치적 양극화가 왜 생겨났으며 어떤 특성을 갖고 있는지, 그리고 그 갈등을 어떻게 해소할 수 있을지에 대한 고민을 본격적으로 전개하였다. 올 1월 24-26일 한국리서치에 의뢰한 여론조사 결과를 바탕으로 집필한 연구 결과는 2월 11일과 14일 두차례 공개 컨퍼런스를 통해 발표되었다. 이 책은 컨퍼런스 발표문을 수정, 확대한 내용으로 구성되어 있다.

　　이 의미 있는 연구에 기꺼이 참여해 주신 필자들에게 감사의 뜻을 전한다. 또한 이 연구가 책으로 나오기까지 많은 수고를 해 준 송채린 연구원, 그리고 한국리서치 관계자분들에게도 감사드린다. 이 책이 우리가 겪고 있는 한국 민주주의 위기의 원인과 특성을 이해하고, 이를 토대로 보다 건강하고 단단한 민주주의로 나아가는 데 일조할 수 있기를 기대한다.

2025년 7월
연구진을 대표하여
강원택·손열

목차

책을 내면서   5

제1장   계엄 정국과 정치 이념: "조용한" 중도는 무엇을 원하나   11
        강원택

제2장   비상계엄의 원인에 대한 인식과 제도 개혁에 대한 태도   41
        성예진

제3장   누가 계엄을 지지하는가?   71
        박범섭

제4장   왜 못 믿을까?: 선거 공정성 인식과 선관위 신뢰   93
        김지혜

제5장   2016년과 2024년, 무엇이 어떻게 달라졌을까?   113
        유성진

제6장   왜 20대 여성들은 윤석열 탄핵 집회에 더 적극적이었나?:
        정서적 양극화와 정치 참여   137
        김한나

제7장	고령층의 계엄에 대한 태도	181
	정인관	

제8장	일상적 소통, SNS, 정서적 양극화	199
	한 준	

제9장	양극화와 외교정책: 대중의 분열이 가져오는 정책 결과	217
	손 열	

제10장	양극화 시대의 정치 개혁	235
	하상응	

저자 약력   259

계엄 정국과 정치 이념:
"조용한" 중도는 무엇을 원하나

강원택

1. 서론

이 글은 2024년 12월 3일 윤석열 대통령의 비상계엄 선포로 인한 정치적 혼란을 겪으면서 오히려 격화되고 있는 정파적 대립과 갈등에 주목하며, 그러한 정파적, 이념적 대결과 대립에서 한걸음 물러서 있는 이념적 '중도층'의 정치적 태도와 특성을 분석하고자 한다.

정치적 양극화와 그에 기반한 적대적 정당 정치는 여소야대의 상황에서 대통령과 의회라는 두 기구 간 극단적 대결을 낳았고, 이는 결국 대통령의 군 동원과 의회의 탄핵이라는 또 다른 극단적 방법의 동원으로 이어지면서 정국은 파국을 맞이했다. 계엄 선포에 대한 책임을 물어 국회가 대통령을 탄핵했지만, 그 이후에도 정파적 대립은 잦아들지 않고 있다. 오히려 헌법재판소의 탄핵 판결을 앞두고 이를 둘러싼 정치적 갈등은 정치권뿐만 아니라, 거리에서도 격렬하게 나타나고 있으며 법원 난입과 같은 일부의 극단적인 행위까지 발생했다. 이 글은 계엄-탄핵의 사건을 계기로, 한국 사회의 정파적 양극화가 더 격렬해졌는지 살펴보고자 하는 목적을 갖는다.

이런 문제의식을 갖는 것은 윤석열 대통령의 계엄 선포는 그 권한 행사의 법적 요건이나 절차상의 문제를 넘어, 국회를 무력화시키기 위해 군을 동원했다는 점에서 결코 용인될 수 없는 행위였다. 그런 점에서 이 사안은 정파적 이해관계를 넘은 헌정 체제에 대한 도전이고 한국 민주주의에 대한 위협이라고 할 수 있다. 하지만 계엄 해제 이후에도 "윤석열"은 여야 간 정파적 갈등의 중심에 서 있으며, 이는 또한 각 정파 지지자들 간 격렬한 다툼과 대립을 불러왔다. 계엄 선포 사태와 국회의 대통령 탄핵이라는 정치적 위기 상황에서도 그간 한국 정치를 분열시켜 온 양극화의 정치는 크게 바뀌지 않은 것처럼 보인다.

이 글은 구체적으로 계엄 선포 사태 이후 "윤석열" 이슈가 이념이나 정파에 따라 우리 사회를 얼마나 심각하게 분열시키고 있는지에 대해 살펴보고자 하는 것이다. 이 글에서는 특히 자신의 이념 성향을 '중도'로 규정한 이들에 주목한다. 이념적으로 중도적 입장이라고 해서 정파적 선호가 없는 것은 아니지만(강원택 2007), 이들은 이념 스펙트럼상에서 어느 한쪽으로의 편향을 분명하게 밝힌 이들에 비해서는 상대적으로 정파적 충성심이나 이념적 강도는 낮다고 볼 수 있다. 더욱이 양쪽으로 갈려 격렬하게 전개되는 정치적 논쟁에 이들의 의견이나 목소리는 상대적으로 잘 드러나지 않을 것이다. 이들 스스로 정치참여나 의견 개진에 소극적일 수도 있고, 혹은 이념 스펙트럼의 양 극단에 위치한 이념적으로 강하고 적극적인 이들의 크고 강한 목소리에 밀려 입을 닫고 있을 수도 있다(Noelle-Neumann 1974). 하지만 우리 사회의 정치적 선호가 이념 스펙트럼상 두 개의 진영으로 전체 국민이 완전히 분열된 형태의 쌍봉형 분포이기보다 중앙의 중도 유권자를 중심으로 대칭적인 단봉형 분포라고 한다면, 중요한 이슈에 대한 여론의 흐름이나 선거의 승패를 결정짓는 것은 상대적으로 '조용한' 중도층이 될 수밖에 없다(Downs 1957).

현실 정치의 대립 속에서 보수와 진보로 양분하여 정치적 태도를 구분하지만, 실제로는 그런 이분법적 구분 속에 다양한 정치적 태도가 담겨 있다는 것이 이 글의 출발점이다. 광의의 보수, 진보라는 두 개의 범주로 나뉘더라도, 그 안에는 이념적 방향성과 강도가 다른 여러 하위 집단을 포함되어 있다는 것이다. 이러한 시각은 그간의 한국 정치에 대한 해석이 정파적 양극화라는 외양 속에서, 그 내부의 다양한 관심을 무시한 채 과도하게 두 개의 대립적 관계만을 강조해 온 기존의 관점으로부터 벗어나야 한다는 점을 강조하기 위한 것이기도 하다. 중도층에 주목함으로써 이 글에서는 정파적 양극화 속에서도 '서로 다름'과 '배제'만이 아니라, 인식의 '유사함'이나 태도의 '타협 가능함'을 강조하고자 한다. 여기서 사용하는 데이터는 동아시아연구원EAI이 한국리서치에 의뢰해 2025년 1월 22일, 23일 양일간 1,514명을 대상으로 실시한 웹서베이 결과이다.

2. 이론적 논의

한국 정치에서 이념의 영향이 부각되기 시작한 것은 2002년 대통령 선거 이후의 일이다. 그 이전 선거에서도 이념의 영향에 주목한 연구가 있기는 했지만(강원택 1998), 보수 성향이 지배적이라고 생각되었던 한국 정치에서 진보 이념의 부상과 그에 따른 이념 대립이 본격화된 것은 2002년 대통령 선거 때부터이다. 그 이후 각종 선거에서나 정파적 갈등에서 이념은 정치적 선택이나 평가에 영향을 미치는 중요한 변수로 작용해 왔다.

이념에 대한 접근은 보수와 진보, 혹은 좌와 우와 같은 이원적 대립을 전제로 하는 경향이 있다. 뒤베르제(Duverger 1964: 215)는 "정당의 존재가 이원적이지 않은 경우는 있지만, 경향의 이원성a duality of tendencies은 거의 항상 존재한다....중도 정당이 존재할 수는 있지만, 중도 경향centre tendency이나 중도 원칙centre doctrine은 존재하지 않는다"고 주장했다. 뒤베르제는 이념적 태도로서의 중도의 존재를 인정하지 않았다.

투표 선택에 대한 방향성 이론에서도 이념 스펙트럼의 중간 지점은 방향direction과 강도intensity가 없는 지점으로 설정하고 있다. 이들에게 중도점은 지지를 이끌어 낼 수 없는 중립적 지역a neutral zone이거나 혹은 경쟁적 두 이슈에 대한 무차별indifference을 의미한다 (Macdonald et al. 1991, 1123). 즉, 이런 관점에서 중도는 좌와 우, 혹은 진보와 보수와 구분되는 별도의 이념적 특성을 갖기보다 그저 정치적 선호의 부재를 의미할 뿐이다.

하지만 현실적으로는 자신을 보수나 진보에 속한다고 생각하지 않는 유권자들이 다수 존재한다. 물론 중도라는 이념적 자리매김이 이념적 선호의 부재를 의미하는지 혹은 정치적 불신이나 무관심의 결과인지는 분명하지 않다. 류재성(2012)은 무당파나 중도 유권자를 구분하면서 이들이 동질적 집단이기보다는 매우 다른 기준에 의해 분류된 이질적 집단인데, 중도 유권자는 이념적 온건함이 아니라 '무정향'을 특징으로 하지만, 무당파 유권자는 정당에 대한 '부정적 태도'를 특징으로 한다고 보았다. 캠벨 등(Campbell et al. 1960: 143)은 비당파적인 유권자nonpartisan는 종종 파당적 편견partisan prejudice이 없지만, 정치와 정부 정책에 대해 관심을 갖는 독립된 유권자the Independents 집단으로 간주되지만, 실제로 경험적 분석을 해 보니 이들은 정보와 지식이 부족하고, 정치, 정책, 선거 과정과 결과에 무관심한 탈정치적 유권자들apoliticals에 가까웠다. 최준영 등(2022, 103)도 중도적 유권자는 이념적으로 무정향을 특징으로 하며, 이들이 모든 정당과 거리를 두며 무당파의 입지를 고수하는 것은, 정파적 편견으로부터 벗어나 독립적이고 객관적인 정치적 판단과 결정을 내리기 위함이 아니라, 단순히 정당과 정치에 대한 무관심의 소산이라고 보았다.

하지만 2024-2025년 비상계엄-탄핵 정국은, 위의 연구에서 상정한 것과 같은 선거 등의 '정상 정치'의 국면이 아니라, 심각한 정치적 위기 상황이었다. 설사 '무관심'을 특징으로 하는 중도층이라고 해도 이런 심각한 위기에 대해 전적으로 '모른 척' 할 수 없는 상황이 되었다. 외형적으로는 강성 보수층과 강성 진보층이 대립하고 갈등을 주도하는 모습을 보였지만, 이를 지켜보는 중도층 역시 정치 상황에 대한 평가와 판단을 가질 수밖에 없는 상황이 된 것이다. 그런 점에서 이들 중도층이 "정치 및 경제 상황에 대한 자신들의 불만족으로 인해 어떠한 정당도 지지하지 않는, 정당에 대한 부정적 태도를 가진 유권자 집단"(류재성 2012, 120)일 수는 있지만, 그럼에도 계엄-탄핵으로 인한 위기 상황에서 정치적으로 무관심하거나 정치적 정보나 지식이 낮은 집단이라고 볼 수는 없다. 오히려 정파성이 약하고 상대적으로 '조용'한 중도층의 상황 인식과 판단이 비상계엄-탄핵 정국을 바라보는 우리 사회 전반의 진솔한 평가를 보여줄 수 있을 것이다. 이 글에서 중도층에 주목하는 것도 바로 이 때문이다.

3. 이념과 계엄-탄핵 정국

우선 현재 논란이 되고 있는 계엄 선포와 대통령 탄핵에 대한 전체 응답자의 인식에 대해 분석했다. 〈그림 1〉에서 보듯이, 윤석열 대통령의 계엄 선포에 대한 평가는 부정적이다. 전체 응답자의 72.7%가 그 결정을 "잘못된 것"으로 보았다. 응답자 중 58%는 계엄 선포를 "매우 잘못한 일"이라고 응답하여 이에 대한 강한 비판적 태도를 나타냈다. 14% 정도의 응답자만이 계엄 선포에 대해 긍정적 평가를 내렸다. 정파적 입장이나 이념적 태도와 무관하게 윤석열 대통령의 계엄 선포를 매우 비판적으로 보고 있음을 알 수 있다.

한편, 2024년 12월 14일 윤석열 대통령에 대한 탄핵소추안은 재적의원 300석 중 찬성 204, 반대 85, 기권 3, 무효 8로 가결됐다. 탄핵에 대한 응답자들의 태도를 분석한 결과 탄핵에 찬성하는 비율이 높게 나타났다. 전체 응답자의 64.5%가 윤 대통령에 대한 탄핵을 찬성하는 것으로 나타났다. 응답자 중 절반을 넘는 51.5%는 탄핵 인용을 "매우 찬성"한다고 응답했다. 그러나 탄핵을 반대한다는 응답도 1/4에 가까운 23.4%에 달했다. 탄핵 인용을 "매우 반대한다"는 응답도 12.8%에 달했다. 앞서 본 계엄 선포에 대한 긍정적 평가와 비교해 볼 때 탄핵 반대 비율은 10% 정도 더 높게 나타났고, 특히 "매우 반대한다"는 강한 부정의 비율은 계엄 선포에 대한 강한 긍정의 비율보다 두 배 정도 높았다.

〈그림 1〉, 〈그림 2〉는 계엄 사태에 대한 우리 사회의 전반적인 분위기를 잘 요약해 보여주고 있다. 우선 계엄 선포에 대해서는 대다수가 부정적인 평가를 내리고 있다. 전체 응답자의 3/4이 비판

적으로 평가한다는 것은 이념이나 정파적 선호를 넘어 대부분의 국민이 그것을 잘못된 행위로 보고 있다는 것이다. 그러나 "윤석열 대통령 탄핵"에 대해서는 찬성의 입장이 상대적으로 높기는 하지만, 계엄 선언에 대한 부정적 평가에 비해서는 그 비율이 다소 낮게 나타났다. 더욱이 반대의 강도나 비율도 계엄 선포에 대한 반응에 비해 강하고 높다는 사실을 알 수 있다. 이러한 차이가 이번 사태를 둘러싸고 나타나는 갈등의 원인을 집약적으로 보여주고 있다. 즉, "계엄 선포는 잘못한 것이지만, 탄핵은 반대한다"는 '모순된 입장'을 보이는 이들이 존재하며, 이것이 탄핵 정국의 정치적 갈등을 부추기는 주요한 원인이 되었다.

그림 1 | 계엄 선포에 대한 평가
Q, 귀하는 지난 12월 3일의 비상계엄 선포를 어떻게 생각하십니까?

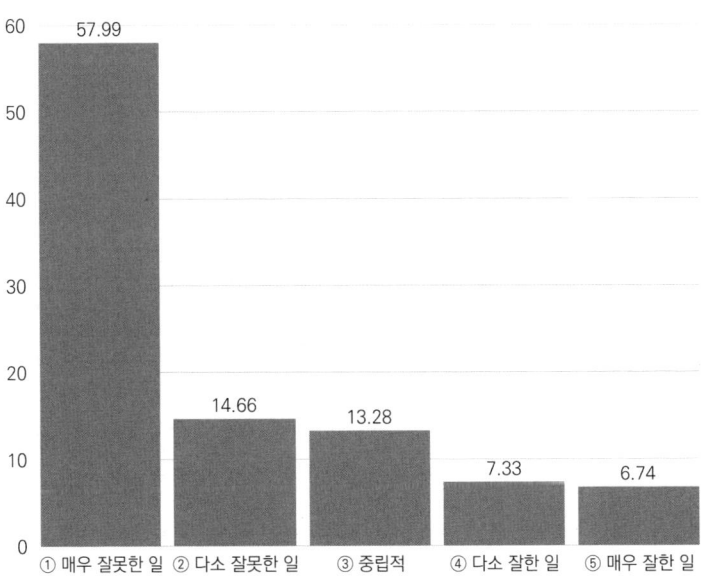

그림 2 | 윤석열 탄핵에 대한 입장

Q. 현재 윤석열 대통령은 헌법재판소의 탄핵 결정을 앞두고 있습니다. 귀하는 탄핵에 대해 어떤 입장이십니까?

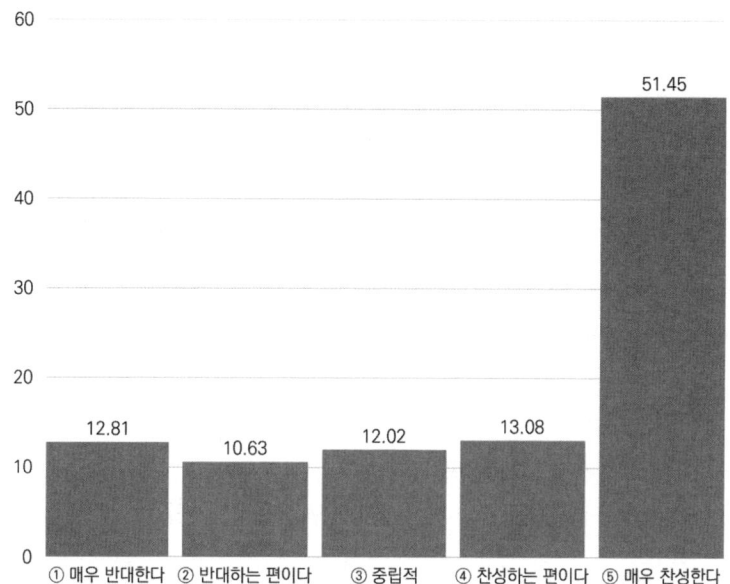

그런데 그동안의 양극화된 정치 상황을 고려해 보면, 정파적 선호에 따라 계엄 선포에 대한 반응이나 윤석열 탄핵에 대한 태도에 차이가 있을 것으로 생각해 볼 수 있다. 이에 2022년 대통령 선거에서 이재명-윤석열 두 후보 중 누구에게 투표했느냐에 따른 태도 차이를 살펴보았다. 〈표 1〉에서 보듯이, 분석 결과 지지 후보에 따른 뚜렷한 입장의 차이가 확인되었다. 계엄 선포에 대해서는 두 후보 지지자 모두 잘못했다는 반응을 보였다. 중간값이 3인데, 윤석열 투표자도 평균값이 2.76으로 부정적 판단이 강한 것으로 나타났고, 이재명 지지자들은 1.15로 매우 강한 부정적 태도를 보였다. 두 집단 간 평균의 차이도 통계적으로 유의미한 것으로 확인되었다.

하지만 윤석열 대통령 탄핵에 대해서는 두 집단 간 방향성에서 차이가 나타났다. 이재명 투표자는 1-5점 척도에서 평균 4.8의 매우 강한 찬성의 태도를 보인 반면, 윤석열 투표자는 2.67로 중간값 3보다 다소 작은 '반대'의 방향으로 나타났다. 탄핵을 둘러싼 정파적 갈등은 이런 차이에서 비롯된 것으로 보인다. 한편, 윤석열 대통령 국정운영에 대해서는 이재명 지지자가 10점 만점에서 평균값 1.73으로 대단히 낮은 평가를 내렸음을 알 수 있다. 이에 비해 윤석열 투표자는 10점 척도에서 대체로 중간 정도의 평가를 내렸다.

이처럼 앞의 〈그림 1〉, 〈그림 2〉에서 본 것처럼 대다수의 국민은 계엄 선언에 대한 부정적 평가를 내리고 있고, 탄핵 결정에 대해서도 다수가 찬성의 입장을 취하고 있지만, 정파적 태도에 따라서는 그 태도에 상당한 차이가 있다는 것을 알 수 있다.

표 1 | 2022년 대선 투표와 계엄-탄핵 정국에 대한 인식

	2022 대선 투표 (n)	평균	표준편차	t-검증
계엄 선포	이재명	1.15	0.524	t=-26.41 p<.00
	윤석열	2.76	1.390	
헌법재판소 탄핵 결정	이재명	4.80	0.655	t=32.80 p<0.00
	윤석열	2.67	1.443	
윤석열 국정운영 평가	이재명	1.73	1.275	t=-31.59 p<0.00
	윤석열	5.42	2.547	

■ 계엄 선포: 1-매우 잘못한 일, 2-잘못한 일, 3-중립적, 4-다소 잘한 일, 5-매우 잘한 일
탄핵 결정: 1-매우 반대, 2-반대하는 편, 3-중립적, 4-찬성하는 편, 5-매우 찬성
국정 운영 평가: 1-매우 잘못함 ...10-매우 잘함.
[n - 이재명 투표자 594, 윤석열 투표자 588]

결국 현재의 정치적 갈등은 윤석열 탄핵에 대한 정파적 입장의 차이에서 비롯된 것으로 볼 수 있다. 탄핵에 대해 단호한 태도인 이재명 투표자들에 비해 윤석열 투표자들은 다소 반대하는 입장을 보이고 있기 때문이다. 한편 〈표 1〉을 보면, 윤석열 투표자들이 탄핵 결정에 다소 반대하는 것으로 나타났지만, 표준편차가 상대적으로 매우 크다는 데서 알 수 있듯이 집단 내부적으로는 다양한 관점이 공존하는 것으로 볼 수 있다. 평균값은 탄핵 반대쪽으로 살짝 기울었지만 내부 분포는 매우 다양하다는 것이다. 이런 점에 유의하여 윤석열 투표자의 계엄-탄핵 관련 인식에 대한 선형 회귀분석을 실시했다. 그 결과가 〈표 2〉에 정리되어 있다.

〈표 2〉에서는 독립변수를 계엄 선포, 정부 기관 신뢰, 정치인 호감도, 선거 공정성, 정치 태도, 사회경제적 배경 등 6개의 범주로 구분했다. 이 가운데 '계엄 선포' 범주의 4개 변수는 모두 통계적으로 유의미한 것으로 나타났다. 계엄 선포 자체에 대한 긍정적 평가가 높을수록, 그리고 계엄 선포가 국가 안보와 질서 유지를 위한 것이고, 야당의 비협조로 인해 불가피한 것이었다고 간주할수록 탄핵 반대의 태도를 취할 확률이 높아졌다. 반면 계엄 선포가 윤 대통령 권력 유지를 위함이라고 생각하지는 않는 것으로 나타났다. 즉 탄핵을 반대하는 이들은, 계엄 자체에 대해 동의하는 이들도 있지만, 계엄 선포로까지 이어질 수밖에 없는 이유가 있었다고 생각하는 이들이라고 할 수 있다. 이외에 윤석열에 대한 호감과 이재명에 대한 비호감이 탄핵 반대 태도에 영향을 미친 것으로 나타났다. 하지만 선거 공정성에 대한 태도나 중앙선거관리위원회에 대한 신뢰도 등 윤 대통령이 계엄 선포 때 명분으로 내걸었던 이른바 '부정선거'에 대

한 것은 윤석열 투표자의 탄핵 반대에 대한 태도에 통계적으로 유의미한 영향을 미치지 않는 것으로 나타났다. 결국 윤석열 투표자 집단에서 탄핵 반대에 대한 태도가 나타나는 것은 계엄 사태를 초래하게 된 원인에 대한 '동조적' 태도, 즉 야당에 대한 불만과 관련이 있는 것으로 볼 수 있다.

표 2 | 윤석열 투표자의 계엄-탄핵 정국에 대한 인식: 선형 회귀분석

변수		B	표준화 계수 ß
계엄 선포	계엄 선포 평가	.159*	.153
	국가안보 질서 유지 위함	.082*	.190
	야당의 비협조로 불가피	.068*	.154
	대통령 권력 유지 위함	-.057*	-.126
기관 신뢰	국회	.000	.001
	헌법재판소	-.030	-.060
	중앙선거관리위원회	-.036	-.069
호감도	윤석열	.011*	.275
	이재명	-.004**	-.060
선거 공정성	2022 대선	-.067	-.046
	2024 총선	.013	.010
정치 태도	정치 관심	-.042	-.019
	정치 이념	.020	.025
사회경제 배경	가구 소득	-.009	-.016
	재산	.012	.031
	연령	-.004	-.044
	학력	-.002	-.002
	성별	-.003	-.001
상수		2.279*	
$R^2 = 0.73$			

■ 종속변수: ① 탄핵 매우 찬성, ② 찬성하는 편 2, ③ 중립적, ④ 반대하는 편, ⑤ 매우 반대
*p<.001, **p<0.05
독립변수:
계엄 선포 평가: ① 매우 잘못, ② 잘못, ③ 중립, ④ 잘함, ⑤ 매우 잘함
국가안보, 야당 비협조, 권력 유지: ① 전혀 아님 ~ ⑩ 매우 그러함
기관 신뢰: ⓪ 매우 불신 ~ ⑩ 매우 신뢰
호감도: 0. 대단히 부정적 ~ 100. 대단히 호의적
선거 공정성: ① 자유롭고 공정했음 ~ ④ 자유롭지 않고 공정하지 않음.
정치 관심: ① 전혀 관심 없음 ~ ④ 매우 관심이 많음
이념: ⓪ 가장 진보 ~ ⑩ 가장 보수

하지만, 앞서 〈표 1〉에서 탄핵 결정에 대한 윤석열 투표자의 평균을 보면 탄핵 반대 방향으로 다소 치우쳐 있기는 하지만 그 강도는 그리 강하다고 보기 어렵다. 더욱이 그 집단의 표준편차가 상대적으로 크다. 즉, 그 집단 내에서도 이에 대해 다양한 생각을 갖는 이들이 있다는 것이다. 대선 때 윤석열에게 투표했다는 이유만으로 각각의 집단을 내부적으로 동질적인 것으로 간주하기는 어렵다. 이런 점은 이재명 투표자의 경우에도 마찬가지로 해당될 것이다. 스스로 보수나 진보라고 이념적으로 규정해도 그 강도에 따라 온건 보수, 강성 보수, 온건 진보, 강성 진보의 구분이 있을 수 있고, 또 자신을 중도로 간주하는 이들도 있을 것이다.

이런 점에 유의하여 우선 보수, 진보 집단을 온건, 강성으로 각각 구분하여 5개의 하위 집단으로 구분해 보았다. 중도를 포함한 5개 집단의 빈도 분포는 〈그림 3〉과 같다. 이념 분포 중 스스로 중도라고 응답한 비율이 46.4%로 거의 절반에 가까웠다. 또한 온건 보수와 온건 진보, 강성 보수와 강성 진보의 비율이 거의 동일한 것으로 나타났다. 〈그림 3〉에서 볼 수 있듯이, 이념 집단의 분포는 좌우 대칭의 단봉형(單峯形) 분포를 보이고 있다.

그림 3 | 응답자의 이념 분포

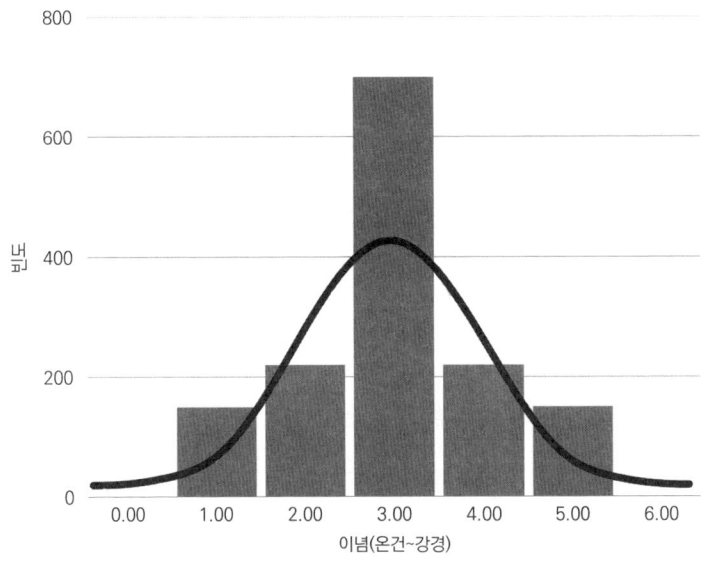

이념 구분	강성 진보	온건 진보	중도	온건 보수	강성 보수
빈도 (1,514)	146	260	702	261	145
% (100.0)	9.6	17.2	46.4	17.2	9.6

여기서 중도 이념을 보다 세분화해서 살펴볼 필요가 있다. 중도 이념이라고 해도 정파적으로 어느 쪽도 아닌 완전한 중립을 취하겠다는 것으로 보기는 어렵다. 투표 행태를 설명하는 방향 이론directional theory에서 말하는 대로, 중도 지점이 이슈에 대한 어떤 감정적 반응도 없고, 선호의 방향이나 강도도 없는 중립적neutral 입장(Rabinowitz and Macdonald 1989)이라고 보기는 어렵다. 아무리 중도적인 유권자라고 해도 선거 때 투표를 한다면 누군가 후보자를 선택해야 할 것이고, 최근 한국 정치에서처럼 양극화된 상황이라면, 두 정파적 진영 가운데 조금이라도 더 선호하는 어느 한쪽을 결국 선택

해야만 한다. 그래서 중도 유권자의 특성을 2022년 대선에서의 후보 선택을 통해 구분해 보았다.

표 3 | 이념 성향별 2022년 대선 후보 지지

	강성 진보	온건 진보	중도	온건 보수	강성 보수	n
이재명	92.9	86.1	49.1	20.9	8.8	594
윤석열	7.1	13.9	50.9	79.1	91.2	588
	100.0	100.0	100.0	100.0	100.0	
Pearson 카이제곱 371.34, p<.00						

〈표 3〉에서는 매우 흥미로운 결과가 나타났다. 강성 진보의 92.9%가 이재명 후보에게, 강성 보수의 91.9%가 윤석열 후보에게 투표했다. 온건 진보의 86.1%, 그리고 온건 보수의 79.1%가 윤석열 후보에게 표를 던졌다. 자신의 이념적 방향성을 분명히 밝힌 이들의 압도적 다수가 자기 진영의 후보를 선택했다. 그런데 중도라고 밝힌 이들의 선택은 거의 반반으로 지지 후보가 갈렸다. 49.1%가 이재명을, 50.9%가 윤석열을 찍었다고 밝혔다. 〈표 3〉의 결과는 우리 정치의 양극화가 얼마나 심각한 상황에 놓여 있는지를 잘 보여주고 있다. 이념적 선호가 분명한 이들은 압도적으로 그 정파의 후보를 지지할 뿐만 아니라, 중도라고 한 이들 역시 거의 완전하게 둘로 갈라져 있기 때문이다. 〈그림 3〉과 〈표 3〉의 결과는 한국 사회가 정파적으로 둘로 갈라져 있음을 분명하게 보여준다.

그런 점에서 계엄-탄핵 정국에서 양극화된 정파적 갈등을 이해하기 위해서는 각 이념의 하위 집단이 정치 지도자와 양대 정당을 이념 스펙트럼 상에서 어떻게 인식하고 있는지 살펴볼 필요가 있다. 〈그림 4〉와 〈그림 5〉는 각각 윤석열 투표자와 이재명 투표자를 대상으로 하여 강성 이념 집단, 온건 이념 집단과 중도의 6개 하위 단

위로 구분하여 윤석열, 이재명 두 정치 지도자, 국민의힘과 더불어민주당의 양대 정당에 대한 이념 위치의 평균값을 정리한 것이다.

〈그림 4〉를 보면, 강성 보수집단의 경우 이념 평균값이 8.88로 상당히 극단적인 위치에 놓여 있다. 이들은 윤석열 대통령 역시 매우 극단적 보수로 간주하고 있지만, 그들의 이념적 입장이 더 극단적이다. 하지만 그들이 생각하는 윤석열과의 이념거리는 0.15로 대단히 가깝게 느끼고 있다. 반면, 이재명 대표의 이념 위치에 대한 인식은 평균 0.54로 극단적 진보로 간주하고 있음을 알 수 있다. 이들의 이념 인식은 두 정치 지도자의 위치를 이념 스펙트럼상의 양극단에 두고 있다. 윤석열-이재명 이념 거리보다는 다소 가깝지만 국민의힘-민주당 간 거리도 거의 7에 가깝다. 이들과 같은 인식으로는 두 정파 간 타협이나 합의 도출은 현실적으로 불가능해 보인다.

이에 비해 온건 보수집단은 그들의 이념 위치도 6.44로 비교적 온건한 입장이고, 이들이 인식하는 정파 간 이념 거리는 이재명-윤석열이 6 정도이고 국민의힘-민주당도 5.32로 상대적으로 가까워졌다. 이들은 자신들의 이념적 입장이 그들이 투표한 윤석열이나 국민의힘보다 온건하다고 인식하고 있다. 이들이 투표한 윤석열과의 이념거리도 0.88로 강성 보수의 0.15와는 차이를 보였다.

한편, 윤석열에 투표한 중도층(중도 보수)이 인식하는 정파 간 이념 거리는 온건 보수보다 더 가깝다는 것을 알 수 있다. 윤석열-이재명 이념 거리는 4.61, 국민의힘-민주당 간 거리는 4.1로 줄어들었다. 하지만 중도층의 경우, 그들과 윤석열 간의 이념 거리는 1.93, 국민의힘과는 1.82로 적지 않은 거리를 보였다. 이념적으로는 윤석열이나 국민의힘과는 다소 입장의 차이가 있음을 알 수 있다.

그런데 흥미로운 점은 세 하위 집단 모두에서 각 정당보다 윤석열이나 이재명의 이념적 위치가 더 극단에 가깝다는 점이다. 국민의힘이나 민주당 모두 윤석열, 이재명보다 상대적으로 온건한 입장에 있는 것으로 인식하고 있다. 정치적 양극화의 원인을 두 정치 지도자에게서 찾고 있는 것으로 볼 수 있을 것 같다.

그림 4 | 윤석열 투표자 중 하위 이념 집단별 정치 지도자, 정당 이념 인식

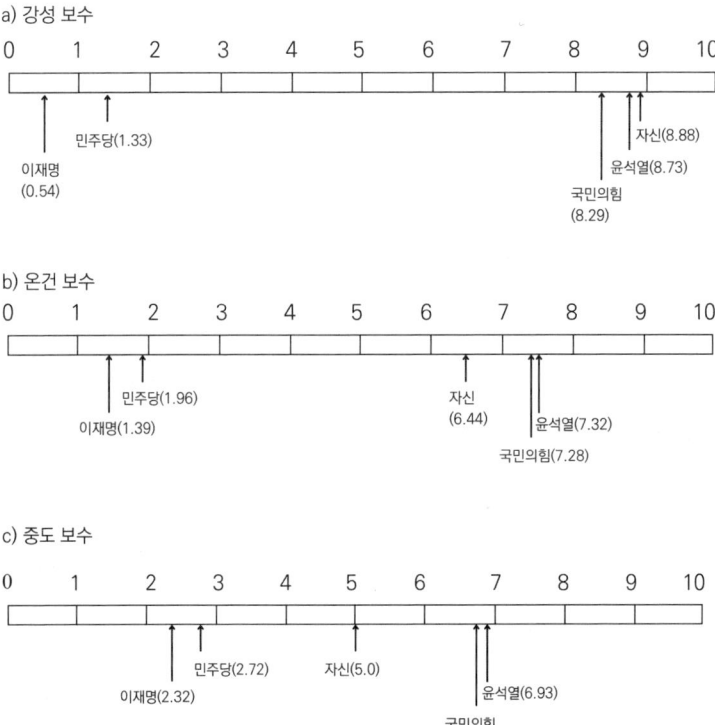

그림 5 | 이재명 투표자 중 하위 이념 집단별 정치 지도자, 정당 이념 인식

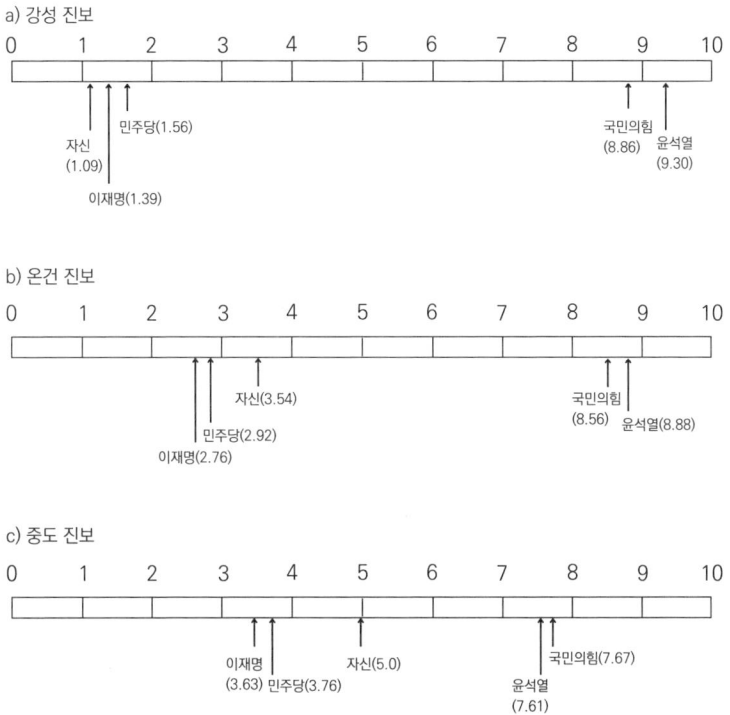

 이런 특성은 이재명 투표자에게서 유사하게 확인된다. 강성 진보층의 이념 평균값은 1.09로 매우 극단적인 위치에 놓여 있다. 강성 보수층의 평균값이 8.88이었다는 점을 고려할 때, 강성 보수와 강성 진보 모두 이념 축의 극단적 위치에 놓여 있음을 알 수 있다. 이러한 이념적으로 강경한 태도를 가진 이들에 의해 주도되면 정치적 상황은 극단적 대립으로 이어질 수밖에 없다. 강성 보수층의 경우처럼, 이들도 이재명 대표의 이념적 입장이 상당히 극단적 지점에 놓여 있다고 생각하지만 그들의 입장이 더 극단적이다. 이들이 생각

하는 이재명 대표의 이념 위치는 1.39로 그들과 가장 가까운 지점에 놓여 있으며 이념 거리는 불과 0.3이다. 이들은 윤석열 대통령이 이념적으로 대단히 극단적 위치에 놓여 있다고 생각한다. 윤석열의 이념 평균값은 9.30이었다. 강성 보수가 이재명의 위치를 0.54로 생각하는 것과 마찬가지로 이들도 윤석열의 위치를 대단히 극단적인 것으로 간주하고 있다. 두 정치 지도자의 위치에 대한 이들의 인식은, 강성 보수층의 경우와 마찬가지로, 이념 스펙트럼상의 양극단에 두고 있다. 이들이 생각하는 국민의힘-민주당 간 거리는 윤석열-이재명 이념 거리보다는 다소 가깝지만 7.30이나 된다. 강성 보수층과 마찬가지로 이러한 인식으로는 타협이나 합의의 정치는 기대하기 어렵다.

온건 진보 집단은 이념 위치가 3.54이다. 온건 보수집단의 평균이 6.44인데, 중앙의 5를 기준으로 온건 보수는 1.44 오른쪽, 온건 진보는 1.46 왼쪽에 놓여 있다. 온건 진보나 온건 보수의 평균 이념이 모두 중앙 쪽으로 쏠려 있음을 알 수 있다. 온건 보수의 경우와 마찬가지로, 온건 진보가 인식하는 정파 간 이념 거리도 이재명-윤석열이 6.12이고 국민의힘-민주당도 5.64로 상대적으로 가까워졌다. 이들 역시 자신들의 이념적 입장이 그들이 투표한 이재명이나 민주당보다 온건하다고 인식하고 있다.

한편, 이재명에 투표한 중도층(중도 진보)이 인식하는 이념 거리는 온건 진보보다 더 가깝다는 것을 알 수 있다. 윤석열-이재명 이념 거리는 3.98, 국민의힘-민주당 간 거리는 3.91로 줄어들었다. 하지만 그들과 이재명 간의 이념 거리는 1.37, 민주당과는 1.24로 앞의 두 집단보다는 거리가 커졌음을 알 수 있다.

그런데 여기서도 각 정당보다 윤석열이나 이재명의 이념적 위치가 더 극단에 가까운 위치에 놓여 있다고 인식하는 경향이 확인되었다. 중도 진보 집단의 국민의힘의 경우를 제외하면(여기서도 그 차이가 0.06에 불과하지만), 세 경우 모두 국민의힘이나 민주당이 윤석열, 이재명보다 상대적으로 온건한 입장에 있는 것으로 인식하고 있다. 정치적으로 극단적인 것은 정당보다 두 정치 지도자라는 인식은 이재명 투표자에게서도 마찬가지로 확인된다.

〈그림 4〉와 〈그림 5〉는 현재 전개되고 있는 양극적 대립의 특성을 잘 보여주고 있다. 정파적 지지와 무관하게 중도적 입장을 갖는 이들은 물론이고, 이념적으로 온건한 입장을 취하는 이들 역시 정치 상황에 대한 시각이 극단적이라고 보기 어렵다. 특히 전체 이념 분포의 46.4%로 거의 절반을 차지하는 중도층의 경우에는 보수든 진보든 중앙으로 이념적 평가가 수렴되고 있는 것을 알 수 있다. 이들의 정치적 태도나 입장을 따른다면, 두 정파 간 타협이나 합의가 불가능해 보이지 않는다. 결국 지금의 극한적 대립이나 갈등은 이러한 중도층, 혹은 온건 이념층의 입장보다 극단적 입장을 가진 강성 보수, 강성 진보가 정치적 논쟁이나 쟁점 이슈를 주도하고 있기 때문으로 볼 수 있다. 강성 보수와 강성 진보의 비율은 〈그림 3〉에서 볼 수 있듯이, 각각 9.6%에 불과하다. 전체의 20%도 안 되는 극단적 입장이 정국을 주도하면서 전반적인 대립과 갈등이 격화되고 있다.

4. 정치적 쟁점과 이념적 하위집단의 특성

앞의 논의에서 윤석열 지지나 이재명 지지라는 동일한 범주에 포함되어 있다고 해도 정치 상황을 바라보는 시선에서 내부적으로 상당한 차이가 있음을 알 수 있다. 특히 '수세적 입장'인 윤석열 지지층에서의 시각 차이가 상대적으로 더욱 컸다. 그렇다면 현재 계엄-탄핵을 둘러싼 논란이 지속되는 상황에서, 각 정파 내 이념적 강도가 다른 집단이 과연 어떤 태도를 보이는지에 대해 살펴볼 필요가 있다.

표 4 | 각 이념 하위 집단별 평균

2022년 대선투표 선택	이념 구분	계엄 선포		선거 공정성		호감도	
		안보,질서 위함	야당의 비협조	2022년 총선	2024년 대선	윤석열	이재명
윤석열 투표	강성 보수	7.87	8.64	3.06	2.58	78.49	7.41
	온건 보수	5.79	6.89	2.59	2.15	54.42	8.99
	중도 보수	3.84	5.12	2.35	2.06	34.87	16.03
ANOVA		F=81.94 p<0.00	F=62.42 p<0.00	F=21.01 p<0.00	F=12.85 p<0.00	F=82.64 p<0.00	F=9.62 p<0.00
이재명 투표	강성 진보	1.26	1.32	1.53	1.98	7.05	76.50
	온건 진보	1.31	1.39	1.65	1.93	4.97	66.27
	중도 진보	1.53	1.80	1.74	1.98	7.05	51.79
ANOVA		F=1.85 p=0.16	F=5.17 p<0.01	F=2.15 p=0.12	F=0.18 p=0.83	F=1.00 p=0.37	F=36.13 p<0.00

■ 국가 안보, 야당 비협조: ① 전혀 아님 ~ ⑩ 매우 그러함
선거 공정성: ① 자유롭고 공정했음, ② 자유롭고 공정했지만 작은 문제들이 있었다 ③ 자유롭고 공정했지만 큰 문제들이 있었다, ④ 자유롭지 않고 공정하지 않았다.
호감도: 0. 대단히 부정적 ~ 100. 대단히 호의적

〈표 4〉는 계엄 선포의 이유에 대한 공감 정도, 정치적 논란이 되어 온 '부정선거'에 대한 인식, 그리고 두 정치 지도자에 대한 호감도에 대한 하위 이념 집단별 평균을 정리한 것이다. 윤석열 투표자를 보면, 모든 항목에 대한 분산분석 결과가 통계적으로 유의미한 차이를 보이고 있다. 계엄 선포의 두 명분에 대해서는 강성 보수 → 온건 보수 → 중도 보수의 순으로 공감의 정도가 낮아지고 있다. 중도 보수는 계엄 선포의 명분이 안보, 질서라는 데 대해서는 명백하게 동의하지 않은 태도를 보이고 있고, 야당의 비협조 때문이라는 데 대해서도 중간값인 5.5보다 작은 평균치를 보였다. 선거 공정성에 대한 인식에서도 같은 패턴이 나타났고, 논란이 큰 2022년 총선에 대해서도 강성 보수와의 큰 시각의 차이를 보였다. 윤석열에 대한 호감도에서 강성 보수의 평균이 78.49인 데 비해, 중도 보수의 평균은 34.87이었다. 온건 보수가 대체로 중간 정도의 평가를 한 데 비해 중도 보수는 50점 이하의 낮은 점수를 주었다. 이재명에 대한 평가는 전반적으로 낮았으나, 중도 보수는 상대적으로 높은 평가를 보였다 〈표 4〉의 결과는 윤석열 투표자라고 해도 중도 보수가, 특히 강성 보수와는 정치적 인식이나 판단에서 큰 차이를 보인다는 것을 알 수 있다

한편, 이재명 투표자의 경우에는 대부분의 항목에서 통계적인 차이가 유의미하게 나타나지 않았다. 하위 이념 집단과 무관하게 선거 공정성에 대한 신뢰가 강하게 드러났고 윤석열에 대한 극도로 낮은 호감도를 보였다. 흥미로운 점은 이재명에 대한 호감도이다. 강성 진보가 76.5점으로 높은 호감도를 보인데 비해, 온건 진보는 66.27으로 평균 10점 낮아졌다. 그리고 중도 진보는 51.79점으

로 중간 정도의 평가를 받았다. 야당의 비협조 때문에 계엄을 선포했다는 주장에 대해서는 세 집단 모두 낮은 값이었지만 중도 진보에서 미세하게나마 수긍의 답이 높았다. 이재명 투표자의 경우에도 이재명 호감도의 차이에서 알 수 있듯이 강성 지지층과 중도 지지층 간에 시각의 차이가 존재했다.

이번에는 윤석열 투표자와 이재명 투표자 집단 각각에서 하위 집단의 이념적 강도에 따라 주요 국가 기관에 대한 신뢰도, 계엄 선포 인식, 그리고 두 정당에 대한 호감도 차이를 살펴보았다. 국가 기관에 대한 신뢰도에 대해 살펴본 것은 계엄-탄핵 정국에서 국회, 헌법재판소, 선거관리위원회, 그리고 법원이 모두 중요한 역할을 담당하고 있기 때문이다. 국회는 탄핵을 소추했고, 헌법재판소는 탄핵 심판을 해야 하고, 선거관리위원회는 이른바 '부정선거' 논란의 중심에 있었으며, 윤 대통령이 군을 투입했던 기관이다. 법원은 이재명 대표의 재판을 담당하고 있어 정치적 관심의 대상이 되고 있다. 이를 위해 다항 로지스틱 분석을 실시했다. 여기서 참조 범주는 각각 '강성 보수'와 '강성 진보' 집단이다. 분석을 위해 네 개의 범주로 구분하여 변인을 선정했다. 첫 번째는 윤석열의 비상계엄 사태에 대한 평가이다. 두 번째는 기관 신뢰도이다. 국회, 헌법재판소, 선거관리위원회, 법원 등 네 기관을 포함했다. 세 번째는 두 거대 정당에 대한 호감도이다. 마지막으로는 연령, 학력, 재산, 소득 등 사회경제적 배경 변수를 포함했다.

표 5 | 이념 집단별 인식의 차이: 다항 로지스틱 (윤석열 투표자)

범주	변수	윤석열 투표 + 이념 중도	윤석열 투표 + 이념 온건 보수
계엄 선포	계엄 선포	-.289**	-.094
기관 신뢰도	국회	-.044	-.018
	헌법재판소	-.059	.014
	선거관리위원회	.219**	.082
	법원	.051	.060
정당 호감도	국민의힘	-.038*	-.020*
	더불어민주당	.037*	.025*
사회경제적 배경	연령	.026*	.006***
	학력	.312*	.180
	재산	-.042	.00
	소득	.028	.032

■ Nagelkerke Pseudon R^2 =0.377 n= 550.
중도(5) 247 (44.9%), 온건 보수(6, 7) 178 (32.4%), 강성 보수(8, 9, 10) 125 (22.7%)
참조 범주는 "강성 보수"
*p<0.01 **p<0.05, ***p<0.1

〈표 5〉는 윤석열 투표자만을 대상으로 세 이념 집단의 태도 차이를 분석한 것이다. 참조 범주인 '강성 보수'와 중도 보수는 여러 가지 변수에서 입장의 차이를 보이고 있다. 우선 계엄 선포에 대한 부정적 평가가 높았다. 또한 국가 기관 신뢰도 가운데서는 일부 보수층에서 '부정선거' 논란과 관련해 비난하고 있는 선거관리위원회에 대한 신뢰도도 중도 보수층에서 강성 보수층에 비해 상대적으로 높았다. 또한 국민의힘에 대한 호감도가 강성 보수에 비해 낮았고, 민주당에 대한 부정적 감정도 상대적으로 낮았다. 이들은 강성 보수에 비해 연령이 높고 학력도 높은 것으로 나타났다.

한편, 온건 보수의 경우에도 국민의힘에 대한 호감도가 강성 보수집단에 비해 낮게 나타났다. 〈표 5〉의 결과에서도 윤석열 투표자의 44.9%를 차지하는 중도 보수층은 강성 보수층과 다른 인식과 판단을 하고 있음을 알 수 있다.

표 6 | 이념 집단별 인식의 차이: 다항 로지스틱 (이재명 투표자)

범주	변수	이재명 투표 + 이념 중도	이재명 투표 + 이념 온건 진보
계엄 선포	계엄 선포	2.361*	2.165*
기관 신뢰도	국회	.089	.006
	헌법재판소	.105	.130
	선거관리위원회	.011	.076
	법원	-.084	-.112
정당 호감도	국민의힘	-.010	-.016**
	더불어민주당	-.052*	-.033*
사회경제적 배경	연령	.012	-.005
	학력	.248**	.151
	재산	-.028	-.029
	소득	-.062	-.041

■ Nagelkerke Pseudon R^2 =0.258. n= 535
중도(5) 238 (44.5%), 온건 진보(3, 4) 179 (33.5%), 강성 진보(0, 1, 2) 118 (22.1%)
참조 범주는 "강성 진보"
*p⟨0.01, **p⟨0.05, ***p⟨0.1

    이번에는 이재명 투표자 집단을 대상으로 동일한 방식으로 분석을 실시했다. 〈표 5〉에 그 결과가 정리되어 있다. 강성 진보와 비교할 때, 온건 진보, 중도 진보에서 계엄 선포에 대한 부정적 평가가 상대적으로 낮게 나타났는데, 이는 강성 진보에서의 부정적 평가가 워낙 강한 탓으로 보인다. 중도 진보나 온건 진보 모두에서 흥미로운 점은 더불어민주당에 대한 호감도가 강성 진보보다 낮다는 점이다.

    사실 계엄-탄핵 국면에서 진보 집단이 특별히 이견을 가질 만한 이슈는 많지 않다. "계엄 선포는 잘못된 것이고 윤석열 대통령은 탄핵되어야 한다"는 데 대체로 공감할 것이기 때문이다. 그런 상황에서도 〈표 4〉와 〈표 6〉의 결과는 이재명이나 민주당에 대한 호감도에서 하위 이념 집단별로 뚜렷한 차이가 있다는 점이 확인된 것은 주목할 만한 점이다.

결론적으로 볼 때, 보수집단의 경우 그 내부적으로 매우 뚜렷한 시각의 차이가 존재한다는 것을 알 수 있다. '계엄의 불가피성에 대한 인정이나 탄핵 반대'는 보수 집단 내 강성 보수층의 의견에 불과한 것이고, 온건 보수, 특히 중도 보수는 이와 분명하게 다른 입장을 나타냈다. 진보 집단의 경우에는 사안의 성격 자체가 내부적으로 큰 차별성을 보이기 어려운 것이지만, 이재명이나 민주당에 대한 호감도에서는 내부적으로 주목할 만한 차이를 보이고 있다는 것을 알 수 있다.

5. "조용한" 중도층?

보수나 진보로 대별되더라도 이처럼 이념적 하위 집단에 따라 현재의 정치 상황에 대해 서로 다른 인식과 판단을 하고 있음이 확인되었다. 하지만 정치적 논쟁을 주도해 가는 것은 대체로 강경한 주장들이다. 그렇다면 왜 이들 중도의 견해와 목소리는 제대로 들리지 않는 것일까? 이들은 상대적으로 정치참여나 의견 개진에 소극적인 것일까?

이런 특성을 확인하기 위해 정치 효능감과 정치참여의 적극성에 대해 살펴보았다. 정치 효능감은 종종 내적 효능감 internal efficacy과 외적 효능감 external efficacy의 두 가지 차원으로 설명된다. 내적 효능감은 "내가 정치적 의사결정과정에 영향을 미칠 수 있는 필요한 자원과 역량을 가지고 있다는 주관적 지각"이며, 외적 효능감은 "정부나 정치권이 시민의 요구를 얼마나 잘 경청하고 반응하는가에 대한 개인의 태도"로 볼 수 있다. 이 가운데 내적 정치 효능감이 높다면 정치적 활동에 참여할 가능성이 높다고 할 수 있다.

〈표 7〉에 내적 효능감에 대한 이념 하위집단별 분석이 정리되어 있다. '나 정도의 사람은 정부가 하는 일에 어떤 영향을 주기 어렵다'는 데 대해 온건 보수와 중도 보수에서 상대적으로 낮은 효능감이 확인되었다. 또한 '나는 우리 사회의 중요한 정치적 문제가 무엇인지 잘 알고 있다'는 항목에 대해서는 중도 보수나 중도 진보 모두 가장 낮은 효능감을 보였다. 결국 내적 정치 효능감과 관련하여 중도층이 상대적으로 낮은 효능감을 보인다고 할 수 있으며, 특히 중도 보수의 효능감이 낮게 확인되었다.

표 7 | 이념 하위집단별 내적 효능감

내적 효능감	윤석열 투표자			이재명 투표자			n=1,085
	강성 보수	온건 보수	중도 보수	중도 진보	온건 진보	강성 진보	평균 ANOVA
나 정도의 사람은 정부가 하는 일에 어떤 영향을 주기 어렵다.	3.04	**3.33**	**3.31**	3.09	2.82	2.58	3.07 F=10.99 p<0.00
나는 우리 사회의 중요한 정치적 문제가 무엇인지 잘 알고 있다	4.38	3.92	**3.67**	**3.67**	3.87	4.05	3.87 F=16.92 p<0.00

■ ① 전혀 그렇지 않다, ② 별로 그렇지 않다, ③ 그저 그렇다, ④ 대체로 그렇다, ⑤ 매우 그렇다

낮은 정치 효능감은 낮은 정치 참여로 이어질 가능성이 높다. 그런 점에서 이번에는 탄핵 촉구나 반대 집회 참여 경험, 그리고 정치 관심도에 대한 하위 이념 집단별 차이에 대해 분석했다. 〈표 8〉에서 볼 수 있듯이, 윤석열 탄핵 촉구 집회 참가에서 진보 집단에서 중도 진보의 평균이 가장 낮게 나타났고, 윤석열 탄핵 반대 집회 참가에서 중도 보수의 평균 값이 가장 낮았다. 그리고 정치 문제에 대한 관심도에서도 보수, 진보와 무관하게 중도층에서 가장 낮은 값이

확인되었다. 즉, 중도층은 정치 관심도도 상대적으로 낮고 정치 참여에도 상대적으로 소극적인 것으로 확인되었다. 류재성(2012, 110-113)의 연구에서도, 중도 성향 유권자들은 진보나 보수 성향 유권자보다 정치 관심도가 낮으며, 정치효능감도 상대적으로 낮은 것으로 조사되었다. 이처럼 다른 이념 집단에 비해 중도 이념 집단은 상대적으로 "조용한" 이들임을 알 수 있다. 바로 이런 이유로 이들의 목소리나 견해가 정치적 논의 속에 효과적으로 반영되지 못하면서 정치적 논쟁이 극단이나 강경으로 흐르고 있다고 볼 수 있다.

표 8 | 이념 하위집단별 정치참여와 정치 관심도

정치 참여	윤석열 투표자			이재명 투표자			n=1,085
	강성 보수	온건 보수	중도 보수	중도 진보	온건 진보	강성 진보	평균 ANOVA
비상계엄 사태 이후 윤석열 탄핵 촉구 집회 #	1.55	1.29	1.32	**1.70**	1.87	1.95	1.58 F=19.17 p<0.00
비상계엄 사태 이후 윤석열 탄핵 반대 집회 #	1.77	1.39	**1.21**	1.31	1.41	1.44	1.38 F=10.66 p<0.00
정치에 대한 관심 ##	3.33	2.91	**2.72**	**2.65**	2.97	3.16	27.66 F=42.67 p<0.00

■ # ① 참석한 적 없다, ② 참석하고 싶었으나 그렇지 못했다, ③ 한번, ④ 두 번, ⑤ 세 번 이상
① 전혀 관심이 없다, ② 관심이 없는 편이다, ③ 관심이 있는 편이다, ④ 매우 관심이 많다.

6. 결론

이 글에서는 계엄-탄핵 정국에서 나타나고 있는 강경과 극단의 주장이 실제 우리 사회의 양극화된 현실을 반영하는 것인지에 대한 의구심에서 출발했다. 즉 사회가 두 개의 진영으로 양분되고, 그 진영 논리에 모두가 구속되어 있어서 강경한 주장과 견해가 대립하고 있는 것인지 의문을 가졌다.

이런 의문을 풀기 위해 여기서는 보수와 진보의 이념 집단을 중도, 온건, 강성의 세 하위 집단으로 구분하여 각 하위 집단의 정치적, 이념적 특성의 차이를 찾아보았다. 분석 결과, 보수나 진보로 대별되는 집단 내부에는 상당히 차별화된 견해가 존재함을 확인할 수 있었다. 특히 보수 집단 내에서는 강성 보수와 관점, 인식, 평가가 뚜렷이 구별되는 중도 보수 집단이 상당한 규모로 존재했고, 온건 보수 역시 강성 보수와 여러 가지 면에서 차이를 보였다. 진보 집단에서는 이슈의 특성상 보수 집단보다 내부의 차이가 크지는 않았지만 이재명과 민주당 호감도에서는 각 하위 집단별로 차이를 보였다.

이렇게 다른 목소리나 견해가 존재하고 심지어 그 비율도 더 크지만 이들의 온건하고 합리적인 주장 대신 강경하고 극단적인 주장이 정치적 토론이나 논쟁을 주도하고 있는 것은, 특히 중도층의 경우 내적 효능감이 상대적으로 약하고 정치 관심도나 정치참여가 낮기 때문이다. 이 때문에 "소수이지만 정치참여에 적극적인" 강경한 이들의 주장이 정치 토론을 주도해 가는 것이다. 이런 상황이라면 특히 전화를 통한 여론조사의 결과에 대한 해석도 조심해야 할 것으로 보인다. 강성 이념층과 중도층 간 뚜렷한 '참여의 격차'가 존재하기 때문이다. 소극적이어서 응답을 거부하는 중도나 온건 집단 대신 참여에 적극적인 강경한 이들의 견해가 과대 표집되면서 실제 여론의 흐름과는 다른 결과가 나타날 수 있기 때문이다.

극단과 강경의 목소리가 주도하는 정치적 토론과 정치 과정은 결코 건강한 민주주의라고 볼 수 없다. 침묵하고 있는 온건하고 합리적인 다수의 목소리가 정치적 토론 과정에 제대로 반영될 수 있도록 정치적 소통의 구조가 개혁될 필요가 있어 보인다.

참고문헌

강원택. 2007. "한국 정치에서 '주관적 중도' 유권자의 특성과 의미:2004년 국회의원 선거를 중심으로". 『국가전략』, 13(4), 129-150.

강원택. 1998. "유권자의 이념 성향과 투표 행태." 이남영 편. 『한국의 선거 II: 제15대 대통령 선거를 중심으로.』. 푸른길, 45-96.

김인균. 2025. 『한국의 국회-대통령 관계와 예산심의 정치』. 서울대학교 대학원 정치학 박사 학위 논문.

류재성. 2012. "중도 및 무당파 유권자 특성: 무태도(non-attitudes)인가 부정적 태도(negativity)인가?". 『대한정치학회보』, 20(1), 101-127.

최준영, 구본상, 김준석. 2022. "중도적 유권자: 탈정치적 구경꾼." 『의정연구』, 28(3), 85-113.

Campbell, Angus, Philip Converse, Warren Miller, and Donald Stokes. 1960. *The American Voter*. Chicago: The University of Chicago Press

Downs, Anthony. 1957. *An Economic Theory of Democracy*. New York: Harper & Row.

Duverger, Maurice. 1964. *Political Parties: Their Organization and Activity in the Modern State*. London: Methuen.

Elisabeth Noelle-Neumann. 1974. "The Spiral of Silence: A Theory of Public Opinion." *Journal of Communication* 24(2):43-51

Macdonald, Stuart and Ola Listhaug and George Rabinowitz. 1991. "Issues and Party Support in Multiparty Systems." *American Political Science Review* 85, 1107-1131.

비상계엄의 원인에 대한 인식과
제도 개혁에 대한 태도

성예진

1. 들어가며

지난 연말의 계엄과 대통령 탄핵 소추라는 초유의 사태 속에서 한국 사회는 또 한 번 헌정 위기에 직면하고 있다. 2024년 12월 3일 밤, 윤석열 대통령은 기습적으로 대국민담화를 통해 비상계엄을 선포했다. 당시는 국회의 예산안 심의가 종결되기 직전으로, 집권세력과 야당 간의 정치적 담론이 극단적으로 치닫고 있었던 때였다. 그럼에도 불구하고, 윤 대통령의 담화에서 "비상계엄을 선포합니다"라는 문장이 나올 것이라고 예상한 사람은 거의 없었다. 비상계엄은 국회에 의해 해제되었으며, 헌정 사상 세 번째 대통령 탄핵소추안이 가결되었다.

초기의 예상과는 다르게, 헌법재판소의 탄핵 심판은 장기전이 되었다. 그 과정에서 대통령 탄핵에 대한 여론은 극과 극으로 나뉘어, '광장의 정치'로서 분출되어 서로 충돌 중이다. 다수 시민들은 계엄에 비판적이며, 윤 대통령의 직책이 박탈되어야 한다고 생각한다. 그러나 반대편의 한 극단에는 대통령의 탄핵에 반대하는 사람들이 있다. 이러한 여론의 분열은 무엇보다 계엄의 배경을 어떻게 평가하는지에 따라 발생하고 있다. 탄반 세력들은 '거대 야당의 폭거'를 막기 위해 계엄 선포가 불가피했다는 대통령의 논리에 공감하고 있다. 그러나 더 많은 시민들에게 그러한 논리는 군대를 동원한 계엄을 정당화할 수 없는, 핑계에 지나지 않는다.

광장의 대립의 한편에, 개헌을 포함한 정치제도 개혁의 필요성 또한 다시 제기되고 있다. 이는 민주화 이후 대통령의 실패와 여야의 파괴적 대립이 반복되면서 제6공화국 헌법을 기초로 하는 '87체제'가 원활하게 작동하기에는 한계에 달했다는 평가 때문이다. 하지만 이러한 개혁 요구 또한 시민들 사이에서 차이를 보일 수 있다. 개혁의 필요성이 계엄이라는 정치적 충격에 의해 촉발된 만큼, 지금의 사태를 어떻게 해석하는지에 따라 개혁의 방향성과 그 당위에 대한 의견이 달라질 수 있기 때문이다. 귀인 이론attribution theory에 따르면, 정치적 위기의 상황에서 시민들은 그 원인을 어떻게 해석하는지에 따라 상이한 정치적 태도와 행동을 보이게 된다(Malhotra 2008; Malhotra and Kuo 2009). 즉, 이번 계엄과 탄핵 사태의 원인을 대통령 개인의 권력 남용으로 해석하는지, 아니면 야당의 비협조에 대한 불가피한 대응으로 해석하는지에 따라 요구하는 제도 개혁의 방향이 달라질 수 있다.

본 글은 동아시아연구원EAI의 양극화 인식조사 자료를 활용하여 구체적으로 다음의 분석을 실시한다. 우선, 계엄의 원인에 대한 인식이 민주주의와 관련된 다양한 태도에 영향을 받고 있는지 살펴본다. 민주주의에 대한 만족도, 법치주의에 대한 존중, 그리고 권력 분립과 견제와 균형에 대한 이해는 시민들이 위기 상황을 어떻게 해석하는지에 근본적으로 영향을 미칠 수 있기 때문이다. 민주주의 가치에 대한 내면화 정도에 따라 시민들은 비상계엄과 같은 극단적 조치의 정당성을 판단하는 기준이 달라질 수 있다. 그 다음 단계로, 그렇게 형성된 위기 인식이 제도 개혁에 대한 태도에 어떻게 영향을 미치는지 살펴보고자 한다. 이때 본 연구는 각각의 태도가 당파성에 영향을 받을 수 있음을 고려한다. 시민들의 태도는 '정치적으로 동기화된 추론'politically motivated reasoning에 의해 형성될 수 있는데, 시민들은 자신의 정치적 정체성에 부합하는 방식으로 정치적 사건을 해석하는 경향이 있으며(Bartels 2002; Bolsen et al. 2014; Lodge and Taber 2013; Taber and Lodge 2006), 위기 상황에 대한 책임 귀속 또한 당파적으로 이루어질 수 있다(Bisgaard 2015; Healy et al. 2014; 길정아·하상응 2019). 이러한 특성은 지금과 같이 정치적 양극화가 심화된 상황에서 더욱 강화되기 때문이다. 이러한 작업을 통해 우리는 현재의 제도 개혁 논의가 민주주의 발전으로 이어질 수 있는 조건과 한계를 파악할 수 있을 것이다.

2. 자료 분석

(1) 비상계엄과 그 원인에 대한 인식 분석

우선, 조사결과는 대통령의 계엄 선포를 긍정적으로 평가하는 의견이 소수파인 것을 보여준다. EAI 조사에서는 응답자들에게 비상 계엄 선포를 어떻게 평가하는지 질문하였는데, 계엄 선포가 잘못한 일이라고 답한 응답자는 72.7%에 달했고, 그 중 매우 잘못한 일이라는 응답은 58%에 달했다. 그에 반해, 계엄 선포가 잘한 일이라는 응답은 14.1%에 불과했다. 즉, 절대적 다수가 지난 연말의 계엄 선포를 부정적으로 보고 있다는 점에서는 서로 수렴하고 있었다.

이는 계엄 정당화 논리에 태도에서도 크게 다르다고 보기는 어려웠다. 설문은 계엄의 원인을 서술하는 세 가지 항목에 대해 응답자들이 어느 정도 동의하는지를 1점부터 10점 중에서 택하도록 설계되었다. 그 중 앞의 두 서술이 대통령이 내세운 논리에 부합하는 것이었다. 비상계엄이 "국가 안보와 질서 유지를 위한 불가피한 조치"였다는 주장에 대하여, 반대한다고 답한 응답자는 69.4%로서 상당한 비중에 달했다. 반면 계엄이 "야당의 비협조적인 태도에 대한 불가피한 대응"이었다는 주장에 대해서는 반대하는 응답자 비중이 62.8%로 다소 줄어들었다. 그럼에도 불구하고, 대통령의 논리에 동조하는 응답자 비중이 소수임을 알 수 있었다. 하지만 보는 시각에 따라, 앞의 두 질문에 동의하는 응답자가 대략 20%~26% 정도에 달하는 것이 놀랍다고 생각할 수도 있다. 특히 두 번째 질문에 대해 매우 동의한다고 응답한 비율은 12.1%로, 상대적으로 더 높았다. 마지막으로, 계엄이 "대통령 개인의 권력 유지를 위한 조치"라는 주장에 대해서는, 반대하는 의견이 35.8%, 동의하는 의견이 52.8%였는데 이 중 '전혀 아님'이라고 답한 정도는 21.5%였다. 이러한 세 가지 질문에 대한 답변을 살펴볼 때, 응답자들은 대체적으로 계엄 선포의 원인에 대해 비판적이며, 그 불가피성에 동의하는 비중은 10~20% 정도에 불과하다고 볼 수 있다. 즉, 지난 12월 3일 대통령의 대국민 담화에 나열되어 있던 계엄 선포의 이유는 절대 다수의 시민들에게 설득력을 얻지 못했음을 여실히 보여주고 있다.

그림 1 | 계엄은 국가안보와 질서유지를 위한 불가피한 조치

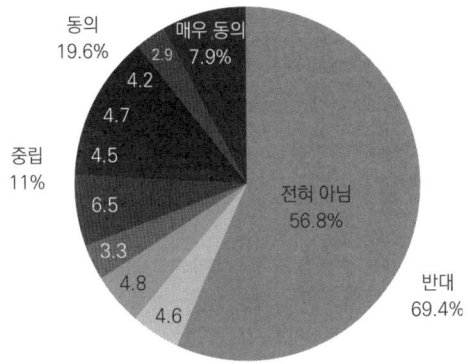

그림 2 | 계엄은 야당의 비협조적인 태도에 대한 불가피한 대응

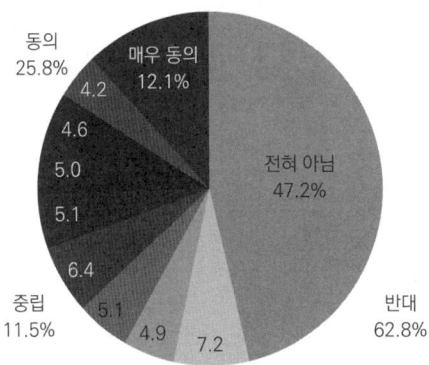

그림 3 | 계엄은 개인의 권력 유지를 위한 조치

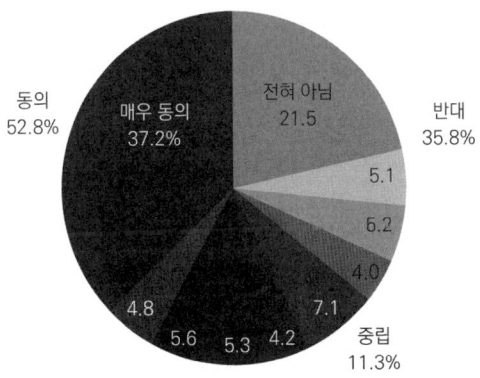

그렇다면 이러한 태도가 정치적 성향에 따라 다르게 나타날 것인가? 계엄의 원인에 대한 인식은 이번 계엄 사태가 해석되는 과정에서 정치적 편향성이 상당히 강하게 작동할 수 있음을 보여주었다. 응답을 지지하는 정당에 따라 분류해 보았을 때, 정당 지지층 간 응답 차이를 뚜렷하게 확인할 수 있었다. 〈표 1〉은 계엄 원인에 대한 설문의 척도가 1~10점(점수가 클수록 강한 동의)임을 고려하여 집단별 평균 점수를 계산한 결과이다. 지지하는 정당 별로, 더불어민주당·조국혁신당 지지층과 국민의힘 지지층의 답변은 대조를 이루고 있었다. 이는 계엄 선포를 '야당 견제'로 간주한 경우에 특히 뚜렷하게 나타났는데, 계엄이 야당의 비협조에 대한 불가피한 조치였다고 생각하는지 질문하였을 때, 더불어민주당 지지층의 점수는 1.4점이었지만 국민의힘 지지층의 점수는 7.5점으로 상당히 대비되고 있었다. 계엄이 '대통령 개인의 권력 유지'를 위한 조치였다고 보는지에 대한 답변의 경우, 더불어민주당 지지층은 강하게 동의했지만 국민의힘 지지층의 동의 수준은 낮아 역시 분명히 대비되고 있었다. 두 정당 지지층 중에서 무당층의 응답과 더 가까운 쪽은 더불어민주당 지지층이었다. 이러한 결과는 계엄의 원인에 대한 인식이 당파성에 의해 강하게 추동되고 있다는 점으로 인해(즉, 동기화된 추론의 작동), 의견 간 간극을 좁히기가 결코 쉽지 않을 것임을 보여준다. 또한 정파성이 강한 정치엘리트에 의한 지지층 동원의 잠재성을 시사하는 것이기도 하다.[1]

---

[1] 일부 담론에서 사용된 '계몽령'이라는 용어는 비상계엄을 통해 야당의 행태에 대한 인식이 변화했다는 의미를 담고 있다. 본 연구 결과는 '계몽령' 담론이 주로 국민의힘 지지층에게 호소력을 가졌을 가능성을 시사한다. 이러한 여/야당 지지층 간의 인식 차이는 조사 시기 직전의 두 달 동안의 정치적 갈등의 결과일 수도 있고, 이러한 지지층의 특성이 정당 간 갈등을 더욱 심화시켰을 가능성도 있다. 조사 시점에서 볼 때, 국민의힘 정치인들이 윤석열 대통령의 계엄에 대해 소극적으로 비판하면서 더불어민주당에 책임을 전가하는 전략

그림 4 | "계엄은 야당의 비협조적 태도에 대한 대응"이라는 서술에 동의하는 정도(1: 전혀 아님, 10: 매우 그러함)

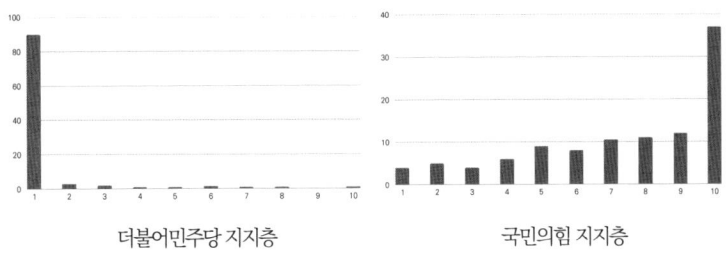

더불어민주당 지지층   국민의힘 지지층

        흥미로운 점은, 정당 지지층 내부의 응집성이었다. 더불어민주당과 조국혁신당, 개혁신당 지지자의 경우 세 가지 질문에서 계엄에 강하게 반대하는 쪽으로 수렴되어 있었던 반면, 국민의힘 지지자의 답변은 계엄 정당화 인식에 대한 의견이 상대적으로 넓게 분포하고 있는 것을 확인할 수 있었다. 예를 들어, 〈그림 4〉에서 보이듯이, 더불어민주당 지지자의 82.0%가 계엄이 야당에 대한 불가피한 대응이라는 주장에 '전혀 아님'을 택하고 있었고 4점 이상을 택한 경우는 2% 미만에 불과했던 반면, 국민의힘 지지자 중에서는 4점 이하를 택한 경우가 14.12%였고 7점 이상을 택한 경우가 64.9%였는데, 이때 '매우 동의'를 택한 경우가 35.17%였다. 그래프에서 알 수 있듯이, 극단적인 '매우 동의'를 제외하면 각 점수에 답변이 넓게 분포하고 있으며, 이는 더불어민주당에 비해 국민의힘 지지자들 사이에서 계엄을 둘러싼 당내 이견이 크다는 것을 보여준다.

을 취했다면, 이는 지지층의 이러한 인식 구조를 반영했을 수 있다.

표 1 | 계엄 원인에 대한 인식(평균) 단위: 점

지지하는 정당(명)	국가 안보와 질서 유지	야당 견제	대통령 권력 유지
더불어민주당(467)	1.4	1.6	8.2
국민의힘 (418)	5.4	7.5	3.4
조국혁신당 (127)	1.4	1.6	7.9
개혁신당 (70)	2.3	3.3	6.7
무당층 (328)	2.6	3.4	6.3
분산분석	F=320.06 p=.000	F=412.73 p=.000	F=139.72 p=.000
전체평균 (1,514)	3.2	3.8	6.2

■ 1~10점, 점수가 클수록 해당 문항에 동의하는 정도가 커짐

그렇다면 민주주의에 관련된 태도가 계엄의 원인에 대한 인식에 영향을 미치고 있을까? 민주주의 만족도와 함께, "정부가 입법부에 의해 지속적으로 견제(즉, 감시 및 감독)된다면, 위대한 일을 이루는 것은 불가능하다."라는 질문으로 국회 견제에 대한 입장을 질문하였고, "정치 지도자에게 가장 중요한 것은 목표를 달성하는 것이며, 이를 위해 기존의 절차를 무시해야 하더라도 괜찮다.", "국가가 어려운 상황에 직면했을 때, 정부가 상황을 해결하기 위해 법을 무시하는 것은 괜찮다."라는 두 가지 질문으로 일반적인 상황과 비상 상황에서의 법치주의 인식에 대하여 어느 정도로 동의하는지 답하도록 하였다.

표 2 | 계엄 원인에 관한 인식과 민주주의 인식의 상관관계(피어슨 상관계수)

	국가안보와 질서유지	야당 견제	대통령 권력 유지
민주주의 만족도	-0.25	-0.25	0.17
국회 견제 비판	0.46	0.49	-0.39
일반적인 법치 비동의	0.27	0.24	-0.21
비상 상황 법치 비동의	0.30	0.28	-0.21

■ 모든 상관계수가 p<0.001 수준에서 통계적으로 유의미하였음
  민주주의 만족도: 1~10(클수록 만족)
  나머지 민주주의 인식: 1~4(클수록 동의)

우선 상관계수를 살펴보았을 때, 민주주의 인식은 모두 각각의 계엄 원인에 대한 인식에 통계적으로 유의미한 상관관계를 보여주고 있었다. 민주주의 만족도가 높아질수록 계엄 정당화 논리에는 반대하고, 계엄에 대한 비판적 의식은 강해진다고 볼 수 있었다. 그리고 국회의 견제가 대통령의 국정운영에 방해가 될 수 있다고 생각하는 경우, 계엄 선포에 대한 정당성에도 동의하는 경향을 보였다. 특히, 국회 권한 비판과 계엄 정당화 간의 강한 상관관계는 국회의 견제에 대해 부정적인 인식을 가지고 있다면 대통령의 강한 권력을 합리화하는 논리와 상대적으로 쉽게 결합될 수 있음을 보여준다. 법치주의에 대한 인식의 경우, 일반적인 상황이나 비상 상황에서 절차 또는 법을 무시해도 된다고 생각하는 인식이 강해질수록 계엄에 대해서도 불가피한 조치였다고 생각하는 인식이 강해지는 선형 관계를 발견할 수 있었다.

〈표 3〉은 계엄의 원인에 대한 인식을 종속변수, 민주주의에 대한 태도를 독립변수로 두고 정당 지지, 이념성향과 연령, 성별을 통제하여 OLS 회귀분석을 실시한 결과이다. 분석 결과, 민주주의 만족도는 국가 안보와 질서 유지, 야당 견제 논리의 정당성을 약화시키는 방향으로 작용하였으나, 대통령 권력 유지 논리에는 유의미한 영향을 보이지 않았다. 즉, 현재 한국의 민주주의에 대해 만족하는 정도가 낮아질수록 대통령의 계엄 정당화 논리에 동조하는 정도가 강해진다고 볼 수 있었다. 국회의 견제를 부정적으로 생각하는 태도는 계엄 정당화 논리에 동조하는 정도를 강화하였으나, 계엄이 대통령의 권력 유지를 위한 조치라고 생각하는 정도는 약화하는 방향으로 작용했다.

민주주의 선호 변수는 상황에 따라 독재를 선호하는 경우에 야당 견제로서 계엄을 정당화하는 태도를 강화하는 데 유의미한 영향을 미쳤다. 반면, 계엄을 대통령 개인의 권력 유지를 위한 조치로 인식하는 태도에는 부정적인 영향을 주었다. 민주주의든 독재이든 상관없다고 답한 경우에는(무관심) 계엄에 대한 대통령의 두 가지 정당화 논리 모두에 동의할 가능성이 높아졌다. 이는 정치체제에 대한 상황적 지지나 무관심이 위기 상황에서 권력자의 주장을 수용하는 방향으로 작용할 수 있음을 시사한다. 특히 비상상황에서 법치주의에 선택적으로 대응할 수 있다고 답한 경우, 계엄 정당화 논리-그 중에서도 계엄이 국가 안보와 질서 유지라는 주장에 동의할 가능성을 보여주었다. 이는 법치주의에 대한 조건부 수용이 계엄과 같은 극단적 조치의 정당화 논리를 수용하게 만드는 중요한 심리적 기제로 작용할 수 있음을 보여준다.

통제변수에서는 이념 성향과 앞서 논의한 '정당 지지' 변수가 계엄 정당화 논리에 통계적으로 유의미하게 영향을 미치고 있었다. 특히 당파적 정체성의 효과는 민주주의 가치관의 영향력을 통제한 후에도 여전히 강하게 나타났다. 이러한 결과는 계엄 정당화 논리가 민주주의 태도뿐만 아니라 정파적 선호와도 밀접하게 연관되어 있음을 보여준다. 즉, 계엄에 대한 해석은 추상적인 민주주의 원칙에 대한 태도와 함께 구체적인 정치적 정체성과 이해관계에 의해 복합적으로 형성된다고 볼 수 있다.

표 3 | '계엄 원인에 관한 인식'에 대한 OLS 회귀분석

	국가 안보와 질서 유지	야당 견제	대통령 권력 유지
민주주의 만족도	-0.14*** (0.03)	-0.13*** (0.03)	0.05 (0.04)
민주주의 선호 (상황에 따라 독재 선호)	0.23 (0.17)	0.62*** (0.17)	-0.65** (0.24)
민주주의 선호 (무관심)	0.72** (0.21)	0.66** (0.22)	-0.22 (0.31)
국회 견제 비판	0.45*** (0.08)	0.61*** (0.08)	-0.55*** (0.11)
일반적인 법치 비동의	0.11 (0.09)	0.02 (0.09)	-0.25† (0.13)
비상 상황 법치 비동의	0.29** (0.18)	0.16† (0.09)	-0.15 (0.12)
더불어민주당	-0.36* (0.23)	-0.97*** (0.17)	1.48*** (0.24)
국민의힘	3.06*** (0.18)	3.21*** (0.18)	-1.66*** (0.26)
조국혁신당	-0.44† (0.23)	-1.09*** (0.23)	1.39*** (0.33)
개혁신당	0.04 (0.28)	0.25 (0.29)	0.25 (0.40)
이념 성향	0.28*** (0.03)	0.26*** (0.03)	-0.11** (0.05)
연령	0.04 (0.04)	0.09* (0.04)	-0.37*** (0.05)
남성	-0.30** (0.11)	-0.28* (0.12)	0.07 (0.16)
상수	-0.12 (0.36)	0.46 (0.37)	10.15*** (0.51)
	n = 1,410 R^2 = 0.55 Adj R^2 = 0.55	n = 1,410 R^2 = 0.61 Adj R^2 = 0.60	n = 1,410 R^2 = 0.35 Adj R^2 = 0.34

*** $p<0.001$, ** $p<0.01$, * $p<0.05$, † $p<0.1$
종속변수: 계엄 원인에 대한 인식; 각 변수는 1~10(클수록 동의)
독립변수: 민주주의 만족도: 1~10(클수록 만족), 민주주의 선호: 기준 – 항상 민주주의 선호, 나머지 민주주의 인식: 1~4(클수록 동의)
통제변수:
   정당 지지: 기준 – 무당파, 이념 성향: 0(진보) – 10(보수), 연령: 20대 – 70대, 남성: 기준 – 여성

2. 제도 개혁에 대한 태도 분석

(1) 제도 개혁에 대한 태도와 정파성

대통령제 개혁에 대한 태도

　　EAI 조사는 대통령제와 국회의원 선거제도 개혁에 대한 태도를 설문항으로 포함하고 있다. "현행 대통령제를 바꾸는 개헌에 대해 어떻게 생각하십니까?"라는 질문에 대해, 전체 응답자 중 53.1%가 개헌이 필요하다고 응답하였다. 이는 현행 제도를 유지해야 한다고 답한 29.5%의 비중을 매우 상회하는 수치이다. 한편으로는, 이 수치만 보자면 개헌에 대한 지지가 절대적으로 다수라고 평가하기는 어려울지 모른다. 하지만 제도개혁 이슈는 전문성을 요구하기 때문에 모름/무응답의 비율이 크다는 점도 고려해야 할 것이다. 헌정질서의 근본적 변화인 개헌이 더 광범위한 사회적 합의에서 추동력을 얻는다면, 개헌의 필요성에 대해 더 많은 유권자들을 설득할 필요가 있다(다만 개헌이 필요하다고 본 응답자의 63.8%는 개헌에 서두를 필요가 있다고 답하였다).

표 4 | 대통령제 변경을 위한 개헌에 대한 태도(%, 괄호 안의 숫자는 인원 수)

지지 정당	현행 제도 유지	개헌 필요	모름/무응답	
더불어민주당	24.8 (116)	61.5 (287)	13.7 (64)	100 (467)
국민의힘	45.5 (190)	43.1 (180)	11.5 (48)	100 (418)
조국혁신당	26.0 (33)	63.8 (81)	10.2 (13)	100 (127)
개혁신당	25.7 (18)	68.6 (48)	5.7 (4)	100 (70)
무당층	19.2 (63)	47.0 (154)	33.8 (111)	100 (328)
전체 비율	29.5 (447)	53.1 (804)	17.4 (263)	100 (1,514)

■ $chi^2(8) = 247.63$, $p=.000$

정당 지지층으로 나누어 보자면, 무당층과 중도에서는 상대적으로 '모르겠다'는 응답이 많았으나 '개헌이 필요하다'고 생각하는 집단의 비중이 가장 컸다. 지지 정당이 있는 경우에는 의견이 분화되어 나타나고 있었는데, 야당 지지자의 경우 60% 이상이 대통령제의 변경을 포함하는 개헌의 필요성을 느끼고 있었다. 현재 더불어민주당의 지도부는 개헌 논의에 다소 소극적이지만, 민주당 지지층의 다수는 개헌을 지지하고 있는 점도 알 수 있었다. 반면 국민의힘 지지자들의 경우 근소한 차이지만 현행 제도를 유지해야 한다는 응답자 비중이 더 높은 것을 확인할 수 있었다. 현 탄핵 정국에서 개헌을 더 적극적으로 추진하는 정치 세력은 국민의힘 쪽인 반면, 지지층의 입장은 그러한 입장과 일치하지 않는 측면이 있다. 이는 국힘 지도부의 개헌 동력이 지속되지 못할 수도 있음을 시사한다(김형원 2025).

표 5 | 대통령제 개혁에 대한 태도(%, 괄호 안의 숫자는 인원 수)

	강한 권력 분산 필요	적절한 수준 현상 유지	약한 권력 강화 필요	모름/무응답	
지지 정당					
더불어민주당	61.0 (285)	31.9 (109)	2.6 (12)	4.5 (21)	100 (467)
국민의힘	22.5 (94)	46.7 (149)	24.9 (104)	6.0 (25)	100 (418)
조국혁신당	63.0 (80)	29.9 (195)	3.9 (5)	3.2 (4)	100 (127)
개혁신당	47.1 (33)	40.0 (38)	2.9 (2)	10.0 (7)	100 (70)
무당층	40.1 (133)	33.2 (109)	9.2 (30)	17.1 (56)	100 (328)
전체비율	43.6	36.7	11.4	8.3	100(1,514)

$chi^2(12) = 265.52, p=.000$

본 조사에서는 후속 질문으로 제도 개혁의 구체적인 방향에 관하여 대통령의 권력을 어떻게 조정하는 것이 바람직한지에 대한 의견을 물어보았다. 현재 대통령의 권력이 강하기 때문에 분산시켜

야 한다고 답한 응답자가 43.6%로 가장 많았다. 반면 36.7%의 응답자들은 대통령이 적절한 수준의 권력을 가지고 있다고 답하였으며, 11.4%는 오히려 대통령의 권력이 약한 수준이라고 응답하였다. 이는 '제왕적 대통령제'라고 불리는 한국 대통령제에 대한 통념과는 다소 불일치하는 응답이었는데, 후자의 두 비율을 더하면 48.1%이 되어 권력 분산이 필요하다고 답한 응답자보다 더 많았기 때문이다. 이러한 결과는 비상계엄이라는 극단적 상황에도 불구하고, 대통령 권력 자체를 약화시키는 것에 대한 시민들의 지지가 생각보다 약하다는 점을 보여준다.[2]

또한 설문 결과는 대통령 권력과 개혁 방향에 대한 인식이 정파적으로 나뉘고 있음을 보여준다. 우선 국민의힘 지지층은 '현상을 유지해야 한다'는 의견이 가장 많았고, 오히려 4분의 1은 대통령 권력이 약하다고 보고 있는 점이 눈에 띈다. 이는 현 정치 상황에서 자신들이 지지하는 대통령이 겪고 있는 제도적 제약에 대한 인식을 반영하는 것으로 볼 수 있다. 국힘 지지층에서 오히려 대통령의 권력 강화가 필요하다고 답한 응답자가 더 많은 것은, 대통령이 비록 계엄을 선포하였으나 야당의 견제가 지나쳤다는 인식과 대통령이 탄핵 심판을 받고 있는 현 상황에 대한 인식을 반영한 것으로 보인다. 이는 제도 개혁에 대한 태도가 추상적인 제도적 원칙보다는 현재의 정치적 맥락과 당파적 이해관계에 더 강하게 영향받을 수 있음을 보여준다.

---

2 다만 이러한 정파적 차이는 현재 대통령이 국민의힘 출신이기 때문에 나타난 결과일 수 있다. 만약 대통령의 소속 정당이 달랐다면, 각 정당 지지층의 대통령 권력에 대한 태도 역시 달라졌을 가능성이 높다. 이는 제도 개혁에 대한 태도가 제도 신뢰에 기반하며, 이러한 제도 신뢰가 당파적 편향에 의해 강하게 영향을 받기 때문이다(길정아 2019).

이러한 점은 국민의힘 당내에 대통령제 개혁에 대한 응답이 분화되어 있음을 보여주는데, 제도 개혁에 대한 국힘 지도부의 입장이 대통령 권력의 조정만을 강조하기보다 대통령과 국회의 갈등을 더 강조하는 것과 맞닿아 있을 수 있다. 이는 정치 엘리트의 담론 프레이밍이 지지층의 제도 개혁 선호에 영향을 받을 수 있음을 시사한다. 야당 지지층 또는 진보와 중도 응답자들 중에서도 현재 대통령제에 대해 만족하는 응답자들이 30% 정도로 꽤 존재한다는 점도 주목할 만하였다. 하지만 그럼에도 불구하고 야당 지지층과 진보 성향의 응답자들 중에서는 대통령 권력의 분산이 필요하다고 답한 경우가 다수였다. 이는 현 정치 상황의 직접적 영향을 받으면서도, 권력 분립과 견제와 균형이라는 민주주의 원칙에 대한 지지가 여전히 중요한 영향을 미치고 있음을 보여준다.

국회의원 선거제도 개혁에 대한 태도

그렇다면 국회 개혁과 관련된 태도는 어떠할까? 〈표 6〉에 따르면, 전체 응답자 중 64.7%의 응답자들이 국회의원 선거제도 개혁의 필요성에 동의하였다. 이는 대통령제 개혁을 위한 개헌과 대통령 권력의 조정이 필요하다는 응답보다 더 높은 비율이다. 이러한 결과는 시민들이 현행 국회의원 선거제도에 대해 상당한 불만을 갖고 있으며, 제도 개혁 논의에서 국회 개혁이 중요한 의제로 다루어져야 함을 시사한다.

정당 지지로 나누어 보면, 흥미롭게도 현재 국회의 절대적 다수 의석을 차지한 더불어민주당 이외의 정당 지지자들 대다수가 현재의 정당 경쟁 체제에 강한 불만을 느끼고 있음을 알 수 있다. 이는 현 선거제도가 특정 정당에게 유리하게 작용하고 있다는 인식이 광범위하게 퍼져 있음을 보여준다. 더불어민주당의 경우에도 변경이 필요하다는 의견이 가장 많았으나, 현행 제도 유지에 대한 의견도 큰 비중으로 존재했다.

현재의 국회에 대한 불만이 가장 다수인 집단은 국민의힘 지지층으로, 무려 80.6%의 응답자들이 국회의원 선거제도 변경이 필요하다고 응답하고 있었다. 이는 현 제도에서 불이익을 경험하고 있는 정당 지지자들의 강한 제도 개혁 요구를 보여준다. 이러한 태도는 거대 야당과의 대치 속에서 계엄과 탄핵에 이르기까지의 국회 구도에 대한 구조적 불만을 반영하는 것이라고 볼 수 있을 것이다. 또한 이는 제도 개혁 요구가 추상적인 민주주의 원칙보다 구체적인 정치적 이해관계에 더 강하게 영향받을 수 있음을 보여주는 것일 수 있다.

지난 2024년 총선의 결과는 선거제도에 대한 불만이 일견 합당함을 보여주는데, 국민의힘과 더불어민주당의 전체 득표율 차이는 5.4%p였으나 의석수는 90석 대 161석이라는 극심한 격차로 나타나 소선거구제의 영향을 보여주고 있기 때문이다(김상윤 2024). 그러나 국민의힘 지지층의 이러한 압도적인 선거제도 개혁 요구는 제도 자체의 결함에 대한 객관적 평가라기보다 2024년 총선에서의 패배 경험을 제도적 요인으로 귀인하는 심리적 경향을 반영하는 것일 수도 있다. 더불어민주당 지지층에서도 선거제도 변경이 필요하다는 응답이 54%로 가장 많았으나, 현행 제도 유지가 필요하다는 의견 또한 35%를 차지하여 지금의 제도에 대한 만족 수준이 높음을 보여주었다. 이는 당파적 이해관계가 제도적 정당성 인식에 미치는 영향을 보여준다. 이러한 결과는 국회의원 선거제도 개혁에 대한 논의가 규범적 차원을 넘어, 정치적 세력 간의 권력 균형 및 대표성 문제와 직접적으로 연결되어 있음을 보여준다.

표 6 | 국회의원 선거제도 개혁에 대한 태도(%, 괄호 안의 숫자는 인원 수)

	현행 제도 유지	변경 필요	모름/무응답	
정당지지				
더불어민주당	35.1 (51)	54.0 (196)	10.1 (81)	100 (467)
국민의힘	12.9 (165)	80.6 (252)	6.5 (51)	100 (418)
조국혁신당	22.8 (54)	66.9 (337)	10.2 (27)	100 (127)
개혁신당	24.3 (29)	70.0 (85)	5.7 (13)	100 (70)
무당층	15.6 (315)	59.8 (49)	24.7 (4)	100 (328)
전체 비율	22.3 (338)	64.7 (980)	13.0	100(1,514)

■ $chi^2(8) = 139.08, p=.000$

(2) 계엄 원인에 대한 인식과 제도 개혁에 대한 태도의 관계

그렇다면 계엄에 대한 각각의 원인에 동의하는 정도는 제도 개혁에 대한 요구와 어떻게 연관되어 있을까? 계엄이 대통령 개인의 권력 유지 또는 강화를 위한 조치였다고 해석할 경우, 대통령 권력의 남용을 방지하기 위한 권한 견제 또는 분산이 필요하다고 생각하는 경향이 강해질 것이다. 반면 계엄을 야당의 비협조에 대한 대응이었다고 해석할 경우, 국회가 대통령을 견제하는 권한이나 현 국회의 세력 구도를 바꾸기 위한 개혁 조치를 더 선호할 수 있다. 즉, 계엄 사태의 원인에 대한 시민들의 해석에 따라 제도 개혁에 대한 상이한 요구가 형성될 수 있는 것이다.

분석 결과, 계엄에 대해 어떻게 인식하는지가 대통령제의 개혁 방향과 강한 연관성이 있다고 볼 수 있었다. 비상계엄이 야당에 대한 불가피한 대응이었다는 주장에 동의하는 정도가 강해질수록 대통령 권력을 분산해야 한다는 의견보다 오히려 강화해야 한다는 의견의 비중이 커졌다. 반면 이 의견에 동의하지 않는 사람들은 대통령의 강한 권력을 분산시키는 개혁을 요구했다. 이 질문에 대해 '전혀 아님'을 택한 응답자가 전체의 47.2%이기 때문에 권력 분산 요구의 강도가 훨씬 강하다고 볼 수 있겠지만, '매우 동의'를 택한 소수의 강한 선호가 큰 영향을 미칠 수 있음 또한 무시하기 어려운 상황이다. 사실 이 질문에 동의하는 응답자 중에서는 현행 대통령제의 유지를 지지하는 의견이 가장 많았다. 이는 계엄 선포를 가능하게 했던 대통령의 권력 수준이 적절하다는 인식일 수도 있지만, 현 사태의 원인이 대통령에게 있는 것은 아니라는 인식을 반영한 것일 수 있다.

또한 대칭적으로, 비상계엄이 대통령 권력의 유지를 위한 것이었다는 의견에 동의할수록 권력 분산을 위한 조치가 필요하다고 답한 응답자 비중이 커지는 경향이 있었다. 이러한 경향은 계엄이 대통령의 권력 남용이라고 생각할수록 권력 분산을 위한 개혁을 요구한다는 자명한 논리를 보여준다. 나아가, 이 분석은 계엄 사태에서의 대통령의 권력 남용이 단순히 윤석열 개인의 문제가 아니라 제도 개혁으로 해결해야 하는 구조적 문제라고 생각하는 경향을 나타낸다고 볼 수도 있다.

그러나 계엄이 대통령 개인의 권력 유지라는 점에 동의하면서도 그 정도가 약해질 경우, 대통령 권력의 축소를 위한 개혁에 대한 선호는 50% 이하로 떨어지고 현행 제도 유지에 대한 요구가 강해졌다. 또한 계엄의 대통령 권력 유지적 성격에 동의하지 않을 경우에는 대통령 권력을 강화할 필요가 있다는 의견의 비중이 높아졌다. 이러한 결과는 계엄의 원인에 대한 인식이 단순히 개혁의 방향성뿐만 아니라 개혁의 강도와 범위에도 체계적인 영향을 미치고 있음을 시사한다. 위기 상황에 대한 해석이 개혁의 구체적 내용과 범위를 결정하는 핵심 요소로 작용하고 있는 것이다.

그림 5 | "계엄은 야당의 비협조적 태도에 대한 불가피한 대응"에 대한 동의 정도와 대통령제 개혁에 대한 태도(%)

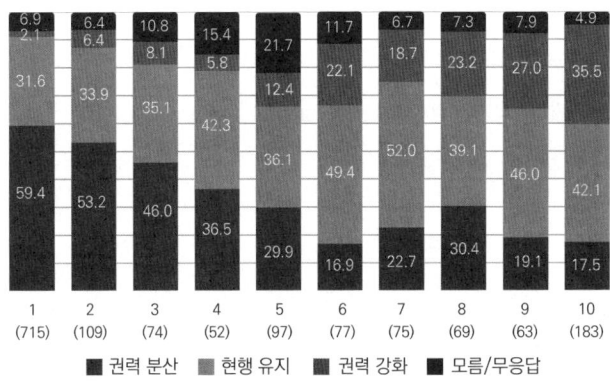

그림 6 | "계엄은 대통령 개인의 권력 유지를 위한 조치"에 대한 동의 정도와 대통령제 개혁에 대한 태도 (%)

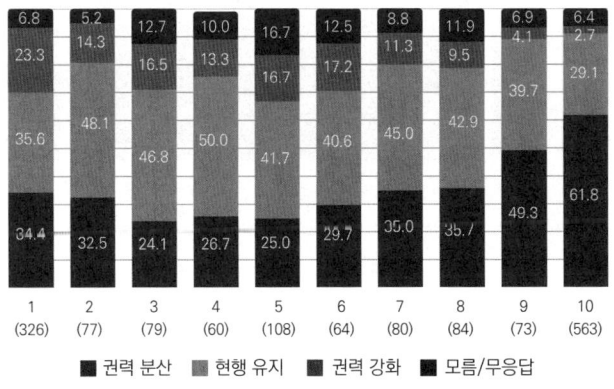

국회의원 선거제도 개혁의 경우, 계엄을 야당의 비협조에 대한 대응으로 보는 경향이 강해질수록 국회의원 선거제도의 개혁이 필요하다고 생각하는 응답자 비율의 증가가 뚜렷하게 관찰되었다. 반면 계엄이 대통령 권력 남용이라는 의견이 강해질수록 국회의원 선거제도 개혁이 필요하다는 의견이 약화되긴 하였으나, 이 경우에도 국회 개혁의 요구는 여전히 60%에 가까웠다. 흥미로운 점은, 대통령제 개혁과 국회의원 선거제도 개혁에 대한 요구를 서로 비교해 봤을 때, 계엄을 야당 때문에 불가피하게 선포하였다고 볼 경우 대통령 권력 수준에 대해서는 적절하다고 평가하면서 국회의원 선거제도의 개혁은 필요하다는 의견이 강했다는 점이다. 특히 이 질문에 아주 강하게 동의할 경우(9~10점) 국회 개혁 요구가 압도적으로 강해지는 것을 볼 수 있었다.

그림 7 | "계엄은 야당의 비협조적 태도에 대한 불가피한 대응"에 대한 동의 정도와 국회의원 선거제도 개혁이 필요하다고 답한 정도 (%)

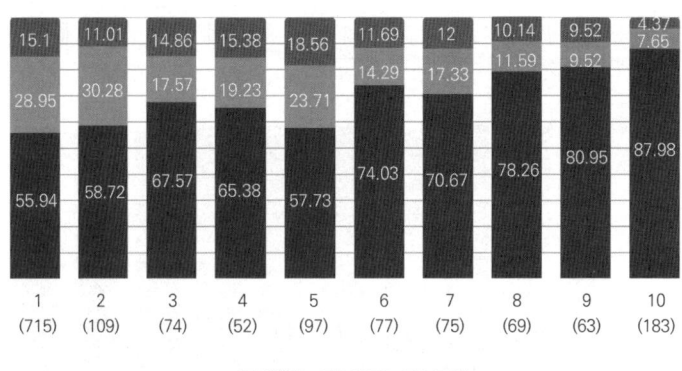

그림 8 | "계엄은 대통령 개인의 권력 유지를 위한 조치"에 대한 동의 정도와 국회의원 선거제도 개혁이 필요하다고 답한 정도 (%)

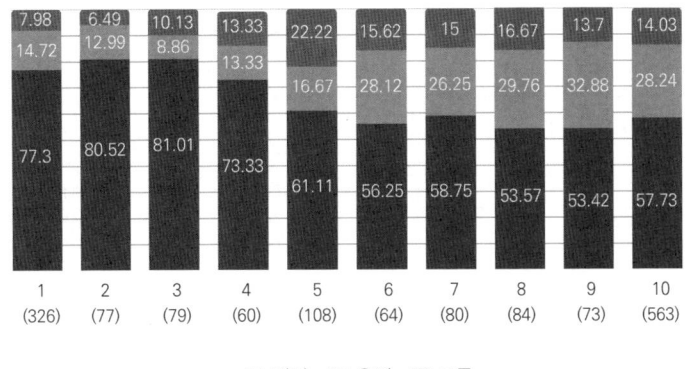

이 점은 다소 우려스럽기도 했는데, 대통령의 극단성이 예외적인 비상조치로 표출된 계엄을 겪으면서도 대통령보다는 야당의 비협조적 태도에만 초점을 맞추는, 개혁 요구의 편향성을 시사하는 것일 수 있기 때문이다. 이러한 반응은 제도적 결함과 권력의 남용이라는 본질적 문제를 충분히 조명하지 못한 채, 정파적 이해관계에 따른 개혁 요구가 과대 대표될 가능성을 내포한다. 특히 국회 개혁만을 요구하는 담론이 확대될 경우, 대통령 권력의 남용을 견제하거나 민주적 절차를 강화하기 위한 근본적 개혁 논의가 상대적으로 약화될 우려가 있다.

위의 분석에 더하여, 개혁 요구의 방향과 이를 형성하는 요인을 더욱 체계적으로 분석해보기 위해 계엄 원인에 대한 인식을 독립변수로 포함한 다항로지스틱 분석을 시행해 보았다.

표 7 | 대통령제 개혁 태도에 대한 다항로지스틱분석

(기준) 대통령 강한 권력, 약화 필요	적절한 수준 현상 유지	약한 권력 강화 필요	모름/무응답
국가안보 질서유지	0.08 (0.05)	0.22*** (0.06)	0.15* (0.07)
야당 견제	0.07 (0.04)	0.18** (0.07)	0.004 (0.07)
대통령 권력 유지	−0.04 (0.02)	−0.12** (0.04)	−0.07* (0.03)
더불어민주당	−0.008 (0.18)	−0.56 (0.39)	−1.32*** (0.30)
국민의힘	0.55* (0.23)	0.23 (0.32)	−0.45 (0.35)
조국혁신당	−0.03 (0.25)	−0.06 (0.54)	−1.46** (0.55)
개혁신당	−0.008 (0.31)	−1.27 (0.78)	−0.43 (0.47)
이념 성향	0.11** (0.04)	0.12† (0.07)	0.05 (0.07)
연령	−0.27*** (0.05)	−0.35*** (0.07)	−0.49*** (0.08)
남성	0.06 (0.13)	−0.19 (0.21)	−0.90*** (0.23)
상수	0.18 (0.35)	−1.36* (0.60)	1.18* (0.57)
	n=1,410 LR chi² (30)= 475.92 Pseudo R²= 0.14		

■ *** p<0.001, ** p<0.01, * p<0.05, † p<0.1
종속변수: 대통령제 개혁에 대한 태도
독립변수: 계엄 원인에 대한 태도, 1~10점(커질수록 동의)
통제변수:
    정당 지지: 기준 – 무당파, 이념 성향: 0(진보) – 10(보수), 연령: 20대 – 70대, 남성: 기준 – 여성

    분석 결과, 계엄 원인에 대한 인식은 대통령제 개혁에 대한 인식에 유의미한 영향을 주고 있었다. <표 7>의 분석에서 종속변수의 결과 해석의 기준은 대통령의 권력을 약화해야 한다는 의견이다. 계엄이 국가안보와 질서 유지를 위한 조치였다고 생각할수록 대통령 권력 약화에 비해 권력 강화를 지지할 가능성이 통계적으로 유의미하게 커

지고 있었다. 계엄이 강경 야당에 대한 견제였다고 생각할 경우에도 대통령의 권력을 강화하는 방향의 개혁을 더 지지하고, 반면 계엄이 대통령 권력 유지를 위한 조치였다고 비판적으로 생각할 경우에는 대통령 권력을 약화하는 것을 더 선호할 가능성이 컸다.

이러한 결과는 책임 귀인 이론의 핵심 주장을 강력하게 뒷받침한다. 위기의 원인을 어디에 돌리는지가 그에 대한 해결책 선호에 직접적인 영향을 미치는 것이다. 계엄이라는 정치적 위기를 대통령 개인의 권력 남용으로 귀인하는 시민들은 그 해결책으로 대통령 권한 축소를 선호하고, 반대로 야당의 비협조에 귀인하는 시민들은 대통령 권한 강화를 선호하는 일관된 패턴을 보여준다. 이는 위기 상황에서의 책임 귀인이 단순히 현상 해석에 그치지 않고 구체적인 제도적 대안 선호로 연결되는 메커니즘을 실증적으로 보여주는 중요한 발견이다.

정당 지지 변수의 경우에 통계적으로 유의미한 경우는 국민의힘을 지지하는 경우에 현재 대통령의 권력 수준이 적절하다고 생각할 확률이 유의미하게 높아진다는 것이었다. 정당 지지 태도의 영향은 계엄 원인에 대한 인식 변수로 인해 개혁 태도에 대부분 유의미한 영향을 미치지 않고 있었지만, 현 집권당 지지층이 비상계엄이라는 특수한 상황에도 불구하고 현상 유지를 지지하는 경향은 정치 제도 개혁에 대한 태도의 정파적 동원을 보여준다고 할 것이다.

이는 정치적 동기화된 추론 이론과도 일치하는 결과로, 현직 대통령을 지지하는 유권자들이 그의 제도적 권한을 유지하거나 강화하는 방향으로 선호를 형성하는 경향을 보여준다. 주목할 점은 계엄 원인 인식 변수를 통제한 후에도 국민의힘 지지 효과가 남아있다는 것인데, 이는 특정 정당에 대한 지지가 계엄에 대한 특정 해석을 넘어서 제도 개혁 선호에 독자적인 영향을 미칠 수 있음을 시사한다.

　　이러한 분석 결과는 위기 상황에서의 책임 귀인과 정치적 동기화된 추론이 복합적으로 작용하여 제도 개혁에 대한 선호를 형성함을 보여준다. 계엄이라는 위기에 대한 해석이 제도 개혁의 방향성을 결정하는 핵심 요인으로 작용하는 동시에, 정파적 정체성이 그러한 해석과 제도 선호 모두에 영향을 미치는 복합적인 과정이 작동하고 있는 것이다.

표 8 | 국회의원 선거제도 개혁 태도에 대한 다항로지스틱분석

(기준) 국회의원 선거제도 개혁 변경 필요 없음	변경 필요	모름
국가안보 질서유지	−0.03 (0.05)	0.01 (0.08)
야당 견제	0.16** (0.05)	0.04 (0.07)
대통령 권력 유지	−0.03 (0.02)	−0.01 (0.03)
더불어민주당	−0.84*** (0.20)	−1.59*** (0.26)
국민의힘	−0.25 (0.27)	−1.12** (0.37)
조국혁신당	−0.24 (0.28)	−1.15** (0.39)
개혁신당	−0.32 (0.33)	−1.75** (0.59)
이념 성향	−0.09* (0.04)	−0.09 (0.06)
연령	0.19*** (0.05)	−0.10 (0.07)
남성	0.24† (0.14)	−0.49* (0.20)
상수	0.75* (0.38)	1.40** (0.52)
	n=1,410 LR chi² (20) = 214.55 Pseudo R² = 0.09	

■ *** p<0.001, ** p<0.01, * p<0.05, † p<0.1
　민주주의 만족도: 1~10(클수록 만족), 민주주의 선호: 기준 − 항상 민주주의 선호
　정당 지지: 기준 − 무당파, 이념 성향: 0(진보) − 10(보수), 연령: 20대 − 70대, 남성: 기준 − 여성

국회의원 선거제도 개혁에 대한 태도 또한 다항로지스틱모형으로 분석한 결과, 계엄 원인에 대한 인식 중에서 계엄이 야당 견제를 위한 조치였다고 생각하는 경우 국회의원 선거제도 개혁 변경이 필요하다는 응답을 할 가능성이 통계적으로 유의미하게 커졌다. 계엄 원인에 대한 다른 변수는 유의미하지 않은 것으로 볼 때, 국회 개혁에 대한 태도는 대통령의 권력 남용이라는 인식보다는 국회(특히 다수당)의 견제 역할에 대한 평가와 더 밀접하게 연관되어 있음을 알 수 있다. 이는 책임 귀인 이론의 관점에서 볼 때, 위기의 원인을 어디에 두느냐에 따라 해결책의 초점도 달라진다는 점을 다시 한번 확인시켜 주는 결과이다.

더불어민주당 지지, 이념성향, 연령, 성별 등이 추가적으로 영향을 미치고 있었는데 흥미로운 부분은, 역시 더불어민주당을 지지하는 경우에 국회의원 선거제도 개혁이 필요하다는 응답이 필요하지 않다는 응답을 선택할 확률에 비해 현저히 낮아지며, 통계적으로 뚜렷한 유의미성을 보였다는 점이다. 이는 현재 국회 다수당 지지자들이 현행 선거제도에 대한 변경에 소극적인 태도를 보이고 있음을 통계적으로 확인해주는 결과이다. 특히 주목할 점은 계엄 원인에 대한 인식 변수를 통제한 후에도 더불어민주당 지지 효과가 강하게 나타났다는 점으로, 이는 선거제도 개혁에 대한 태도가 계엄에 대한 해석을 넘어서, 현재 제도에서의 정파적 이해관계에 의해 더 직접적으로 영향받고 있음을 시사한다.

3. 결론

　　이 글에서는 비상계엄이라는 극단적인 정치적 사건에 대한 해석이 시민들의 제도 개혁 요구에 어떻게 연결될 수 있는지 분석하였다. 이번 EAI의 설문조사에서는 지난 비상계엄의 원인이 무엇인지에 대한 인식에서 윤석열 대통령의 정당화 논리를 지지하는 응답자가 절대적인 소수였으나, 국민의힘 지지층의 편향적인 지지가 두드러지는 것을 확인할 수 있었다.

　　본 연구에서는 민주주의와 관련된 태도가 계엄 원인의 해석에 미치는 영향을 살펴보았다. 분석 결과, 한국 민주주의에 대한 만족도가 낮을수록 계엄을 국가 안보 유지나 야당 견제를 위한 불가피한 조치로 해석하는 경향이 강했다. 국회의 대통령 견제에 대한 태도 역시 중요한 영향을 미쳤는데, 국회의 견제 기능을 부정적으로 인식할수록 계엄 정당화 논리에 더 동의하는 모습을 보였다. 또한 비상 상황에서 법치주의를 유연하게 적용할 수 있다고 생각하는 응답자들은 계엄 정당화 논리에 더 동의하는 경향을 보였다. 이러한 결과는 민주주의의 기본 원칙과 제도에 대한 태도가 위기 상황의 해석에 중요한 영향을 미친다는 것을 보여준다.

　　또한 계엄의 원인에 대한 인식이 제도 개혁에 대한 태도에 영향을 미치고 있음을 알 수 있었다. 계엄을 대통령 개인의 권력 유지 시도로 해석한 응답자들은 대통령 권한 축소를 선호했고, 야당 견제를 위한 불가피한 조치로 해석한 응답자들은 대통령 권한 강화나 국회의원 선거제도 개혁을 더 지지했다. 특히 계엄이 강경 야당을 견제하기 위한 조치였다고 평가하는 경우, 국회의원 선거제도 개혁을 더 강하게 요구하는 경향이 통계적으로 유의미하게 나타났다. 이는 위기의 원인을 어디에 귀인하느냐에 따라 제도적 해결책에 대한 선호가 체계적으로 달라짐을 보여주는 결과이다.

본 연구의 결과는 정파적 요인의 편향적 동원도 보여주고 있다. 국민의힘 지지자들은 계엄 정당화에 더 동의하는 경향이 있었고, 대통령 권력 수준을 적절하다고 평가하거나 강화해야 한다고 생각하는 비율이 상대적으로 높았다. 더불어민주당 지지자들은 계엄을 대통령의 권력 남용으로 해석하고 대통령 권한 축소를 선호하는 경향이 강했지만, 현행 선거제도 유지에는 다른 정당 지지자들에 비해 더 긍정적인 태도를 보였다.

본 연구의 발견은 현 계엄과 탄핵 정국에서 제도 개혁 논의가 실질적인 민주주의 개선을 위한 방향으로 진행되기 위해 무엇을 고려해야 하는지를 보여준다. 계엄 정당화 논의는 단순히 사안에 관한 개별적인 견해 차이를 반영한 것이 아니라, 민주주의에 대해 어떻게 생각하는지에 대한 기저의 태도를 반영하고 있었다. 계엄 정당화에 동의하는 극단적 의견은 전체적으로 소수에 불과했지만, 현 정국에서 그러한 의견이 과대대표되고 또 강한 정파성을 띠는 경우에는 특정 정당의 정책 방향이나 전략적 선택에 상당한 압박을 가할 수 있을 것이다. 이는 정당이 극단적 지지층의 요구에 부응하며 정책을 재조정하거나, 보다 강경한 입장을 채택하는 결과로 이어질 가능성을 시사한다. 이러한 경향은 장기적으로는 제도 개혁 논의의 균형성을 저해하고 민주주의의 근본적인 원칙과 방향성에 부정적인 영향을 미칠 우려가 있다.

특히 우려되는 점은 제도 개혁에 대한 태도가 현행 제도에서의 정파적 이해관계에 강하게 영향받고 있다는 사실이다. 현재 국회 다수당인 더불어민주당 지지자들은 선거제도 변경에 상대적으로 소극적인 반면, 국민의힘 지지자들의 압도적 다수(80.6%)가 개혁을 요구하고 있었다. 반면 다수의 국민의힘 지지자들은 대통령의 현행 권력을 유지하거나 오히려 강화하는 개혁에 찬성하는 경향을 보였다. 이렇게 제도 개혁 논의가 정파적 이해관계에 강하게 영향받을 경우, 대통령-국회 권한의 조정에 관한 제도 개혁 논의가 균형있게 진행되기 어려울 수 있다. 대통령제 개혁과 국회의원 선거제도 개혁은 큰 틀에서 정합성을 필요로 하는 중대한 제도 개혁임에도 불구하고, 대통령 권력의 남용을 방지하기 위한 권한 축소의 논리와 야당의 책임을 강조하며 국회 개혁을 주장하는 논리가 대립하면서 개혁 논의가 정파적으로 동원되는 모습이 이미 나타나고 있다(김민규 2025).

제도 개혁에 대한 태도가 이처럼 정파적으로 구조화된 상황에서, 다수 시민들이 공유하는 민주주의 가치와 법치주의 원칙을 중심으로 한 담론 형성이 더욱 중요해진다. 연구 결과에서 확인된 바와 같이, 민주주의에 대한 만족도가 높고 법치주의를 중시하는 시민들은 위기 상황에서도 극단적 조치를 정당화하지 않는 경향이 있었다. 이러한 민주주의 기본 가치에 대한 공유된 이해를 확대하는 것이 정파적 이해관계를 넘어선 균형 있는 제도 개혁의 토대가 될 수 있을 것이다.

결과적으로, 이번 분석의 발견은 계엄 사태 이후의 제도 개혁 논의가 민주주의 강화를 위한 실질적 개혁으로 이어지기 위해서는, 개혁 담론이 민주적 가치를 우선시하는 방향으로 진행되어야 하며, 정파적 대립에 과하게 영향받지 않도록 주의가 필요함을 보여준다

참고문헌

김민규. 2025. "[기획] 정치권 일각서 불 지피는 개헌론, 실현 가능성 있다." 〈시사포커스〉 2월 4일

김상윤. 2024. "득표율 5.4%p差, 지역구 의석 수는 63.4% 얻은 민주." 〈조선일보〉 4월 13일

김형원. 2025. "與는 "개헌안 내겠다" 野서도 "개헌 필요"… 李는 침묵." 〈조선일보〉 2월 6일

길정아. 2019. "정부 신뢰, 회고적 투표, 그리고 당파적 편향: 2014년과 2018년 지방선거를 중심으로." 『한국정당학회보』 18(3), 31-70.

길정아·하상응. 2019. "당파적 편향에 따른 책임 귀속: 여야간 갈등인식과 정당 호감도를 중심으로." 『의정연구』 25(1), 45-78.

Bartels, Lary M. 2002. "Beyond the Running Tally: Partisan Bias in Political Perceptions." *Political Behavior,* 24(2), 117-150.

Bisgaard, Martin. 2015. "Bias Will Find a Way: Economic Perceptions, Attributions of Blame, and Partisan-Motivated Reasoning during Crisis." *The Journal of Politics,* 77(3), 849-860.

Bolsen, Toby, James N. Druckman and Fay L. Cook. 2014. "The Influence of Partisan Motivated Reasoning on Public Opinion." *Political Behavior,* 36(2), 235-262.

Healy, Andrew, Alexander G. Kuo and Neil Malhotra. 2014. "Partisan Bias in Blame Attribution: When Does It Occur?" *Journal of Experimental Political Science,* 1(2), 144-158.

Lodge, Milton and Charles S. Taber. 2013. *The Rationalizing Voter.* Cambridge University Press.

Malhotra, Neil. 2008. "Partisan Polarization and Blame Attribution in a Federal system: The case of Hurricane Katrina." *Publius: The*

Journal of Federalism, 38(4), 651-670.

Malhotra, Neil and Alexander G. Kuo. 2009. "Emotions as Moderators of Information Cue Use: Citizen Attitudes toward Hurricane Katrina." *American politics research,* 37(2), 301-326.

Taber, Charles S. and Milton Lodge. 2006. "Motivated Skepticism in the Evaluation of Political Beliefs." *American Journal of Political Science,* 50(3), 755-769.

누가 계엄을 지지하는가?

박범섭

1. 서론

2024년 12월 3일, 윤석열 대통령의 비상계엄 선포는 한국 민주주의 역사에서 유례를 찾기 어려운 중대한 정치적 사건이었다. 계엄령은 대개 전쟁이나 국가 전복과 같은 극단적인 위기 상황에서 발동되는 조치로, 민주적 통치 시스템에서는 매우 이례적인 일이다. 그러나 이번 계엄 선포는 명백한 국가 위기 상황 없이 이루어졌으며, 대통령이 이를 정당화하는 과정에서 국회의 입법 기능과 사법부의 독립성을 직접적으로 문제 삼았다. 특히 윤 대통령은 계엄령 선포가 국회의 정부 정책 방해와 사법부의 법치 훼손을 막기 위한 불가피한 조치라고 주장했다. 이러한 발표는 국내외적으로 큰 파장을 일으켰으며, 민주주의 체제의 근간을 위협하는 행위로 평가되었다.

이 연구는 "누가 계엄을 지지하는가?"라는 질문을 중심으로, 계엄 선포에 대한 국민들의 태도를 형성하는 주요 요인을 분석한다. 일반적으로 민주주의가 공고화된 국가에서는 계엄과 같은 비상조치에 대한 지지가 낮을 것으로 예상되지만, 한국의 사례에서 나타난 지지율 변화는 보다 복합적인 정치·사회적 요인이 작용하고 있음을 시사한다. 특히, 계엄 지지가 단순히 특정 정당 지지 성향이나 보수·진보 이념으로 설명될 수 있는지, 혹은 보다 근본적인 정치 태도와 연결되는지를 탐색하는 것이 중요하다. 이에 따라 본 연구에서는 다음 세 가지 주요 요인을 중심으로 계엄 지지와의 관계를 분석한다.

본 연구는 단순히 계엄 지지자의 특성을 규명하는 것을 넘어, 한국 정치에서 민주주의와 권위주의적 통치 방식이 어떻게 논의되는지를 이해하는 데 기여하고자 한다. 첫째, 계엄 지지가 특정 사회 계층이나 정치 성향에 따라 어떻게 달라지는지를 분석함으로써, 계엄과 같은 비상조치가 특정 집단에서 더욱 용인되는 경향이 있는지 살펴본다. 둘째, 민주주의에 대한 태도와 계엄 지지의 관계를 검토함으로써, 민주주의에 대한 불만이 비민주적 조치를 정당화하는 논리로 작동하는지 살펴본다. 마지막으로, 정서적 양극화와 계엄 지지의 관계를 분석하여, 감정적 정치가 민주주의에 대한 인식과 어떤 관계를 가지는지를 분석한다.

이 연구는 계엄과 같은 극단적인 정치적 조치가 단순히 권력자의 결정에 의해 좌우되는 것이 아니라, 이를 받아들이는 사회적 맥락이 존재할 때 가능해진다는 점을 시사한다. 한국 사회에서 민주주의의 지속 가능성을 심층적으로 이해하고, 시민들의 정치적 태도가 계엄과 같은 조치에 대해 어떻게 형성되는지를 분석하는 것은, 향후 민주주의 발전에 중요한 시사점을 제공할 것이다.

이 연구는 네 개의 장으로 구성된다. 제1장에서는 사회인구통계학적 요인과 정치적 성향이 계엄 지지와 어떠한 관계를 가지는지를 분석한다. 성별, 연령, 교육 수준, 지역, 이념 성향, 지지 정당과 같은 변수에 따라 계엄 지지가 어떻게 나타나는지를 살펴본다.

제2장에서는 강한 정부에 대한 태도와 민주주의 절차에 대한 인식이 계엄 지지와 어떠한 관계를 가지는지를 분석한다. 국회의 견제에 대한 태도, 지도자의 권한에 대한 인식, 절차적 민주주의에 대한 신념과 계엄 지지의 연관성을 평가한다.

제3장에서는 민주주의에 대한 태도와 계엄 지지의 관계를 살펴본다. 민주주의를 최선의 체제로 인식하는지, 혹은 상황에 따라 독재가 더 나을 수도 있다고 보는 태도가 계엄 지지와 어떻게 연결되는지를 탐색한다.

제4장에서는 정서적 양극화가 계엄 지지에 어떤 영향을 미치는지를 분석한다. 정당과 정치 지도자에 대한 호불호가 강할수록 계엄 지지가 증가하는지, 그리고 정서적 양극화가 민주주의적 가치보다 권위주의적 통치를 정당화하는 방향으로 작용하는지를 평가한다.

본 연구는 계엄과 같은 극단적인 정치적 조치가 단순히 권력자의 결정에 의해 이루어지는 것이 아니라, 시민들의 정치적 태도와 정서적 반응이 이러한 조치를 수용하는 데 중요한 역할을 한다는 점을 강조한다. 이를 통해 한국 사회에서 민주주의의 지속 가능성을 평가하고, 향후 민주적 제도의 안정성을 강화하기 위한 논의에 기여할 수 있을 것이다.

2. 인구통계학적 요인과 정치적 성향에 따른 계엄지지

(1) 성별과 연령대별로 본 계엄지지

〈그림 1〉은 성별과 연령대에 따른 계엄 지지 정도를 보여준다. 위쪽 그래프는 남성과 여성의 분포를, 아래쪽 그래프는 연령대별 분포를 나타낸다. X축은 계엄 선포에 대한 평가를 의미하며, 1(매우 잘못함)에서 5(매우 잘함)으로 구성되어 있다. 왼쪽으로 갈수록 계엄 반대가 강하고, 오른쪽으로 갈수록 지지가 강해진다. Y축은 각 집단 내에서 특정 응답을 한 사람들의 상대적 분포를 나타내며, 그래프의 높이가 높을수록 해당 응답을 선택한 사람이 많다는 것을 의미한다.

그림 1 | 성별 및 연령대로 본 계엄지지

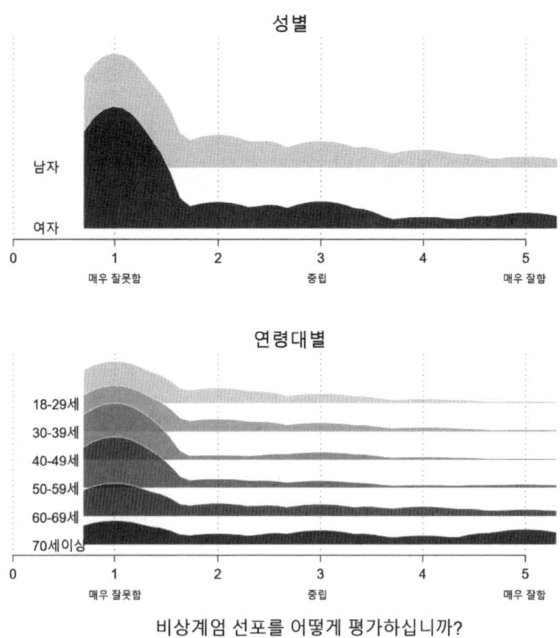

위쪽 그래프는 남성과 여성의 계엄 지지 정도를 비교한 것이다. 전반적으로 남성과 여성 모두 계엄 선포에 부정적인 태도를 보이며, 특히 "매우 잘못함(1)"에서 가장 높은 응답 비율이 나타난다. 즉, 뚜렷한 성별 차이가 보이지 않으며, 계엄 반대에 대한 압도적인 분포는 전반적으로 두 집단에서 공통적으로 확인된다. 아래쪽 그래프는 연령대별 계엄지지 정도를 나타낸다. 젊은 층(18-29세, 30-39세)은 계엄에 강하게 반대하는 경향이 뚜렷하며, "매우 잘못함(1)"에 응답이 집중되어 있다. 반면, 연령이 증가할수록 부정적 반응은 다소 완화되며, 특히 60대 이상(60~69세, 70세 이상)에서는 계엄을 긍정적으로 평가하는 비율이 높아지는 것을 확인할 수 있다.

(2) 거주지역별 및 교육 수준별 계엄지지

〈그림 2〉는 거주지역 및 교육 수준별 계엄지지에 대한 분포를 나타낸다. 그래프 상단은 거주 지역에 따른 계엄지지 정도를 보여준다. 모든 지역에서 계엄에 대한 부정적 평가가 압도적으로 우세하지만, 지역별로 미묘한 차이가 존재한다. 특히 광주·전라 지역에서는 "매우 잘못함(1)" 응답이 가장 집중되어 있으며, 계엄을 긍정적으로 평가하는 응답이 거의 없다. 반면, 대구·경북 및 부산·울산·경남 지역에서는 계엄을 긍정적으로 평가하는 응답자의 비율이 다른 지역보다 상대적으로 높다. 즉, 이 지역에서도 계엄 반대가 다수를 차지하지만, 계엄에 대해 우호적인 입장을 보이는 응답자의 분포는 다른 지역보다 많은 편이다.

그래프 하단은 교육 수준별 계엄지지를 보여준다. 교육 수준이 높을수록 계엄 반대가 강하게 나타나는 경향이 있으며, 박사과정 이상을 마친 응답자들은 "매우 잘못함(1)" 응답이 가장 높은 비율을 차지하고 있다. 반면, 고등학교 졸업 이하의 응답자들은 계엄을 긍정적으로 평가하는 비율이 다른 학력 집단보다 상대적으로 높은 편이다. 하지만 교육 수준과 관계없이 전반적으로 계엄에 대한 부정적 평가가 우세한 것은 마찬가지다.

〈그림 2〉의 결과는 거주 지역과 교육 수준에 따라 계엄에 대한 태도가 어느 정도 차이를 보일 수 있음을 시사하지만, 이를 결정적인 요인으로 해석하기는 어렵다. 모든 지역과 학력 수준에서 계엄 반대가 강하게 나타나지만, 특정 지역(대구·경북 및 부산·울산·경남)이나 학력 수준(고등학교 졸업 이하)에서는 계엄을 긍정적으로 평가하는 응답자의 비율이 상대적으로 높다는 정도로 생각해 볼 수 있다.

그림 2 | 거주지역 및 교육 수준별 계엄지지

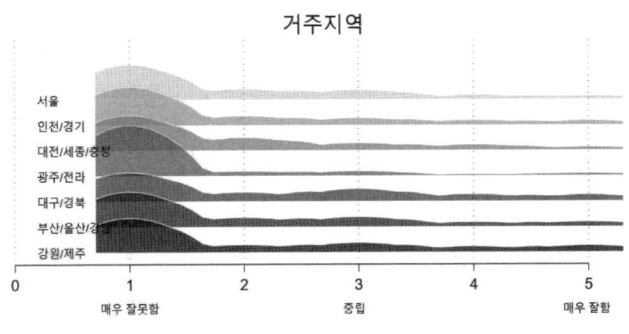

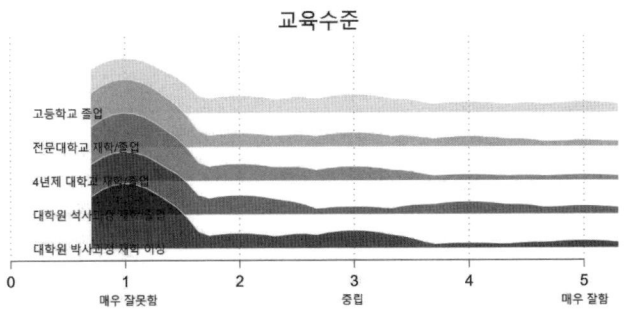

비상계엄 선포를 어떻게 평가하십니까?

(3) 정치 성향에 따른 계엄지지

〈그림 3〉은 이념 성향과 지지정당에 따른 분포를 보여준다. 먼저 그래프 상단은 응답자의 이념 성향(진보, 중도, 보수)에 따른 계엄지지 정도를 보여준다. 진보 성향 응답자들은 계엄에 대해 강하게 반대하는 경향을 보이며, "매우 잘못함(1)" 응답이 압도적으로 많고, 긍정적인 평가(4, 5)로 갈수록 응답 비율이 극히 낮아진다.

그림 3 | 이념성향과 지지정당에 따른 계엄지지

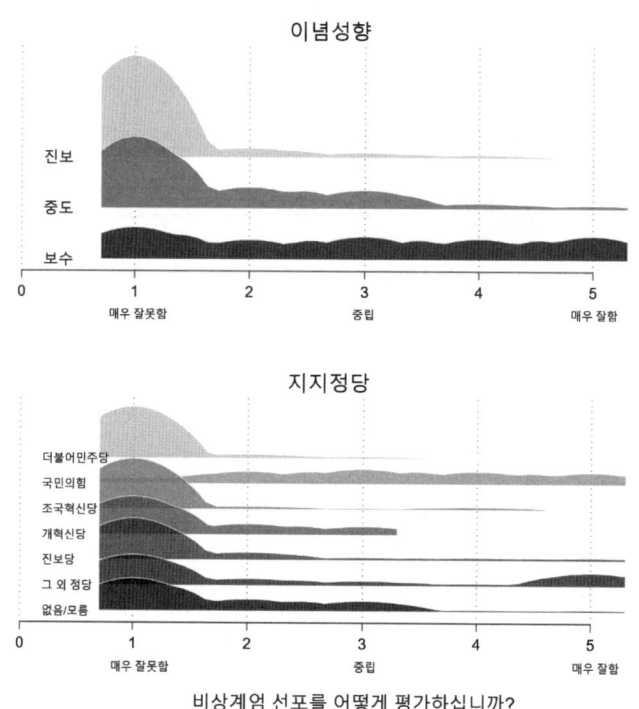

비상계엄 선포를 어떻게 평가하십니까?

　　보수 성향 응답자들의 경우, 계엄 지지가 상대적으로 높을 뿐만 아니라, 계엄에 대한 태도가 특정 구간(예: 1점)에 쏠리지 않고 전 구간(1~5점)에 걸쳐 고르게 분포하는 것이 눈에 띈다. 지금까지 분석한 다른 대부분의 경우, 계엄 반대가 뚜렷하게 1점에 집중되는 패턴을 보였지만, 보수 성향 집단에서는 이러한 쏠림 현상이 사라졌으며, 계엄을 긍정적으로 평가하는 응답이 일정한 비율로 나타났다. 이는 보수 성향 응답자들 사이에서 계엄에 대한 지지가 상대적으로 많다는 점을 시사하며, 동시에 계엄에 대한 입장이 단순한 반대나 찬성으로 나뉘기보다 더 다양하게 나타날 가능성을 보여준다.

그래프 하단은 응답자의 지지 정당에 따른 계엄지지 정도를 보여준다. 더불어민주당 지지자들은 계엄에 대해 강하게 반대하는 경향을 보이며, "매우 잘못함(1)" 응답이 압도적으로 많다. 조국혁신당, 개혁신당, 진보당 지지자들도 유사한 패턴을 보이며, 대체로 민주당 지지자들과 비슷한 수준의 계엄 반대를 나타낸다. 반면, 국민의힘 지지자들은 다른 정당 지지자들에 비해 계엄을 긍정적으로 평가하는 응답이 많으며, 특히 4~5점(찬성) 구간에서 상대적으로 높은 응답 비율을 보인다. 하지만 국민의힘 지지자들 사이에서도 계엄을 부정적으로 평가하는 응답이 완전히 배제되지는 않았으며, 1~3점 구간에서도 일정한 응답이 나타난다. 즉, 국민의힘 지지자들은 계엄을 지지하는 경향이 더 강하지만, 내부적으로도 다양한 의견이 존재함을 알 수 있다.

2. 강한 정부를 원할수록 계엄을 지지할까?

한국 민주주의는 탄핵 정국 속에서 흔들리고 있으며, 윤석열 대통령의 탄핵소추 이후 정치적 불확실성이 커지고 있다. 대통령 측과 여당 일부는 법적 절차상의 문제를 제기하며 탄핵 이후의 조치를 지연시키고 있으며, 이를 지지하는 일부 시민들은 계엄 발동이 불가피한 조치였다고 주장하고 있다. 이들의 논리는 대통령이 국회의 견제를 받지 않고 자유롭게 국정을 운영해야 한다는 생각과 맞닿아 있다. 실제로, 정부가 강한 리더십을 발휘하기 위해서는 국회의 견제가 지나쳐서는 안 된다고 보는 사람들이 계엄을 더 지지하는 경향이 있을 수 있다. 이에 본 장에서는 정부의 권한과 민주적 절차에 대한 태도가 계엄에 대한 입장과 어떻게 연결되는지를 분석하고자 한다. 이를 위해 응답자들에게 △정부가 국회의 견제를 받으면 큰일을 해내기 어렵다고 생각하는지, △대통령이 국회 반대에도 불구하고 정책을 강행해야 하는지, △정치 지도자가 목표를 달성하기 위해 기존 절차를 무시해도 되는지, △국가적 위기 상황에서 정부가 법을 무시할 수 있는지를 물었다.

〈그림 4〉에 따르면 정부가 강한 리더십을 발휘해야 한다고 생각하는 사람들은 계엄에 대해 더 긍정적인 태도를 보이는 경향이 있다. 먼저, "국회의 견제가 지나치면 정부가 중요한 일을 수행하기 어렵다"는 주장에 동의하는 응답자들은 계엄을 긍정적으로 평가하는 비율이 높았다. 특히 "매우 동의"하는 응답자들은 4~5점(계엄 찬성) 구간에서 높은 분포를 보였으며, 반대로 국회의 견제를 중요하게 여기는 응답자들은 계엄을 강하게 반대하는 경향이 뚜렷했다.

그림 4 | 강한 정부 및 지도력에 대한 인식과 계엄지지

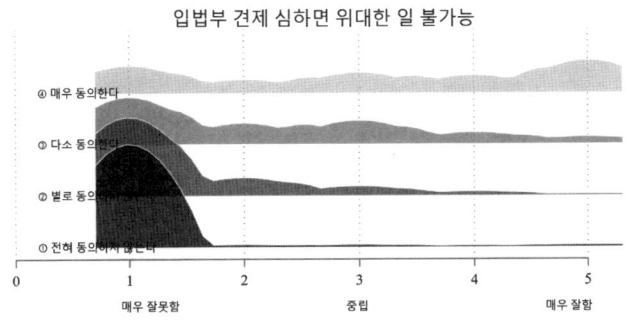

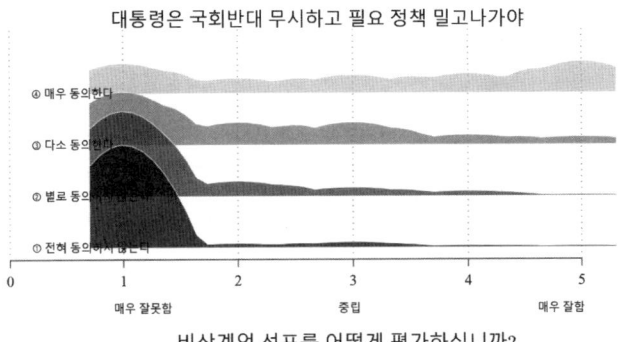

비상계엄 선포를 어떻게 평가하십니까?

비슷한 패턴은 "대통령이 국회의 반대에도 불구하고 필요하다고 생각하는 정책을 강행해야 한다"는 주장에 대한 응답에서도 나타난다. 대통령이 강한 결정을 내려야 한다고 생각하는 사람들(매우 동의, 다소 동의)은 계엄을 지지하는 경향이 강했고, 국회를 무시해서는 안 된다고 생각하는 사람들(전혀 동의하지 않음, 별로 동의하지 않음)은 계엄을 강하게 반대했다. 이러한 결과는 강한 지도자를 선호하는 태도가 계엄에 대한 태도와 연결될 가능성이 크다는 점을 시사한다. 국회의 견제보다 지노자의 강한 리더십을 강조하는 사람들은 계엄을 비교적 정당한 조치로 보는 반면, 민주적 절차와 견제·균형을 중시하는 사람들은 계엄을 민주주의 훼손으로 인식하는 경향이 나타났다.

그림 5 | 민주적 절차에 대한 인식과 계엄지지

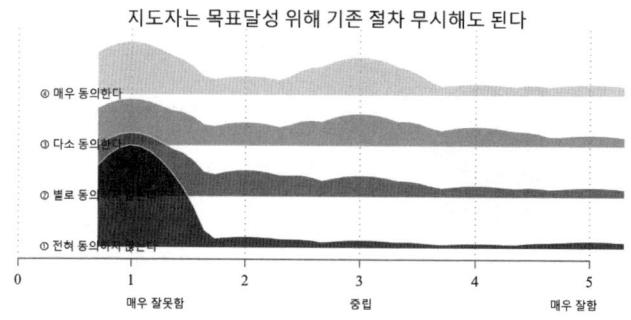

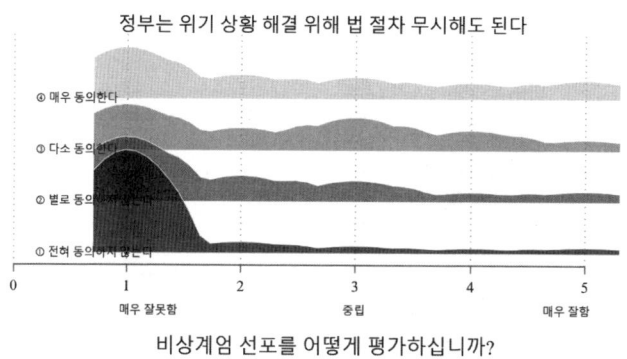

비상계엄 선포를 어떻게 평가하십니까?

〈그림 5〉는 정부가 목표를 달성하거나 위기 상황을 해결하기 위해 기존 절차를 무시할 수 있다고 보는 사람들이 계엄을 상대적으로 더 지지하는 경향이 있음을 보여준다. "지도자는 목표 달성을 위해 기존 절차를 무시해도 된다"는 주장에 동의하는 응답자들은 계엄을 긍정적으로 평가하는 비율이 높았으며, 특히 "매우 동의"하는 응답자들은 4~5점(계엄 찬성) 구간에서 비교적 높은 분포를 보였다. 하지만 절차를 무시해서는 안 된다고 생각하는 응답자들은 계엄을 강하게 반대하며 "매우 잘못함(1)"에 집중되는 모습을 보였다.

비슷한 패턴은 "정부는 위기 상황을 해결하기 위해 법 절차를 무시해도 된다"는 질문에서도 확인된다. 절차적 민주주의를 덜 중시하는 사람들일수록 계엄을 지지하는 비율이 상대적으로 높아지지만, 여기서 주목해야 할 점은 비록 기존 절차를 무시하는 것이 필요하다고 생각하는 응답자들 중에서도, 상당수가 여전히 계엄을 반대하고 있다는 것이다. 즉, 절차적 민주주의를 중요하게 여기지 않는다고 해서 반드시 계엄을 지지하는 것은 아니라는 점이 뚜렷하게 나타난다. 이는 입법부 견제에 대한 태도(1, 2번 질문)가 계엄 지지에 보다 강한 영향을 미쳤던 것과는 대조적이다.

이러한 차이는 단순히 절차보다 강한 지도력을 선호하는 태도가 계엄을 정당화하는 데 충분한 조건이 되지 않을 수도 있음을 시사한다. 즉, 일부 응답자들은 특정한 상황에서 민주적 절차를 무시할 필요가 있다고 생각하면서도, 계엄이라는 극단적 조치는 받아들이지 않는 경향을 보인다. 이는 계엄 지지가 단순히 '강한 정부'에 대한 선호에서 비롯되는 것이 아니라, 입법부 견제를 부정적으로 보는 태도와 더 깊은 관련이 있을 가능성을 시사한다.

3. 한국 민주주의 현실에 불만이 많을수록 계엄을 지지할까?

민주주의에 대한 인식은 계엄과 같은 비상조치에 대한 태도와 어떤 관계를 가질까? 일반적으로 민주주의를 강하게 신뢰하는 사람들은 계엄과 같은 비민주적 조치를 거부할 가능성이 크지만, 반대로 민주주의가 반드시 최선의 체제라고 생각하지 않거나, 한국의 민주주의 작동 방식에 불만이 큰 사람들은 계엄을 보다 긍정적으로 평가할 가능성이 있다. 이를 확인하기 위해 본 장에서는 응답자들의 민주주의 선호도와 한국 민주주의에 대한 만족도가 계엄 지지와 어떤 연관성을 가지는지 분석한다. 민주주의 선호도는 ① 민주주의가 다른 어떤 제도보다 항상 낫다고 생각하는지, ② 특정한 상황에서는 독재가 민주주의보다 나을 수도 있다고 생각하는지, ③ 민주주의와 독재에 무관심한지를 묻는 질문을 통해 측정되었다. 또한, "현재 한국 민주주의가 얼마나 잘 작동하고 있다고 생각하는지(1~10점 척도)"를 통해 민주주의에 대한 만족도를 평가하였다. 이제 이러한 민주주의 인식이 계엄지지에 미치는 영향을 〈그림 6〉을 통해 살펴본다.

〈그림 6〉의 상단 그래프는 응답자들의 민주주의에 대한 선호도가 계엄 지지에 어떤 관계가 있는지 보여준다. 가장 눈에 띄는 점은 민주주의를 다른 어떤 제도보다 항상 낫다고 생각하는 응답자들은 계엄에 대해 강한 반대 입장을 보이며, "매우 잘못함(1)"에 응답이 집중되어 있다는 것이다. 즉, 민주주의에 대한 확고한 신념을 가진 사람들은 계엄을 명백한 비민주적 조치로 인식하고 있다. 반면, "상황에 따라 독재가 민주주의보다 나을 수도 있다"고 응답한 사람들의 경우, 계엄에 대한 태도가 더 다양하게 나타나며, 특히 4~5점(계엄 찬

성) 구간에서도 일정한 비율이 분포하고 있다. 이는 민주주의가 최선의 체제라는 확신이 없는 사람들일수록 계엄을 하나의 선택지로 받아들일 가능성이 크다는 점을 시사한다.

그림 6 | 민주주에 대한 태도와 계엄지지

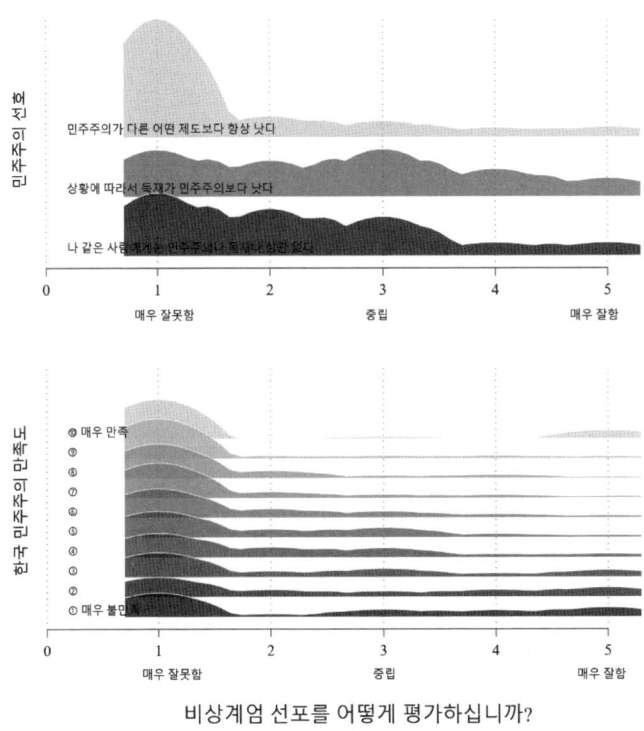

비상계엄 선포를 어떻게 평가하십니까?

또한, "민주주의나 독재나 상관없다"고 응답한 사람들의 분포 역시 "상황에 따라 독재가 더 낫다"고 응답한 사람들과 유사한 양상을 보인다. 이 그룹은 계엄 반대(1점) 응답이 민주주의를 선호하는 그룹보다 적고, 전체적으로 계엄에 대한 태도가 보다 중립적으로 분포한다. 이는 이들이 민주주의에 대한 강한 신념을 갖고 있지는 않지만, 동시에 계엄을 적극적으로 지지하는 것도 아님을 보여준다. 흥미로운 점은, 이 그룹의 응답자들이 단순히 정치 체제에 무관심한 것이 아니라, '독재가 나을 수도 있다'는 직접적인 표현을 회피하기 위해 중립적인 선택지(민주주의나 독재나 상관없다)를 선택했을 가능성도 배제할 수 없다. 즉, 이들은 민주주의에 대한 유보적인 태도를 취하고 있지만, 실제로는 독재를 용인할 수 있는 입장과 크게 다르지 않을 수도 있음을 시사한다.

하단 그래프는 현재 한국 민주주의가 작동하는 방식에 대한 만족도가 계엄지지와 어떤 관계를 가지는지를 보여준다. 가장 뚜렷한 패턴은 민주주의에 대해 매우 불만족하는 응답자들일수록 계엄을 지지하는 비율이 증가한다는 점이다. 이들은 "매우 잘못함(1)"에 대한 응답이 줄어들고, 4~5점(계엄 찬성) 구간에서 상대적으로 높은 분포를 보인다. 이는 현재의 민주주의 체제가 제대로 작동하지 않는다고 느끼는 사람들이 계엄과 같은 비상조치를 하나의 대안으로 고려할 가능성이 높음을 시사한다.

흥미로운 점은 민주주의에 매우 만족하는 응답자들(10점) 중에서도 일부가 계엄을 긍정적으로 평가하고 있다는 것이다. 민주주의에 대한 만족도가 높은 사람들은 대체로 계엄을 반대하는 경향이 강하지만, 일부는 계엄을 받아들일 수 있는 태도를 보인다. 이러한 결과는 두 가지 방식으로 해석될 수 있다. 첫째, 이들은 민주주의가 잘 작동하고 있기 때문에 계엄 역시 하나의 합법적이고 정당한 조치로 받아들이는 가능성이 있다. 즉, 현 체제에 대한 신뢰가 높기 때문에 계엄이 정치적 위기를 해결하는 데 적절한 대응일 수 있다고 보는 것이다. 둘째, 형식적 민주주의에 대한 만족도가 높지만, 특정한 상황에서는 강한 지도자의 결단이 필요하다고 인식하는 사람들일 수 있다. 이는 민주주의적 원칙을 지지하면서도, 국가적 위기 상황에서는 민주적 절차를 잠시 중단할 수도 있다고 생각하는 태도와 연결될 가능성이 있다.

이러한 결과는 민주주의에 불만족하는 사람들이 계엄을 지지하는 것은 예상할 수 있지만, 민주주의에 만족하는 사람들 중에서도 일부가 계엄을 정당한 조치로 받아들일 가능성이 있다는 점에서 흥미로운 함의를 제공한다. 즉, 계엄 지지는 단순히 민주주의에 대한 불만에서만 비롯되는 것이 아니라, 민주주의를 바라보는 방식 자체에 따라 다르게 해석될 수 있음을 보여준다.

4. 정서적 양극화가 심할수록 계엄을 지지할까?

한국 사회에서 정치적 양극화는 단순한 의견 차이를 넘어 강한 감정적 대립으로 나타나고 있다. 특히, 특정 정당이나 정치 지도자에 대한 호감과 혐오가 극단적으로 나뉘면서, 이러한 정서적 양극화가 계엄과 같은 비상조치에 대한 태도에도 영향을 미칠 가능성이 있다. 본 장에서는 정당과 인물에 대한 정서적 양극화가 계엄 지지와 어떤 관계를 가지는지 분석한다.

이를 위해 정서적 양극화는 두 가지 방식으로 측정되었다. 첫째, 정당에 대한 양극화는 더불어민주당과 국민의힘에 대한 호감도를 각각 0에서 100까지 평가한 뒤, 두 정당 간의 차이를 계산하여 -100에서 100 사이의 지수를 만들었다. 100에 가까울수록 민주당을 강하게 지지하고 국민의힘을 혐오하는 사람이, -100에 가까울수록 국민의힘을 지지하고 민주당을 혐오하는 사람이 된다. 둘째, 인물에 대한 양극화는 같은 방식으로 이재명과 윤석열에 대한 호감도를 측정한 후 두 변수의 차이를 통해 -100에서 100 사이의 지수를 계산했다. 100은 이재명을 강하게 지지하고 윤석열을 혐오하는 사람, -100은 그 반대인 사람을 의미한다.

〈그림 7〉은 정당에 대한 정서적 양극화가 계엄 지지와 어떤 관계를 가지는지를 보여준다. 가장 두드러지는 특징은 정서적 양극화가 강할수록 계엄에 대한 태도가 더욱 극명하게 나뉜다는 점이다. 민주당에 대한 호감도가 높고 국민의힘을 강하게 혐오하는 응답자(양극화 지수 100에 가까운 집단)는 계엄을 강하게 반대하는 경향을 보이며, "매우 잘못함(1)" 응답이 압도적으로 많다. 반대로, 국민의힘을 지지하고 민주당을 혐오하는 응답자(양극화 지수 -100에 가까운 집단)에서는 계엄을 긍정적으로 평가하는 비율이 높아지며, 4~5점(계엄 찬성) 구간의 응답이 증가하는 양상을 보인다.

특히 주목해야 할 점은, 양극화 지수가 -100에 가까운 응답자들은 계엄을 강하게 반대하는 응답(1~2점)이 거의 없다는 것이다. 이는 이전에 살펴본 다른 그래프들에서는 찾아볼 수 없었던 독특한 패턴이다. 앞서 지지 정당별 계엄 태도를 살펴봤을 때, 국민의힘 지지자들 중에서도 계엄을 반대하는 응답이 상당수 존재했지만, 정서적 양극화 분석에서는 국민의힘을 지지하는 것이 아니라 민주당을 강하게 혐오하는 응답자일수록 계엄을 강하게 지지하는 경향이 더욱 뚜렷해진다. 이는 단순히 특정 정당을 지지하는 것이 아니라, 반대 정당에 대한 극단적 반감이 계엄과 같은 비상조치를 받아들이는 태도와 더 밀접하게 연결될 가능성이 있음을 시사한다.

그림 7 | 정당에 대한 정서적 양극화와 계엄지지

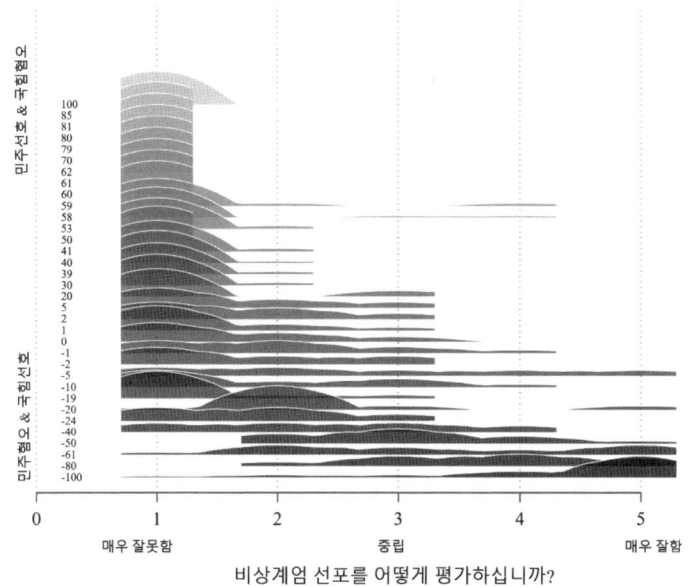

　　〈그림 8〉은 정치 지도자(이재명과 윤석열)에 대한 정서적 양극화가 계엄 지지와 어떻게 연관되는지를 보여준다. 앞선 정당 양극화와 유사하게, 특정 인물에 대한 강한 호감과 반감이 계엄에 대한 태도를 극명하게 나누는 경향이 나타난다.

　　이재명을 강하게 지지하고 윤석열을 혐오하는 응답자(양극화 지수 100에 가까운 집단)는 계엄을 강하게 반대하는 경향이 두드러지며, "매우 잘못함(1)" 응답이 압도적으로 많다. 반면, 윤석열을 지지하고 이재명을 혐오하는 응답자(양극화 지수 -100에 가까운 집단)에서는 계엄을 긍정적으로 평가하는 비율이 높아지며, 특히 4~5점(계엄 찬성) 구간에서 뚜렷한 증가세가 나타난다.

　　특히 주목해야 할 점은, 정당 양극화에서와 마찬가지로, 양극화 지수가 -100에 가까운 응답자들(윤석열을 강하게 지지하고 이재명을 혐오하는 집단)에서는 계엄을 반대하는 응답(1~2점)이 거의 존재하지 않

는다는 것이다. 이는 단순히 특정 지도자를 선호하는 것 이상으로, 반대하는 정치인에 대한 강한 혐오가 계엄과 같은 강경 조치를 정당화하는 태도로 연결될 가능성이 있음을 시사한다.

그림 8 | 인물에 대한 정서적 양극화와 계엄지지

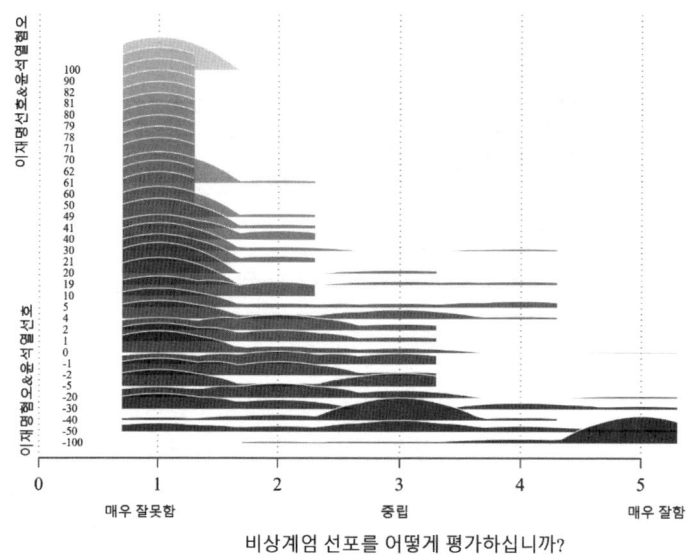

정당과 정치 지도자에 대한 정서적 양극화는 단순한 정치적 선호의 차원을 넘어, 비상조치에 대한 태도에도 밀접한 관계가 있는 것으로 보인다. 본 장에서 살펴본 결과, 특정 정당이나 정치인을 강하게 지지하는 것 자체보다, 반대하는 정당이나 정치인에 대한 강한 혐오가 계엄을 정당화하는 태도와 더 깊이 연결되어 있음이 확인되었다. 특히, 국민의힘을 지지하더라도 민주당에 대한 반감이 크지 않다면 계엄을 무조건 지지하지 않을 수 있다. 반면 민주당을 강하게 혐오하는 응답자들의 경우 계엄을 정당한 조치로 받아들일 가능성이 훨씬 높았다.

이는 계엄과 같은 비상조치에 대한 태도가 단순한 이념적 성향이나 소속 정당에 의해 결정되는 것이 아니라, 정치적 반감과 정서적 대립이 깊어질수록 더욱 입장으로 고착될 수 있음을 의미한다. 즉, 정치적 양극화가 단순한 의견 차이를 넘어, 민주주의적 절차에 대한 인식까지 변화시킬 가능성이 크다는 점을 시사한다. 이러한 결과는 한국 정치에서 정서적 양극화가 심화될 경우, 민주적 절차보다 강한 질서를 중시하는 태도가 강화될 수 있으며, 이는 정치적 위기 상황에서 더욱 두드러질 가능성이 있음을 보여준다.

5. 결론

본 연구는 2024년 12월 3일 윤석열 대통령의 계엄 선포를 둘러싼 국민들의 태도를 분석하며, 계엄 지지가 어떠한 요인과 관련되어 있는지를 탐색하였다. 분석 결과, 계엄에 대한 태도는 단순히 정치적 성향이나 정당 지지에 의해 결정되는 것이 아니라, 다양한 사회인구통계학적 요인, 정치적 태도, 민주주의 인식, 그리고 정서적 양극화와 밀접한 관계를 맺고 있음을 확인할 수 있었다.

특히, 사회인구학적 변수에서는 계엄 반대가 대체로 우세했지만, 고연령층과 일부 집단에서는 타집단에 비해 계엄에 대한 긍정적인 평가가 높았다. 또한, 강한 정부를 선호하는 사람들, 민주주의의 작동 방식에 불만을 가진 사람들, 그리고 특정 정당이나 정치 지도자에 대한 정서적 양극화가 강한 사람들은 계엄을 보다 긍정적으로 평가하는 경향을 보였다. 이는 계엄이 단순히 법적·정치적 결정이 아니라, 국민들의 정치적 태도와 사회적 맥락 속에서 정당화될 가능성이 높아진다는 점을 시사한다.

특히, 정서적 양극화는 계엄 지지에 중요한 요인으로 작용하였다. 정치적 갈등이 격화될수록 상대 정당과 정치 지도자를 '위협'으로 간주하는 경향이 강해지며, 이는 민주주의 절차를 무시한 강경 조치조차도 정당화하는 논리로 작동할 수 있음을 보여준다. 이러한 현상은 민주주의적 절차와 법치주의가 단순한 제도적 문제가 아니라, 감정적·정서적 대립 속에서 위협받을 수 있음을 의미한다.

본 연구는 한국 정치에서 민주주의와 권위주의적 통치 방식이 어떻게 경쟁하는지를 이해하는 데 기여하며, 향후 민주적 절차의 지속성과 시민의 정치적 태도를 분석하는 데 중요한 자료로 활용될 수 있다. 또한, 계엄과 같은 극단적인 정치적 조치가 단순히 권력자의 결정에 의해 좌우되는 것이 아니라, 이를 받아들이는 사회적 태도와 정치적 맥락이 존재할 때 가능하다는 점을 강조한다. 이러한 연구 결과는 한국 민주주의의 지속 가능성을 고민하는 데 중요한 시사점을 제공하며, 향후 민주적 제도를 강화하기 위한 논의에 기초 자료로 활용될 수 있을 것이다.

왜 못 믿을까?: 선거 공정성 인식과 선관위 신뢰

김지혜

1. 서론

　민주주의 사회에서 선거 공정성에 대한 신뢰는 정치적 안정성과 사회적 합의를 유지하는 핵심 요소이다. 공정한 선거 절차에 대한 신뢰는 정치적 경쟁 속에서 제도적 정당성을 뒷받침하며, 체제에 대한 시민들의 지지를 담보할 수 있도록 돕는다. 반대로, 선거의 정당성에 대한 의구심이 확산될 경우, 사회적 불안과 정치적 갈등이 심화될 수밖에 없다. 한국 사회에서 선거에 대한 불신이 완전히 새로운 현상은 아니나, 12.3 비상계엄 선포 이후 선거 공정성 논란이 격화되면서 중앙선거관리위원회이하 선관위에 대한 신뢰 문제가 국가적 위기로 비화되고 있다. 특히, 선거 부정 의혹이 단순한 정치적 논쟁을 넘어 하나의 음모론적 믿음으로 작동하는 양상이 나타나고 있기에, 이러한 불신이 어떤 요인에 의해 형성되고, 어떠한 정치적 태도와 결합하는지를 분석하는 것이 중요한 시점이다.

　많은 경우에 그렇듯, 이번 선거 공정성 논란에서도 선관위가 제시한 자료와 대법원의 판결 등 공식적 대응이 불신을 해소하기보다는 오히려 기존의 의혹을 더욱 강화하거나 음모론을 정당화하는 새로운 논리의 생산으로 이어지고 있다. 이는 단순한 정보 부족이나 집단적 신념의 문제가 아니라, 선거 불신이 정치적 전략으로 활용되는 과정과 밀접하게 연관되어 있다. 더욱이 대통령이 직접 계엄 선포의 주된 이유로 '부정선거 가능성'을 언급하면서, 선거 불신은 단순한 개인적 의혹을 넘어 정치적 정당성을 뒷받침하는 도구로까지 적극 활용되고 있다. 이러한 상황에서, 선거 부정을 주장하는 사람들의 논리를 일일이 반박하거나 사실관계를 바로잡는 것만으로는 실질적인 해결이 어렵다. 음모론적 믿음은 단순한 사실의 문제라기보다, 특정한 사회문화적, 구조적 맥락속에서 지속적으로 강화되고 재생산되는 성격을 지니기 때문이다.

　　본 연구는 기존의 연구들이 특정 음모론의 내용과 사실성을 검증하거나, 이를 확산시키는 미디어 환경을 분석하는데 집중해 온 것과 달리, '선거부정 음모론을 믿는 사람들은 누구이며, 그들이 속한 사회적 맥락은 무엇인가?'라는 질문에 주목한다. 선거 공정성 인식과 선관위에 대한 신뢰 수준을 중심으로, 이를 결정짓는 사회심리학적 요인을 탐색하고, 음모론적 믿음을 강하게 가진 사람들이 다양한 사회·정치적 현안에 대해 어떠한 태도를 취하고, 어떤 정치적 판단을 내리는지를 분석하고자 한다. 이를 통해, 정치적 성향과 개인적 가치관이 어떻게 결합하여 특정한 음모론적 믿음을 형성하는지 규명하여, 부정선거 음모론이 확산되는 사회에서 여론이 형성되는 미시적 조건을 실증적으로 탐색해보고자 한다. 본 연구의 결과가 민주주의 체제 내에서 제도적, 사회적 신뢰를 회복하기 위한 실질적 방안을 모색하는 데 중요한 시사점을 제공하기를 기대한다.

2. 이론적 배경 및 연구모형

음모론은 일상에서 쉽게 접할 수 있으며, 특히 갈등과 불확실성이 높은 상황에서 더욱 강하게 작동한다(Carlson and Ramo 2023). 인지과학적 관점에서 볼 때, 음모론이 지속되는 이유는 비교적 단순하다. 복잡하고 과잉된 정보 환경에서 사람들은 분석과 검증보다는 보다 쉽고 직관적인 설명을 선호하는 경향이 있다. 음모론은 이러한 심리적 요구를 충족하는 일종의 '인지적 지름길'cognitive shortcut로 기능하며, 복잡한 현실을 단순화하고 설득력 있는 내러티브로 구성함으로써 이해를 돕는다. 또한 음모론을 공유하는 사람들은 강한 내집단 결속을 경험하며 집단 정체성을 강화하게 되는데, 특히 위기 상황에서 외집단outgroup을 배제하고 내집단ingroup 편향을 강화함으로써 심리적 안정과 위안을 얻게 된다. 이러한 이유로 음모론은 단순한 개인적 신념을 넘어, 특정한 사회문화적 맥락 속에서 지속적으로 유지되며 재생산된다.

음모론적 믿음은 개인과 사회 모두에 다양한 부정적 영향을 미칠 수 있다(전상진 2014; Romer and Jamieson 2020). 개인 수준에서는 편향된 태도나 비합리적 의사결정을 유발할 수 있으며, 사회적 차원에서는 공공 신뢰와 제도 정당성을 약화시키는 결과로 이어질 수 있다. 예를 들어, 코로나19 바이러스가 우한 실험실에서 인위적으로 발생했다고 믿는 사람들은 백신 접종을 거부하거나(e.g., Romer and Jamieson 2020), 외집단을 배제하며 이민자에 대한 부정적 태도를 강화하는 경향을 보인다(e.g., Kim and Park 2022). 특히 정치적 맥락에서 음모론이 확산되면, 많은 경우에 그렇듯, 공공 기관에 대한 신뢰가 약화되고, 극단주의적 정치 행동을 정당화하는 논리로 활용될 위험이 크다.

그렇다면 누가 음모론에 취약한가? 선행 연구들은 극단적 정치 성향을 가진 사람들이 중도 성향을 가진 사람들에 비해 음모론을 더 쉽게 수용하는 경향이 있다고 지적해 왔다. 이들은 신념을 위협하는 정보에 대해 강한 방어적 태도를 취하는 경향이 있으며, 자신이 지지하는 정치 지도자나 집단의 정당성을 갖추기 위한 전략으로 음모론을 수용할 가능성이 높다. 특히, 극단적 우파 성향을 가진 사람들이 음모론을 신뢰할 가능성이 높다는 연구 결과가 다수 보고되었으며(e.g., Sutton and Douglas 2020), 정치 성향과 음모론의 관계는 해당 정치적 맥락과 음모론의 내용에 따라 달라질 수 있다는 점 역시 중요하게 다루어지고 있다(Enders et al. 2023). 12.3 비상계엄 선포 이후 대통령 탄핵심판이 진행 중으로, 여러모로 정치적, 사회적 불확실성이 심화된 상황에서 음모론적 사고는 더욱 강화될 여지가 높다(Carlson and Ramo 2023).

본 연구는 기존의 논의를 확장하여, 정치 성향 뿐만 아니라 개인의 가치관이 음모론적 믿음에 어떤 영향을 미치는지 분석하고자 한다. 가치values는 특정 상황을 초월해 다양한 태도와 행동을 이끄는 심층적 신념 체계로, 각종 사회적 이슈를 평가하는 중요한 길잡이 역할을 한다(김지혜·김상학 2022; Hitlin and Piliavin 2004; Schwartz 1992). 정치적 양극화가 심화된 사회에서는, 갈등이 법적, 제도적 논쟁을 넘어 보다 근본적인 가치의 대립으로 나타날 가능성이 크다. 이러한 맥락에서 개인의 가치관은 선거 공정성 논란 및 선관위 신뢰와 관련된 음모론 수용에 중요한 역할을 미칠 수 있다. 어떤 가치가 음모론적 믿음과 연관되는지를 살핌으로써, 단일한 정치성향 척도로만 설명하기 어려운 다양한 정치적 태도 및 행동 형성에 관해 보다 정교한 설명을 제공할 수 있을 것으로 기대한다. 본 연구에서는 현재 주요 이슈가 되고 있는 2024년 총선이 부정선거였다고 믿는 '선거 불공정성 인식'과 이와 관련한 '선관위 불신 태도'를 음모론의 대표적 사례로 보고, 정치성향과 가치관이 이러한 믿음과 어떤 연관성을 갖는지를 탐색적으로 분석한다.

그림 1 | 슈워츠 가치 모델

그림 2 | 연구 모형

슈워츠의 가치 이론은 인간의 기본 가치를 '변화에 대한 개방성'Openness to Change, OC 대 '보수성'Conservation, CO과 '자기 충족'Self-Enhancement, SE 대 '자기 초월'Self-Transcendence, ST의 기저 차원으로 구분한다

(〈그림 1〉 참조). 세부 가치는 원형 구조 속에서 거리가 가까울수록 양립 가능성이 크고, 멀수록 대립적이다. 예컨대, 자기 충족(SE) 차원의 권력$_{power}$과 성취$_{achievement}$는 자기 초월(ST) 차원의 박애$_{benevolence}$, 보편주의$_{universalism}$와 명확히 대비된다. 선행연구의 결과에 비추어 보면(e.g., Poier & Suchanek 2024), 자기 충족(SE) 가치를 중시하고 자기 초월(ST) 가치를 덜 중요하게 여기며, 변화와 새로운 경험보다는 안정과 전통을 중시하는 이들이, 진보 진영 야당이 과반의석을 차지했던 2024년 선거를 부정했다고 믿으며 선관위 또한 불신할 가능성이 높다. 보수적(CO) 가치를 가진 사람들은 일반적으로 사회질서 유지하고 통제하는 것을 중시하는 만큼 제도에 대한 신뢰수준이 높다고 알려져 있지만(Devos, Spini and Schwartz 2012), 이는 정치적 맥락에 따라 변화할 수 있다. 보수 진영에서 자신들의 정치적 입지가 위협받는다고 느낄 때, 제도와 기관 정당성을 의심하는 음모론적 믿음이 촉발, 강화될 수 있기 때문이다. 본 연구는 〈그림 2〉의 연구모형을 기초로, 정치성향과 개인적 가치관이 음모론적 믿음과 어떻게 연결되는지를 설문조사 자료를 바탕으로 분석하고자 한다.

3. 데이터 및 분석방법

(1) 데이터 및 변수 측정

본 연구는 동아시아연구원EAI이 한국리서치와 함께 2025년 1월에 실시한 정치 양극화 인식조사 데이터를 기반으로, 만 18세 이상 성인 1,514명의 응답을 분석하였다. 주요 종속변수는 제22대 국회의원 선거(이하 총선)의 공정성 인식과 선관위에 대한 신뢰수준으로 구성되었다. 선거 공정성 인식은 응답자가 해당 선거가 얼마나 자유롭고 공정했다고 평가하는지를 측정한 변수로, 다음과 같은 4점 척도로 구성되었다. 1점은 '완전히 자유롭고 공정했다', 2점은 '자유롭고 공정했지만 작은 문제들이 있었다', 3점은 '자유롭고 공정했지만 큰 문제들이 있었다', 4점은 '자유롭거나 공정하지 않았다'를 의미하며, 점수가 높을수록 선거가 불공정했다고 인식하는 정도가 크다는 것을 의미한다. 선관위 신뢰 수준은 응답자가 선관위를 얼마나 신뢰하는지를 측정한 변수로, 0점(매우 신뢰)에서 10점(매우 불신)까지의 척도로 구성되었다. 이 역시 점수가 높을수록 선관위에 대한 불신이 크다는 것을 나타낸다.

주요 독립변수는 정치성향과 개인 가치관으로 구성되었다. 정치성향은 응답자가 자신의 정치적 입장을 어떻게 인식하는지를 측정한 변수로, 0점(매우 보수)에서 10점(매우 진보)까지의 연속형 척도로 측정되었다. 점수가 높을수록 응답자가 더 진보적인 성향을 갖고 있음을 의미한다. 개인 가치관은 슈워츠의 가치 이론을 기반으로, 자기 충족Self-Enhancement, SE, 자기 초월Self-Transcendence, ST, 변화에 대한 개방성Openness to Change, OC, 보수성Conservation, CO의 네 가지 차원에서 측정되었다. '자기 충족(SE)'은 사람과 자원에 대한 권력을 갖거나power, 사회적으로 인정받고 성공하는 것achievement에 가치를 두는 정도를 의미한다. '자기 초월(ST)'은 주변 사람들을 돕고 보살피는 것benevolence, 사회 전체의 복지와 안녕을 증진시키는 것universalism에 대한 중요성을 반영한다. '변화에 대한 개방성(OC)'은 재미를 추구하고 삶을 즐기는 것hedonism, 새로운 도전과 모험을 감수하는 태도stimulation, 자율적인 사고와 행동을 중시하는 경향self-direction을 포함하며, '보수성(CO)'은 문화와 전통을 존중하고tradition, 사회적 규범과 도리를 따르며conformity, 안전하고 위험이 적은 환경을 선호하는 태도security를 반영한다. 각 차원을 구성하는 세부 항목들은 1점(전혀 중요하지 않다)에서 5점(매우 중요하다)의 척도로 측정되었으며〈표 1〉, 분석에는 원점수에서 개인의 전체 평균 점수를 차감한 표준화 점수를 활용하였다.

표 1 | 기술통계

연속형 변수		평균	표준편차	최솟값	최댓값
제22대 총선에 대한 태도 (완전히 자유롭고 공정했다 ~ 자유롭거나 공정하지 않았다)		2.15	1.07	1	4
중앙선거관리위원회 불신 수준 (매우 신뢰 ~ 매우 불신)		5.34	3.13	0	10
정치성향 (매우 보수 ~ 매우 진보)		5.01	1.96	0	10
자기 충족 Self-Enhancement	사람과 자원에 대한 권력을 갖는 것	3.51	0.76	1	5
	사회적으로 인정받고 성공하는 것				
자기 초월 Self-Transcendence	주변 사람들을 돕고 보살피는 것	4.14	0.72	1	5
	사회 전체의 복지와 안녕을 증진시키는 것				
변화에 대한 개방성 Openness to Change	재미를 추구하고 자신의 삶을 즐기는 것	3.99	0.63	1	5
	새로운 도전과 모험을 하는 것				
	자율적인 사고와 행동을 하는 것				
보수성 Conservation	문화와 전통을 따르고 존중하는 것	4.23	0.64	1	5
	사회적 규범과 도리에 맞게 행동하는 것				
	안전하고 위험이 없는 곳에서 생활하는 것				
탄핵에 대한 입장 (매우 찬성한다 ~ 매우 반대한다)		3.80	1.47	1	5
윤석열 정부의 국정운영 전반에 대한 평가 (매우 잘못함 ~ 매우 잘함)		7.51	2.63	1	10
연령		50.87	16.46	19	102
교육수준		4.50	1.09	1	7
가구소득		5.44	2.80	1	12
범주형 변수		N		%	
성별	남성(ref)	751		49.6	
	여성	763		50.4	
거주지역	서울(ref)	287		19.0	
	경기/인천	481		31.8	
	경상도	373		24.6	
	전라도	140		9.2	
	충청도	166		11.0	
	강원도	47		3.1	
	제주	20		1.3	

■ 통제변수로는 성별, 연령, 교육수준, 가구소득, 거주지역이 포함되었다. 정치에 대한 관심수준, 정치 효능감, 방문하는 온라인 커뮤니티 특성 등을 추가적으로 통제한 모형을 검토하였으며, 이 변수들의 포함 여부는 주요 분석 결과에 유의미한 영향을 미치지 않았다.

(2) 분석방법

〈그림 2〉 연구모형을 토대로 '선거 불공정성 인식'과 '선관위 불신'을 종속변수로 설정하고 회귀분석을 실시하였다. 본 분석을 통해 정치성향과 개인 가치관이 선거 관련 음모론적 믿음에 어떤 영향을 미치는지 검토하고자 한다.

또한, 음모론적 믿음이 정치적 태도에 미치는 사회적 파급 효과를 탐색하기 위해, 정치성향, 개인 가치관, 그리고 '선거 불공정성 인식'을 독립변수로 하고, 탄핵에 대한 입장과 윤석열 정부에 대한 평가를 종속변수로 한 회귀분석을 추가적으로 수행하였다. 이를 통해 음모론적 신념이 정치적 판단과 태도 형성에 어떠한 영향을 미치는지를 실증적으로 확인하고자 하였다.

4. 연구결과

우선 2024년 제22대 국회의원 선거에 대한 공정성 인식 분포를 살펴보면〈그림 3〉, 전체 응답자의 약 33.8%는 '완전히 자유롭고 공정했다'고 평가했으며, 34.2%는 '작은 문제들이 있었다'고 응답하였다. 반면, '큰 문제들이 있었다'(15.1%) 또는 '자유롭거나 공정하지 않았다'(16.9%)고 인식한 응답자도 적지 않아, 유권자 약 3명 중 1명은 선거의 정당성에 일정 수준의 의문을 가지고 있었던 것으로 나타났다.

그림 3 | 선거 불공정성 인식

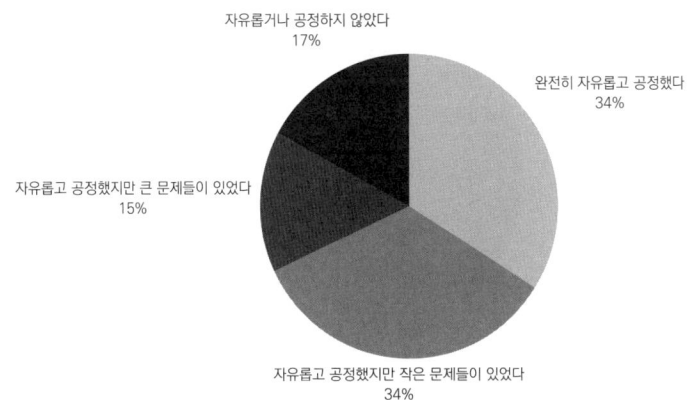

선관위에 대한 신뢰 수준 역시 전반적으로 양극화된 경향을 보였다. 전체 응답자 중 42%는 선관위를 불신한다고 응답한 반면, 신뢰한다는 응답자는 35%에 그쳤고, '보통' 수준이라고 평가한 응답자는 23%에 불과했다. 이는 선관위에 대한 신뢰도가 사회 전반에 걸쳐 높지 않으며, 상당수 유권자가 제도적 공정성에 대한 의구심을 품고 있음을 시사한다.

이러한 분포는 단순한 여론 지표를 넘어서, 정치적 성향이나 개인 가치관과 결합될 경우 음모론적 믿음으로 발전할 수 있는 사회적 조건을 반영한다고 볼 수 있다. 선거 불공정성 인식과 선관위 불신 수준 간 상관관계는 0.639 ($p < 0.001$)로 강한 양의 상관을 보였는데, 이러한 인식들이 정치적 성향과 어떤 방식으로 연결되어 있는지를 추가적으로 확인해 보았다.

그림 4 │ 선거관리위원회 신뢰

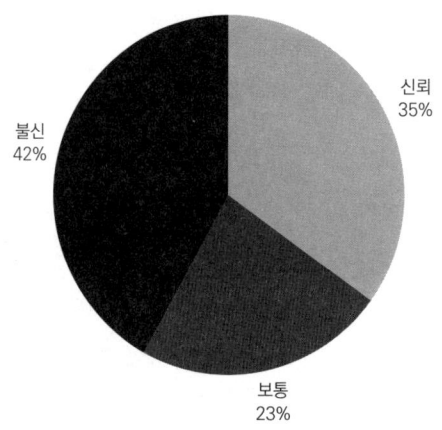

〈그림 5〉는 2024년 제22대 국회의원 선거에 대한 불공정성 인식과 선관위에 대한 불신 수준이 정치성향에 따라 어떻게 분포하는지를 시각화한 것이다. 정치성향이 보수적일수록 선거를 불공정하다고 인식하고, 선관위에 대한 불신 수준이 높게 나타난다. 반대로, 진보 성향일수록 선거가 공정했다고 평가하며 선관위에 대한 신뢰 수준도 상대적으로 높은 경향을 보인다. 이러한 결과는 정치적 성향에 따라 선거의 정당성과 국가기관에 대한 신뢰가 분극화되어 있음을 보여준다. 특히, 더불어민주당을 중심으로 한 범진보 진영이 총선에서 압도적으로 승리한 상황을 고려하면, 보수층이 선거 결과에 대해 상대적으로 더 비판적인 태도를 취할 가능성이 높다는 점에서 이러한 인식 분포는 일정 부분 예측 가능한 결과로 해석할 수 있다.

〈표 2〉는 본 연구의 주요Main 분석결과를 제시하며, 선거 불공정성 인식과 선관위 불신 태도에 미치는 정치성향과 개인 가치관의 영향을 보여준다〈그림 6〉. 분석 결과, 정치성향이 진보적일수록 지

난 총선이 불공정했다는 인식이나 선관위에 대한 불신 수준이 통계적으로 유의하게 낮은 것으로 나타났으며, 이는 기존 연구의 발견과 일맥상통한다. 개인 가치관의 경우, 권력이나 성취를 중시하는 자기 충족(SE) 가치가 강할수록 선거가 부정했다고 믿으며, 선관위에 대해서도 불신하는 경향이 뚜렷하게 나타났다. 반면, 나머지 세 개 가치 차원은 통계적으로 유의하지 않았는데, 타인에 대한 배려나 사회 전체의 복지를 중시하는 자기 초월(ST) 가치나 전통과 질서 유지를 중시하는 보수성(CO) 가치가 선거 음모론과 직접적인 관련을 보이지 않았다는 점은 주목할 만하다.

선관위 불신 태도에 대해서도 대체로 유사한 경향이 확인된 가운데, 타인이나 사회를 위하는 자기 초월적(ST) 가치가 높을수록 선관위를 신뢰하는 경향이 통계적으로 유의하게 나타났다. 이는 사회적 연대나 공공선에 대한 민감성이 선거관리 제도에 대한 신뢰로 이어질 수 있음을 시사한다.

그림 5 | 정치성향에 따른 선거 불공정성 인식, 선관위 불신태도

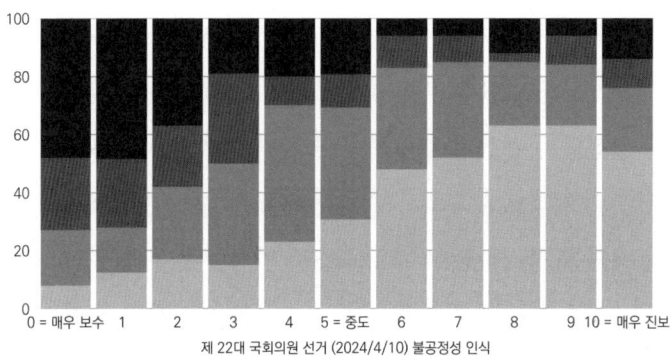

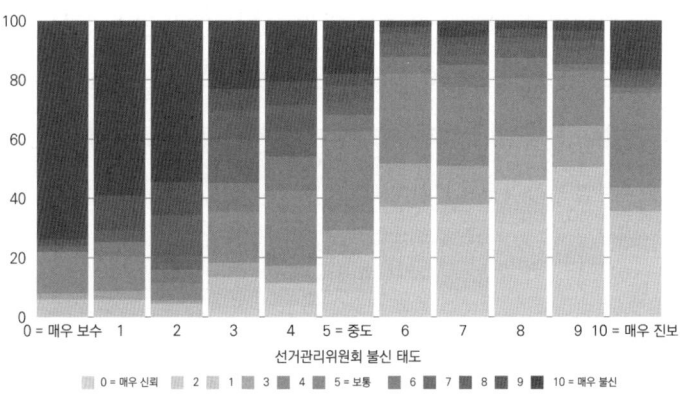

표 2 | 회귀분석 결과

변수	Main		Supplementary	
	선거 불공정성 인식	선관위 불신	탄핵 찬성	윤석열 평가(bad)
	b(SE)	b(SE)	b(SE)	b(SE)
선거 불공정성 인식			−0.538***	−0.887***
			−0.028	−0.051
정치성향	−0.158***	−0.553***	0.265***	0.508***
	(0.013)	(0.038)	(0.015)	(0.028)
개인 가치관				
자기 충족(SE)	0.173***	0.430***	−0.082*	−0.193**
	(0.036)	(0.101)	(0.039)	(0.070)
자기 초월(ST)	0.102	−0.427**	0.112	0.169
	(0.054)	(0.154)	(0.059)	(0.107)
변화 개방성(OC)	0.053	0.239	−0.057	−0.019
	(0.056)	(0.158)	(0.061)	(0.109)
보수성(CO)	0.107	−0.165	0.012	0.015
	(0.062)	(0.176)	(0.068)	(0.122)
여성	−0.178***	0.629***	0.02	0.074
	(0.052)	(0.148)	(0.057)	(0.103)
연령	0.001	0.014**	−0.020***	−0.035***
	(0.002)	(0.005)	(0.002)	(0.003)
교육수준	0.023	−0.096	−0.005	−0.028
	(0.025)	(0.071)	(0.027)	(0.049)
가구소득	−0.027**	−0.072**	0.001	−0.004
	(0.010)	(0.027)	(0.011)	(0.019)
(절편)	3.834***	11.145***	4.147***	7.724***
	(0.247)	(0.701)	(0.291)	(0.522)
N	1514	1514	1514	1514
R^2	0.144	0.198	0.464	0.457

■ *** $p < 0.001$, ** $p < 0.01$, * $p < 0.05$
지역 변수를 통제하였으나 표에 제시하지 않음.

음모론적 믿음이 정치적 태도에 미치는 사회적 파급력을 살펴보기 위해 추가적인 회귀분석을 수행하기에 앞서, 선거 공정성 인식 수준에 따른 정치적 태도 차이를 단순 평균 비교를 통해 확인하였다. 먼저, 선거가 '완전히 자유롭고 공정했다'고 인식한 집단(=1)의 윤석열 정부에 대한 부정 평가 수준은 평균 9.19점으로 매우 높았다. 반면, '공정했지만 크고 작은 문제가 있었다'고 응답한 집단(=2~3)은 평균 6.98점, '공정하지 않았다'고 인식한 집단(=4)은 평균 5.68점으로, 선거가 불공정했다고 인식할수록 윤석열 정부에 대한 긍정적 평가가 높아지는 경향이 나타났다.

탄핵 찬성 태도에서도 유사한 양상이 확인되었다. 선거의 공정성을 믿는 그룹은 탄핵에 찬성하는 수준이 평균 4.75점으로 가장 높았고, 선거가 공정했으나 크고 작은 문제가 있다고 보는 집단의 경우 3.53점, 마지막으로 선거가 불공정했다고 믿는 집단의 평균은 2.69점으로 가장 낮게 나타났다.

그림 6 | 회귀분석 결과 시각화 Main

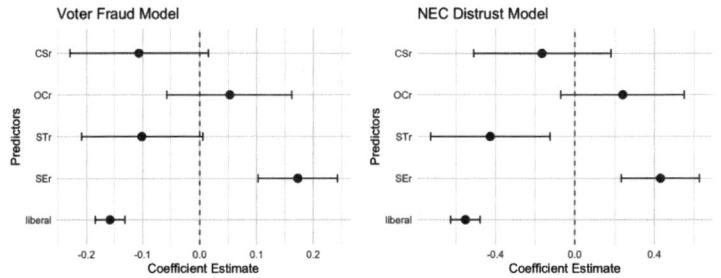

그림 7 | 탄핵 찬성태도 및 윤석열 정부 부정평가 회귀분석 시각화 Supplementary

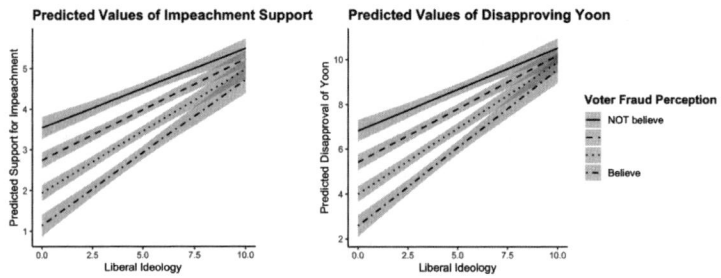

■ 〈표2〉 Supplementary 모델에 정치성향-선거 불공정성 인식 간 상호작용 효과를 더한 결과임.

이러한 결과는 선거가 부정했다고 인식하는 유권자일수록 윤석열 정부를 지지하고, 탄핵에 반대하는 경향이 뚜렷하다는 점을 시사한다. 선거 공정성 인식은 정치적 태도와 정서 형성에 핵심적인 역할을 할 수 있으며, 이는 음모론적 믿음이 특정 정치적 지향성을 강화하는 기제로 작용할 수 있음을 보여준다.

다음으로는, 정치성향과 개인 가치관을 통제한 조건에서도 이러한 경향이 유지되는지를 회귀분석을 통해 검토하였다. 구체적으로 정치성향, 개인 가치관, 그리고 '선거 (불)공정성 인식'을 독립변수로 설정하고, 탄핵 찬성 태도와 윤석열 정부에 대한 평가를 종속변수로 설정한 보조 Supplementary 분석 결과를 〈표 2〉에 제시하였다. 이 중에서 정치성향과 선거 불공정성 인식 간 상호작용 효과를 시각화한 결과는 〈그림 7〉에 제시되어 있다. 예상대로, 정치성향이 진보적일수록 윤석열 정부에 대한 부정적 평가와 탄핵 찬성 태도가 유의하게 높다는 점이 확인되었다. 특히 주목할 점은, 보수 성향 응답자 가운데서도 선거가 부정했다고 인식하는 경우, 윤석열 정부에 대한 지지 수준이 상대적으로 더 높고 탄핵 반대 태도도 강화된다는 사실이다. 이는 음모론적 믿음이 단순한 이념적 성향을 넘어, 정치적 태도와 평가를 조절하는 핵심 요인으로 작용할 수 있음을 보여준다.

5. 결론 및 함의

본 연구는 정치성향과 개인 가치관이 선거 관련 음모론적 믿음 형성에 어떤 영향을 미치는지를 실증적으로 분석하였다. 분석 결과, 정치성향이 진보적일수록 선거를 공정하다고 평가하고 선관위를 신뢰하였으며, 개인 가치관 중에서는 권력과 자기 성취를 중시할수록(SE) 음모론을 신뢰하는 경향이 두드러졌다. 이는 기존의 정치적 이념 성향 중심의 설명을 보완하는 해석을 가능하게 한다. 흥미롭게도, 선행연구들(e.g., Bolte et al. 2024)이 정치적 보수성과 밀접하게 연관될 것으로 예상했던 전통, 규범, 안정성 중심의 보수성(CO) 가치는 본 연구에서는 음모론적 믿음과 유의한 관련을 보이지 않았다. 이러한 결과는 음모론이 단순히 이념적 태도의 산물이라기보다, 권력 추구나 성취 중심의 가치관과 보다 밀접하게 연결되어 있을 가능성을 시사한다.

또한 추가 분석을 통해, 현재의 부정선거 음모론이 진보 성향 집단에게는 거의 영향을 미치지 않는 반면, 보수 성향 집단 내에서는 집단적 결속을 강화하고 정치적 정당성을 주장하는 전략적 자원으로 작동하고 있음이 확인되었다. 본 연구는 음모론이 단순한 사실 왜곡을 넘어, 특정 정치 집단의 신념과 전략에 구조화된 방식으로 결합되어 있음을 보여주었다는 점에서 의의가 있다.

이는 음모론적 담론이 여론 형성 과정에서 어떤 방식으로 기능하며, 정치적 극화를 어떻게 심화시킬 수 있는지를 이해하는 데 중요한 시사점을 제공한다. 정치적 분열과 갈등이 고조된 사회에서, 음모론에 기반한 담론이 여론을 과도하게 이끌지 않도록 하기 위해서는, 단순한 사실 검증을 넘어 음모론을 형성·유지시키는 사회심리적 기제를 이해하고 이에 대응하는 전략이 요구된다.

참고문헌

Bolte, Susanne, Johannes Klackel, Jochim Hansen, Eva Jonas and Isabella Uhl-Hadicke. 2024. "The Role of Political Orientation and Value Framing in Carbon Pricing Acceptance: Evidence from a Representative Sample." *Journal of Environmental Psychology,* 96:102330.

Carlson, Jennifer and Elliot Ramo. 2023. "'I'm not a conspiracy theorist, but…': Knowledge and Conservative Politics in Unsettled Times." *Social Forces,* 101(4), 1658-1681.

Devos, Thierry, Dario Spini and Shalom H. Schwartz. 2002. "Conflicts among Human Values and Trust in Institutions." *British Journal of Social Psychology,* 41, 481-494.

Enders, Adam, Christiana Farhart, Joanne Miller, Joseph Uscinski, Kyle Saunders and Hugo Drochon. 2023. "Are Republicans and Conservatives More Likely to Believe Conspiracy Theories?" *Political Behaviors,* 45, 2001-2025.

Hitlin, Steven and Jane Allyn Piliavin. 2004. "Values: Reviving a Dormant Concept." *Annual Review of Sociology,* 30, 359-393.

Kim, Ji Hye and Jihye Park. 2023. "Perceived China Threat, Conspiracy Belief, and Public Support for Restrictive Immigration Control during the COVID-19 Pandemic." *Race and Justice,* 13(1), 130-152.

Morselli, Davide, Dario Spini and Thierry Devos. 2012. "Human Values and Trust in Institutions across Countries: A Multilevel Test of Schwartz's Hypothesis of Structural Equivalence." *Survey Research Methods,* 6(1), 49-60.

Poier, Stefan and Michal Suchanek. 2023. "The Effects of Higher-Order Human Values and Conspiracy Beliefs on COVID-19-Related Behavior in Germany." *Journal of Public Health*

Romer, Daniel and Kathleen H. Jamieson. 2020. "Conspiracy Theories as Barriers to Controlling the Spread of COVID-19 in the US." S*ocial Science & Medicine, 263,* 113356.

Sutton, Robbie M. and Karen M. Douglas. 2020. "Conspiracy Theories and the Conspiracy Mindset: Implications for Political Ideology." *Current Opinion in Behavioral Sciences* 34, 118-122.

Schwartz, Shalom H. 1992. "Universals in the Content and Structure of Values: Theoretical Advances and Empirical Tests in 20 Countries." *Advances in Experimental Social Psychology,* ed. Mark P. Zanna, 1-64. San Diego, CA: Academic Press.

김지혜·김상학. 2022. 가치 연구와 이중과정이론(Dual-Process Theory): 암묵적 인지 측정 방법의 적용, 「한국사회학」, 56(3), 1-44.

전상진. 2014. 『음모론의 시대』. 문학과지성사.

2016년과 2024년, 무엇이 어떻게 달라졌을까?

유성진

1. 들어가며

  2024년 12월 3일 윤석열 대통령의 비상계엄 선포로 촉발된 우리나라 정치의 불안정은 12월 14일 국회의 대통령 탄핵소추안 가결로 체제적인 위기국면으로 접어들었다. 2016년 국정농단에 따른 촛불집회와 이듬해 박근혜 대통령의 탄핵으로 귀결된 정치적인 위기상황이 다시금 재현된 것이다. 그러나 법치에 기반한 위기 해소로 신속하게 일단락된 2016년의 정국 불안정과 달리, 현재 상황은 사안에 대한 법리적인 논란을 넘어서 극심한 대립이 상당기간 지속되고 있다. 민주당과 국민의힘을 중심으로 한 정파적 양극화 속에서 정치권은 물론 일반 대중들까지 탄핵 찬반을 둘러싸고 갈등이 지속되었으며 급기야는 일시적이지만 법원이 폭력적으로 점거되는 상황까지 벌어졌다. 그동안 공고하게 여겨졌던 우리의 민주주의가 커다란 위기의 소용돌이에서 또다시 흔들렸던 것이다.

  2016년과 2024년이라는 불과 8년 사이에 반복된 우리 민주주의의 위기 상황은 파행적인 국정운영에 따른 대통령 탄핵이라는 외견상 유사한 양상을 보였지만 이를 둘러싼 여론의 추이는 크게 달라졌다. 예를 들어, 2016년의 경우에는 대통령 탄핵에 대한 압도적인 찬성 여론이 탄핵심판까지 줄곧 이어졌지만, 2024년의 위기 상황에서는 여론의 흐름이 달라져, 탄핵 직전에는 찬반의 격차가 크게 줄어드는 모습을 보였다.[1] 또한 2016년 국정농단 사태가 불거진 직후 10%대로 추락한 당시 여당인 자유한국당의 지지율이 탄핵 선고 직전까지 회복되지 못했던 반면에, 현재 상황에서는 비상계엄 선포 직후 20%대 초반으로 하락하였던 국민의힘의 지지율이 이후 반등하여 더불어민주당과 대등할 정도로 회복되었다. 무엇이 이러한 차이를 만들었는가?

　　이 글은 현재 진행 중인 우리 민주주의의 위기 상황을 2016년에 벌어진 상황과 비교함으로써 어떠한 차이가 있고 그러한 차이는 어디에서 비롯되었는지 파악하는 것을 목적으로 한다. 논의의 초점은 민주주의의 위기 국면인 두 시기의 유사한 정치환경에서 나타나는 차이가 선거의 공정성, 민주주의 인식 및 민족도 등 민주주의의 기본 규칙에 대한 유권자들의 질적인 인식 변화에 기반하고 있는지에 맞춰진다. 또한 이러한 차이가 성별, 연령대별, 이념과 당파성에 따라 어떻게 형성되어 있으며, 어떠한 집단에서 그 차이가 두드러지는지 검토한다. 만일 유권자 차원의 민주주의 인식변화가 현재 상황을 추동하는 것이라면, 이는 우리나라 민주주의의 심각한 오작

1　한국갤럽의 조사에 따르면 2016년에 국회 탄핵 표결 직전 찬성 81%, 반대 14%로 나타났던 여론은 헌법재판소의 선고 직전인 3월 첫 주 찬성 77%, 반대 18%로 큰 차이가 없었다. 반면 2024년에는 12월 국회 탄핵 결의 직전 찬성 75%, 반대 21%였던 여론은 윤 대통령 구속 직전인 1월 중순부터 60% 안팎의 찬성과 30% 중반의 반대로 고착된 모습을 보였다. 이러한 탄핵 찬반의 비율은 같은 시기 전국지표조사(NBS)에서도 유사하게 확인된다.

동을 의미하는 것으로 이해될 수 있다. 반면, 현재의 변화가 유권자 차원의 민주주의 인식변화와 무관한 것이라면 2016년과 2024년 탄핵과 지지정당에서 나타나는 여론의 차이는 두 시기 상이한 정치환경에 따른 일시적인 현상으로 볼 수 있을 것이다.[2]

2. 2016 vs. 2024: 정당 이념분포와 선호도

유권자들의 민주주의 인식에 관해 검토하기에 앞서 두 시기 정치지형의 차이를 우선 살펴보자. 〈그림 1〉은 두 시기 정당 지지성향에 따른 응답자들의 이념분포를 정리한 결과이다. 결과는 몇 가지 특기할 만한 사실을 보여준다.

우선, 두 시기 모두 더불어민주당과 국민의힘(자유한국당) 두 정당 지지자들의 분포는 진보, 보수로 양분되고 있으며 흥미롭게도 2017년의 시기에 그 차이가 더 두드러지게 나타났다. 2017년을 보면 양대 정당의 지지자들은 이념적으로 구분되어 있지만, 더불어민주당의 경우 이념적으로 중도성향의 응답자들이 상당하였고 일부 보수성향의 응답자들도 지지하고 있었으나, 자유한국당 지지자들은 보다 강한 이념성향을 가진 이들로 구성되었다. 2025년의 조사결과는 양대 정당의 지지자들이 이념적으로 보다 분명하게 차별화되고 있지만 두 정당 모두 이념적으로 중도성향의 응답자들이 다수를 차지하고 있다. 둘째, 2017년 조사와 달리 2025년의 분포에서는 무당

---

[2] 두 시기의 비교를 위해서는 2025년 1월 중순 동아시아연구원의 의뢰로 한국리서치에서 조사한 여론조사결과(EAI 양극화 조사)와 2017년 대선 시기 한국정치학회의 의뢰로 한국사회과학데이터센터가 실시한 대선 유권자 인식조사, 그리고 같은 시기 동아시아연구원의 의뢰로 한국리서치에서 실시한 대선 패널조사를 활용한다.

파의 이념적 스펙트럼이 상대적으로 줄어들었다. 이는 두 거대정당이 중도 성향의 무당파 유권자들을 지지기반으로 흡수하였음을 보여준다. 중도성향의 응답자들의 다수는 여전히 무당파 유권자를 구성하고 있지만 진보든 보수든 약한 이념성향의 응답자들은 2017년에 비해 무당파를 선택하는 비중이 감소하였다. 셋째, 큰 변화로 보긴 어렵지만 2017년에 비해 2025년에는 극단적인 이념성향의 정당 지지분포가 높아졌다. 이념적인 스펙트럼의 양 극단을 차지하는 응답자들은 진보, 보수를 막론하고 수적으로 증가하였고 이는 지지정당에 따른 이념적 갈등이 과거에 비해 더 커질 수 있음을 의미한다.

지지정당에 따른 응답자들의 이념성향 분포에 있어서 나타난 이러한 변화는 2016년과 2024년의 정당권력 분포의 차이에 따른 것으로 이해될 수 있다. 즉, 38석을 차지하고 있던 국민의당과 6석의 정의당과 같은 제3의 정당들이 존재하였던 2016년과,[3] 더불어민주당과 국민의힘이 절대다수를 차지하고 있는 현재의 정당분포 차이는 중도 성향의 응답자들이 두 거대정당을 지지하게 된 요인으로 작용했다.

---

3 그 외 11명의 무소속 국회의원도 존재하였다.

그림 1 | 정당 간 이념분포

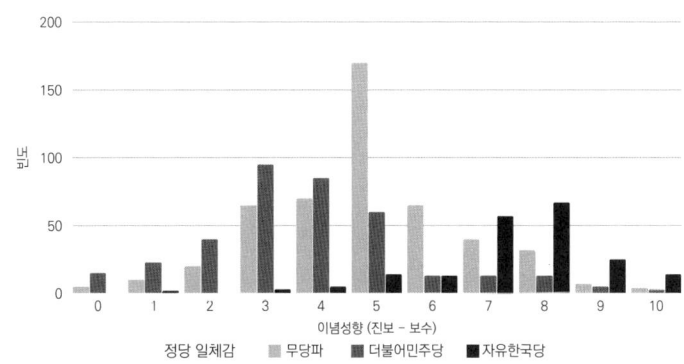

■ 2017년 대선 유권자 인식조사

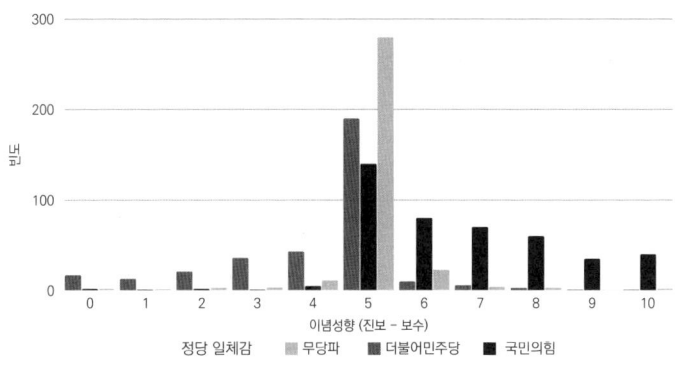

■ 2025년 EAI 양극화 조사

다음의 표들은 두 시기 정당과 정치인에 대한 응답자들의 선호도를 지지정당, 성별, 연령대로 구분하여 살펴본 결과이다. 〈표 1〉은 2017년 조사의 결과로, 지지정당에 따른 차이를 제외하고는 대체적으로 당시 여당이었던 자유한국당과 박근혜 대통령에 대한 선호도가 일관되게 낮았다. 더불어민주당과 문재인 당시 후보에 대한 선호도는 자유한국당 지지자들과 60대 이상 응답자들을 제외하고는 긍정적인 수치를 기록했으며, 자유한국당과 박근혜 대통령에 대한 선호도와 큰 차이를 보였다.

표 1 | 정당과 정치인 선호: 지지정당과 인구학적 구분(2017)

구분		정당		정치인	
		자유한국	더민주	박근혜	문재인
지지정당	자유한국	7.66	3.74	3.54	3.91
	더민주	2.27	8.04	0.99	8.46
	무당파	3.53	5.18	1.94	5.79
성별	남성	3.65	5.92	1.78	6.35
	여성	3.79	5.66	1.93	6.14
연령대	19~29	2.42	6.19	1.12	6.76
	30~39	3.00	6.23	1.30	6.71
	40~49	3.28	6.07	1.69	6.60
	50~59	4.19	5.76	2.12	6.23
	60~	5.16	4.95	2.71	5.23
전체		3.72	5.79	1.86	6.25

■ 수치는 해당 항의 호감도(0~10). 2017년 대선 유권자 인식조사

표 2 | 정당과 정치인 선호: 지지정당과 인구학적 구분(2025)

구분		정당		정치인	
		국민의힘	더민주	윤석열	이재명
지지정당	국민의힘	66.80	13.92	63.48	9.90
	더민주	10.39	72.97	6.52	66.48
	무당파	24.98	29.64	17.94	19.95
성별	남성	31.93	41.37	25.73	35.32
	여성	30.07	42.07	26.61	34.82
연령대	18~29	24.36	41.66	16.61	34.35
	30~39	23.38	39.04	17.20	30.67
	40~49	20.94	51.40	13.84	42.65
	50~59	25.25	49.86	21.03	43.18
	60~69	42.73	36.10	39.96	30.90
	70~	50.49	29.40	49.46	25.86
전체		30.99	41.72	26.17	35.07

■ 수치는 해당 항의 호감도(0~100). 2025년 EAI 양극화 조사

반면, 〈표 2〉에 정리된 2025년의 결과는 이와는 조금 차별적인 양상을 보인다. 지지정당에 따른 선호도는 큰 차이를 보였지만, 무당파 응답자들에겐 정당과 정치인에 따른 선호도 차이가 거의 없었다. 성별과 연령대로 구분한 결과에서도 더불어민주당과 이재명 대표에 대한 선호도가 상대적으로 높았지만 그 차이는 2017년에 비해 크게 줄어들었으며, 60대 이상 응답자들의 경우에는 국민의힘과 윤석열 대통령에 대한 선호도가 더 높게 나타났다. 이와 함께 더불어민주당과 문재인에 대한 선호가 대체적으로 긍정적이었던 2016년과 달리 현재에는 정당과 정치인 모두의 선호도가 부정적인 수준에 머무르고 있다는 점 역시 특기할 만하다.

〈표 3〉과 〈표 4〉는 두 시기 선호도를 성별과 연령대를 함께 고려하여 살펴본 결과이다. 〈표 3〉에 정리된 2017년의 결과는 앞의 내용과 차이가 없지만 2025년 조사는 흥미로운 변화를 보여준다. 2017년의 결과는 응답자의 연령대가 높아짐에 따라 자유한국당과 박근혜의 선호도가 높아지고 더불어민주당과 문재인에 대한 선호도는 낮아지는 비대칭적인 패턴을 보여주며, 이는 대체적으로 성별과 무관하게 나타났다. 반면, 〈표 4〉가 보여주는 현재의 결과는 기존 패턴에 응답자 성별에 따른 차이가 더해졌다. 즉, 여성의 경우 정당과 정치인에 대한 선호도는 국민의힘(윤석열) 선호 증가, 더불어민주당(이재명) 선호 감소라는 연령 효과의 패턴이 대체적으로 유지되고 있는 반면에, 남성 응답자들은 20~30대와 60대 이상이 정당과 정치인 선호도에서 유사해지는 비선형의 패턴을 보였다. 물론 젊은 연령대와 고연령층 남성의 국민의힘과 윤석열에 대한 선호도는 여전히 큰 차이를 보이고 있지만 그럼에도 젊은 남성의 보수화가 정당과 정치인 선호에서 조금씩 드러나고 있다.

표 3 | 정당과 정치인 선호: 성별과 연령집단(2017)

성별	연령대	정당		정치인	
		자유한국	더민주	박근혜	문재인
남성	19~29	2.59	6.02	1.12	6.53
	30~39	2.93	6.49	1.22	5.89
	40~49	3.30	6.07	1.76	6.60
	50~59	4.06	6.11	2.04	6.57
	60~	5.13	5.00	2.60	5.27
여성	19~29	2.23	6.38	1.13	7.02
	30~39	3.06	5.95	1.39	6.53
	40~49	3.27	6.08	1.63	6.61
	50~59	4.33	5.40	2.20	5.89
	60~	5.18	4.91	2.79	5.19

■ 수치는 해당 항의 호감도(0~10). 2017년 대선 유권자 인식조사

표 4 | 정당과 후보선호: 성별과 연령집단(2025)

성별	연령대	정당		정치인	
		국민의힘	더민주	윤석열	이재명
남성	18~29	32.61	31.77	22.56	24.93
	30~39	25.72	37.05	18.08	31.07
	40~49	19.90	52.87	13.29	43.54
	50~59	24.55	52.68	19.87	46.26
	60~69	41.87	39.22	38.34	34.88
	70~	52.69	29.31	47.75	26.79
여성	18~29	15.14	52.71	9.95	44.88
	30~39	20.61	41.38	16.16	30.18
	40~49	21.95	49.98	14.37	41.80
	50~59	25.95	47.00	22.21	40.06
	60~69	43.53	33.19	41.47	27.19
	70~	48.83	29.48	50.75	25.16

■ 수치는 해당 항의 호감도(0~100). 2025년 EAI 양극화 조사

3. 2016 vs. 2024: 선거공정성과 민주주의 인식

그렇다면 정당과 정치인 선호에 나타난 2016년과 2024년의 차이는 민주주의 기본 원칙에 관한 인식에서도 확인되는가? 이를 살펴보기 위해 먼저 선거공정성에 관한 응답자의 인식을 검토하였다. 아래의 도표들은 선거공정성에 관한 2017년과 2025년의 결과를 지지정당에 따라 그리고 성별과 연령대에 따라 분석한 결과이다.[4]

먼저 2017년 대선 유권자 인식조사에서 선거공정성에 대한 응답자들의 인식은 공정하였다는 의견이 압도적으로 높았다. 물론 당파성에 따른 차이는 확인된다. 즉, 더불어민주당 지지자들이 자유한국당 지지자들에 비해 선거가 공정하였다는 인식이 더 높았지만, 자유한국당 지지자들 중에서도 압도적인 다수인 80% 이상의 응답자가 선거가 공정하였다고 답했다. 무당파들의 인식도 전체 응답자들의 인식과 큰 차이가 없으며, 이는 2017년 조사에서 응답자들이 선거 공정성에 의문을 갖지 않았음을 보여준다.

---

[4] 분석결과를 해석함에 있어서 두 조사 간 설문문항의 차이가 있다는 점을 유의할 필요가 있다. 즉, 2017년 조사에서는 중앙선거관리위원회의 선거감시활동에 대한 공정성 인식임에 반해, 2025년 조사는 2022년 대선과 2024년 총선에서 선거과정 전반에 대한 응답이다. 그러나 설문문항의 차이에도 분석결과의 함의는 크게 달라지지 않는다. 즉, 선거공정성에 대한 인식이 지지정당에 따라 크게 달라지고 있다는 점과 2016년에 비해 현재의 상황에서 그러한 인식이 지지정당에 따라 그리고 연령대에 따라 큰 차이를 보인다는 점은 시사하는 바가 크다.

그림 2 | 선거공정성(2017 대선)

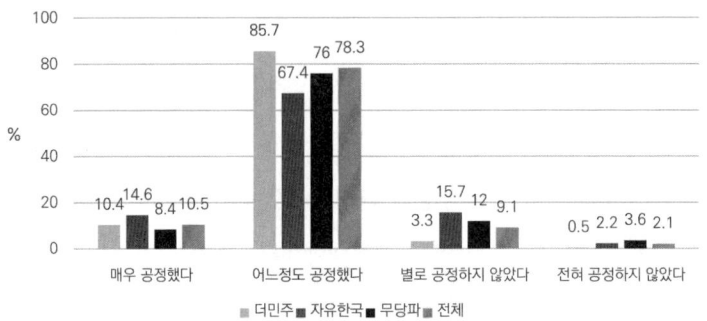

■ 이번 선거와 관련한 중앙선거관리위원회의 감시, 단속활동이 얼마나 공정했다고 생각하십니까? (2017 대선 유권자 인식조사)

    이와는 달리 2025년 조사의 결과는 지지정당에 따라 선거공정성에 대한 인식의 편차가 더욱 커졌음을 보여준다. 2022년 대통령 선거의 선거공정성에 관해 전체적으로는 공정했다는 인식이 우세하지만, 국민의힘 지지자들의 약 40%가량이 부정적인 의견을 표시하였고 그 수치는 무당파 응답자들에게서도 30%가 넘는 것으로 나타났다. 이러한 변화는 2024년 총선에 관한 응답에서 더 두드러진다. 즉, 응답자 전체의 공정성 인식에서는 큰 차이가 없지만 지지정당에 따라 인식의 격차가 더욱 벌어졌다. 특히, 국민의힘 지지자들의 선거공정성에 관한 부정적인 인식은 절반이 넘는 비율로 나타났고 이는 더불어민주당 지지자들의 응답과 비교할 때 40%포인트가 넘는 격차를 보인다.[5] 흥미로운 것은 선거공정성에 대한 부정적인 인식이 국민의힘 지지자들에 의해 주도되고 있다는 점이다. 더불어민주당 지지응답자들의 70% 이상이 국민의힘이 승리했던 2022

---

5 두 정당 지지자들의 2024 총선에 관한 선거공정성 인식 격차는 2022년 대선의 12%포인트에서 크게 벌어졌다.

년 대선에서 선거가 공정했다고 인식하였고 같은 응답비율은 민주당이 승리한 2024년 총선에서는 15%포인트 가량 상승하였다. 그러나 두 시기 국민의힘 지지응답자들의 선거가 공정했다는 인식은 승리한 선거인 2022년 대선의 약 60%에서 패배한 2024년 총선에서는 40%로 크게 하락하였다. 두 선거의 승패가 정당에 따라 달라졌다는 점을 감안하면 선거공정성에 대한 승자와 패자의 선거공정성에 관한 이러한 인식 차이는 그다지 놀랍지 않으나, 국민의힘 지지자들의 선거공정성이 다른 어떤 집단에 비해서도 부정적이라는 점은 주목할 만하다.

그림 3 | 선거공정성(2022 대선)

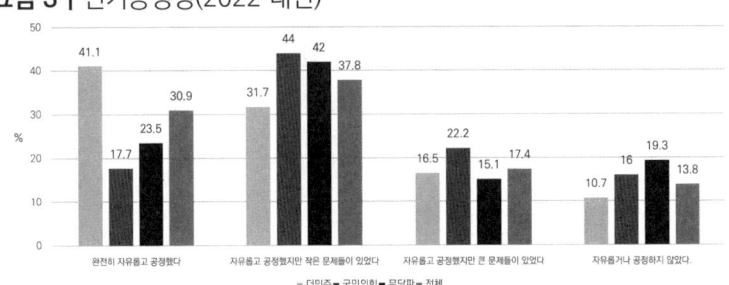

■ 귀하는 지난 2022년 3월 9일 제20대 대통령 선거가 얼마나 자유롭고 공정했다고 생각하십니까? (2025 EAI 양극화 조사)

그림 4 | 선거공정성(2024 총선)

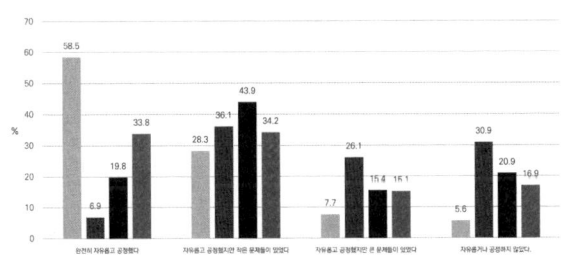

■ 귀하는 지난 2024년 4월 10일 제22대 국회의원 선거가 얼마나 자유롭고 공정했다고 생각하십니까? (2025 EAI 양극화 조사)

그렇다면 성별과 연령대별로 구분한 결과는 어떠한가?[6] 다음의 도표가 보여주는 것처럼 2017년 조사의 결과는 성별과 연령대별로 선거공정성에 대한 두드러진 차이가 확인되지 않는다. 60대 이상의 응답자들에게서 부정적인 평가가 상대적으로 높게 나타나고 있지만 그 차이가 크다고 보기는 어렵다. 이러한 결과는 2017년 시점에서 우리 유권자의 선거공정성에 대한 인식은 연령대와 성별의 차이와 관계없이 압도적으로 긍정적이었음을 명확하게 보여주고 있다.

그림 5 | 선거공정성(2017 대선)

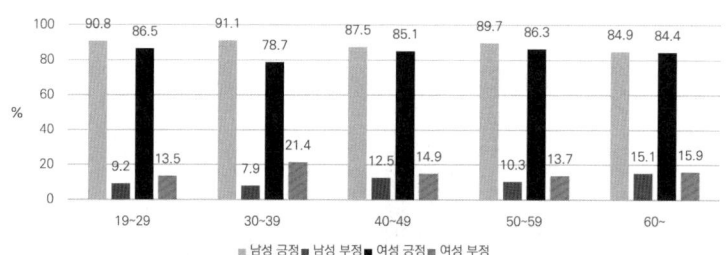

그림 6 | 선거공정성(2022 대선)

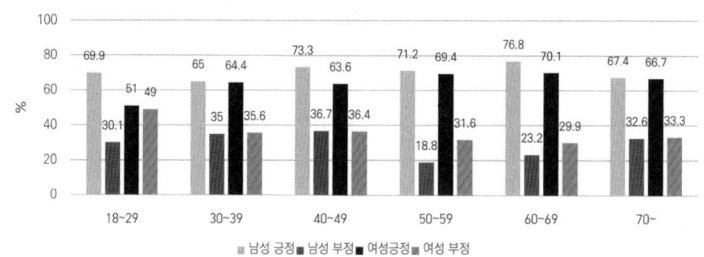

---

6   2017년 조사에서 "매우 공정했다"와 "어느정도 공정했다"를 "긍정"으로, "별로 공정하지 않았다"와 "전혀 공정하지 않았다"를 "부정"으로 코딩하였다. 2025년의 경우 "완전히 자유롭고 공정했다," "자유롭고 공정했지만 사소한 문제들이 있었다"를 "긍정"으로, 나머지 두 응답을 "부정"으로 합산하였다.

그림 7 | 선거공정성(2024 총선)

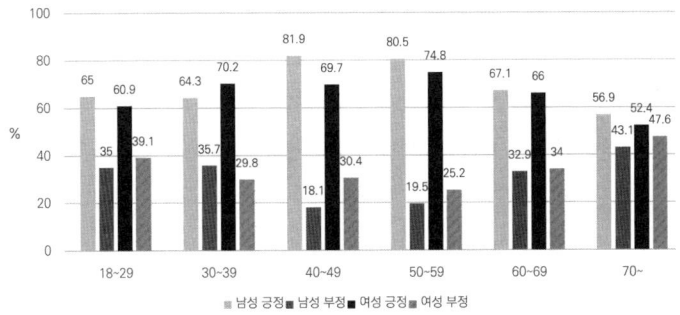

그러나 2025년 조사 결과는 이와는 상반된 특징적인 차이가 발견된다. 가운데 그래프가 보여주고 있는 2022년 대선의 경우, 선거공정성에 대한 부정적인 인식이 30% 가량으로 상승하였고 이런 인식은 부분적인 차이는 있지만 모든 집단에서 발견된다. 20대 여성 응답자를 제외하고는 성별, 연령대에 따른 선거공정성 인식에 큰 차이가 확인되지 않지만 긍정적인 인식의 감소는 2017년의 결과와 비교해서 차별적인 모습이다. 2024년 총선의 선거공정성에 대해서는 20~30대 그리고 60대 이상 응답자들의 인식이 낮게 나타났으며, 이는 40대와 50대의 긍정적인 인식의 증가와 대조적인 모습을 보인다. 일각에서 제기하는 젊은 세대 유권자의 인식 차이가 두드러지지 않는다는 점 역시 흥미롭다. 이와 같은 변화는 민주주의의 기본적인 게임의 규칙인 선거공정성에 대한 인식변화라는 점에서 우려할 만하지만 여전히 응답자들의 다수가 선거공정성에 긍정적인 인식을 보인다는 점을 감안할 필요가 있다.

다음으로 두 시기 조사의 응답자들이 민주주의 체제에 관한 인식에 어떠한 변화가 있는지 살펴보았다.[7] 먼저 2017년 조사의 결과를

---

7 집단별 분석에서는 "매우 공감"과 "대체로 공감"을 "긍정"으로 그 외의 응답을 "부정"으

보면 민주주의 체제에 관한 지지정당에 따른 차이는 발견되지 않는다. 정당 지지자들과 무당파 모두에게서 민주주의에 대한 긍정적인 평가는 80% 이상의 압도적인 다수의 응답자들이 갖고 있었고, 이러한 패턴은 성별과 연령대를 감안한 결과에서도 유사하게 확인되었다.

그림 8 | 민주주의 인식(2017)

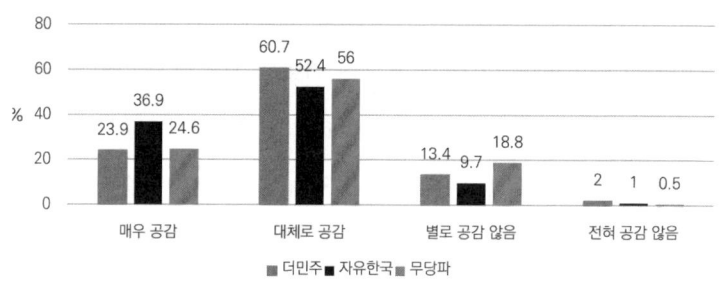

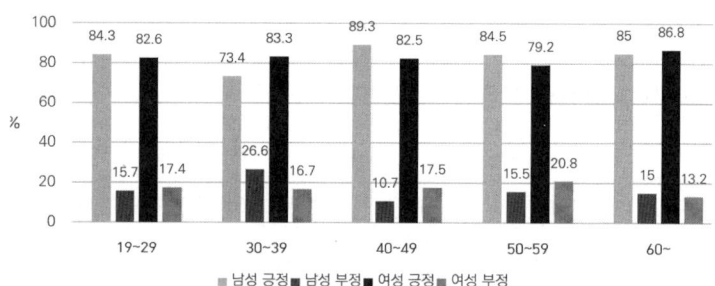

■ 민주주의는 문제가 있기는 하지만 그래도 다른 어떤 정부 형태보다도 낫다 (2017 대선 유권자 인식조사)

반면 2025년 조사의 결과는 당파성에 따라 응답자들의 인식 차이가 크게 벌어졌음을 보여준다.[8] 민주주의에 관한 전체 응답자들의 인식이 대체로 긍정적인 것은 사실이지만, 국민의힘 지지자들의

로 합산하였다.

8 이 분석 역시 두 시기 조사 설문문항의 차이가 있음을 감안해야 한다.

30%가량이 "상황에 따라서 독재가 민주주의보다 낫다"라고 응답하였다는 점은 이전에 나타나지 않았던 결과이다. 또한 무당파 응답자들의 민주주의에 대한 인식 역시 시사하는 바가 큰데, 민주주의 체제에 대한 믿음이 약화되고 정치체제에 대한 냉소적인 인식이 20%에 가깝게 나타났다는 점은 우려할 만한 점이다. 이 같은 결과는 2016년과 비교해서 현재의 상황이 선거공정성을 넘어 민주주의 인식에도 부정적인 영향을 현실화하고 있다는 점에서 민주주의의 질적인 쇠퇴를 의미하는 것이다.

그림 9 | 민주주의 인식(2025)

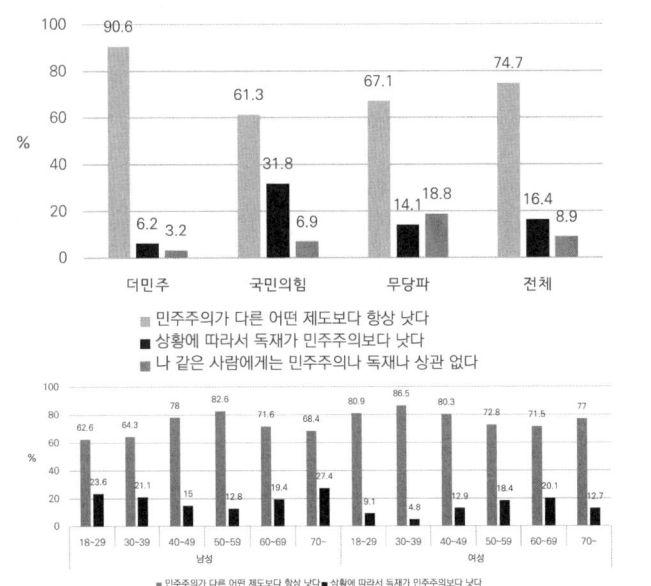

그 아래의 도표는 이를 성별과 연령대를 고려하여 살펴본 결과이다. 무엇보다 특징적인 모습은 민주주의 정치체제에 대한 긍정적인 인식의 약화는 20~30대 남성에게서 두드러지게 나타나고 있다는 점이다. 이들은 "민주주의가 다른 어떤 제도보다 항상 낫다"는 인식이 가장 낮고 "상황에 따라서 독재가 민주주의보다 낫다"는 인식이 상대적으로 높은 집단이며 이러한 인식은 70대 이상의 남성 응답자 집단과 유사한 수준이다. 같은 연령대의 여성 응답자들이 민주주의에 대해 보이는 신뢰에 비해 20%p 이상의 격차를 보인다.

그렇다면 이러한 변화는 어디서부터 비롯된 것일까? 보다 세밀한 분석이 수행되어야 하겠지만 두 시기 조사결과에서 찾아볼 수 있는 한 가지 힌트는 우리나라 민주주의에 대한 만족도에서 발견된다. 다음의 도표와 표는 두 시기 민주주의 만족도에 대한 지지정당과 성별, 그리고 연령대에 따른 응답자들의 답변을 정리한 결과이다.

먼저 도표에 정리된 2017년 조사의 결과를 보면 우리나라 민주정치에 대한 만족도는 그다지 긍정적이지 않았다. 그럼에도 지지정당에 따른 응답자 답변의 차이는 크지 않았고, 민주정치에 관한 부정적인 인식은 무당파 응답자들이 추동하고 있다는 점에서 크게 우려할 정도는 아니다. 선호정당이 없는 이들의 만족도가 낮은 것은 일반적인 현상이기 때문이다. 성별과 연령대를 감안한 결과에서도 집단별 차이가 거의 없다. 다만 젊은 응답자들의 성별에 따른 차이가 흥미로운데 이들 연령층에서 남성보다는 여성이 낮은 만족도를 보이고 있다.[9]

---

9 "매우 만족"과 "다소 만족"은 "만족"으로, "별로 만족 못함"과 "전혀 만족 못함"은 "불만족"으로 합산하였다.

그림 10 | 민주주의 만족(2017)

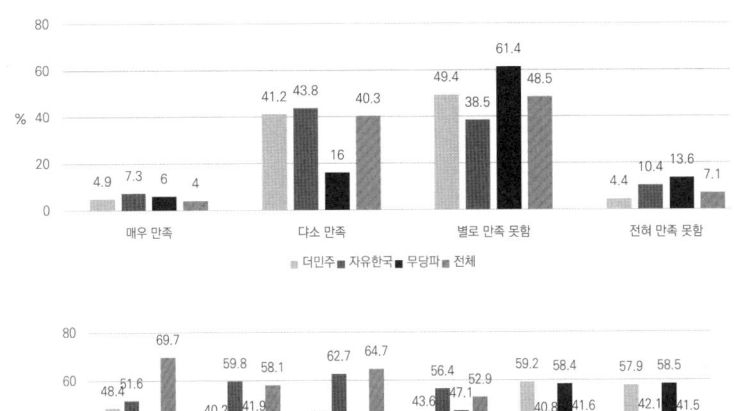

■ 선생님께서는 전반적으로 우리나라 민주정치에 대해 어느 정도 만족하십니까? (2017년 EAI 대선 패널조사)

〈표 5〉에 정리된 2025년의 조사결과를 보면 이전과 약간의 차이가 발견된다. 전체적으로 30~40대 응답자들의 만족도가 높은 가운데 남성의 경우 20대, 여성에서는 60대 이상 응답자들의 만족도가 상대적으로 낮았다. 현재의 상황에 비추어 특기할 만한 점은 20대 응답자들의 성별에 따른 만족도가 2017년과 비교해 역전되었다는 사실이다. 특히 젊은 남성은 다른 집단들과 비교해도 가장 낮은 민주주의 만족도를 보인다. 더불어 2017년의 결과와는 달리 당파성에 따른 만족도 차이가 나타났는데 더불어민주당을 지지하는 응답자들이 국민의힘을 지지하는 이들에 비해 상대적으로 높은 만족도를 보였다. 물론 현재에도 무당파

응답자들의 만족도가 가장 낮았지만, 이전과 달리 당파성에 따른 민주주의 만족도 차이가 유의미하게 나타났다는 점은 특징적인 결과이다.

표 5 | 민주주의 만족도(2025)

	남성	여성	전체
18~29	4.89	5.28	5.08
30~39	5.45	5.65	5.54
40~49	5.79	5.58	5.68
50~59	5.81	5.33	5.57
60~69	5.18	4.97	5.07
70~	5.27	5.08	5.16
지지정당			
더민주	6.22	5.88	6.04
국민의힘	5.03	4.83	4.93
무당파	4.62	4.94	4.80
전체		5.36	

■ 수치는 해당 항의 만족도(0~10). 귀하는 한국의 민주주의가 작동하는 방식에 대하여 어느 정도 만족하십니까? (2025년 EAI 양극화 조사)

4. 나오며: 혐오의 정치에서 선호의 정치로의 전환

이 글에서는 현재 진행 중인 우리 민주주의의 위기 상황을 2016년에 벌어진 상황과 비교함으로써 어떠한 차이가 있고 그러한 차이는 어디에서 비롯되었는지 검토하였다. 검토의 결과, 민주주의의 위기 국면인 두 시기는 상황적으로 유사하지만 2016년의 시기가 당파성에 따른 정당과 정치인에 대한 선호의 차이에 국한되었던 반면에, 현재의 위기 상황은 당파적인 선호의 차이를 넘어서 선거의 공정성, 민주주의 인식 등 민주주의에 대한 유권자들의 인식변화가 나타나고 있다는 점에서 질적인 차이를 보이고 있음이 드러났다. 물론 여전히 다수가 선거 공정성에 긍정적인 인식을 갖고 있고 정치체제로서의 민주주의에 대한 신뢰를 보인다는 점에서 그러한 변화가 우리 민주주의의 심대한 우려 상황을 보여주는 단정적인 증거는 아니라고 할 수 있다. 그럼에도 유권자 차원의 민주주의 인식변화가 미세하지만 분명하게 나타나고 있다는 것은 현재 우리나라 민주주의가 심각한 오작동을 겪고 있고 이대로 방치될 경우 체제적인 위기에 봉착할 수 있음을 의미하는 것이다.

단순하게 말해 현재 우리의 민주주의에 대한 부정적인 인식을 보이는 집단은 민주주의의 작동방식에 대해 만족하지 않는 이들로 대체적으로 젊은 남성 유권자들이다. 이들은 선거공정성뿐만 아니라 민주주의 정치체제에 관해서도 그다지 긍정적인 인식을 갖고 있지 못하다. 그러나 다른 한편으로 민주주의에 대한 부정적인 인식이 이들 집단 내에서도 전체적으로 소수이며, 계엄과 탄핵에 대한 입장이 다른 집단과 비교해서 큰 차이를 보이지는 않는다는 점에서 민주주의의 파국적인 상황을 우려할 정도는 아니다. 더욱이 아래의 도표들이 보여주는 것처럼 대통령 자질에 대한 입장에서 지지정당에 따른 차이는 있지만, 성별, 연령대와 무관하게 국민과의 소통능력과 야당과의 협치능력이 가장 중요하게 꼽히고 있다는 점에서도 우리의 민주주의가 현재의 난관을 극복할 여지는 아직 충분하다고 판단된다.[10]

---

10 설문문항은 "대통령의 자질로서 다음의 각 요인이 얼마나 중요하다고 생각하십니까?"로 응답자는 주어진 4가지 항목에 각각 4점척도(전혀 중요하지 않다, 별로 중요하지 않다, 중요한 편이다, 매우 중요하다)로 답하였다. 도표의 내용은 긍정적인 응답(중요한 편이다, 매우 중요하다)을 합산한 비율이다.

그림 11 | 대통령의 자질(2025)

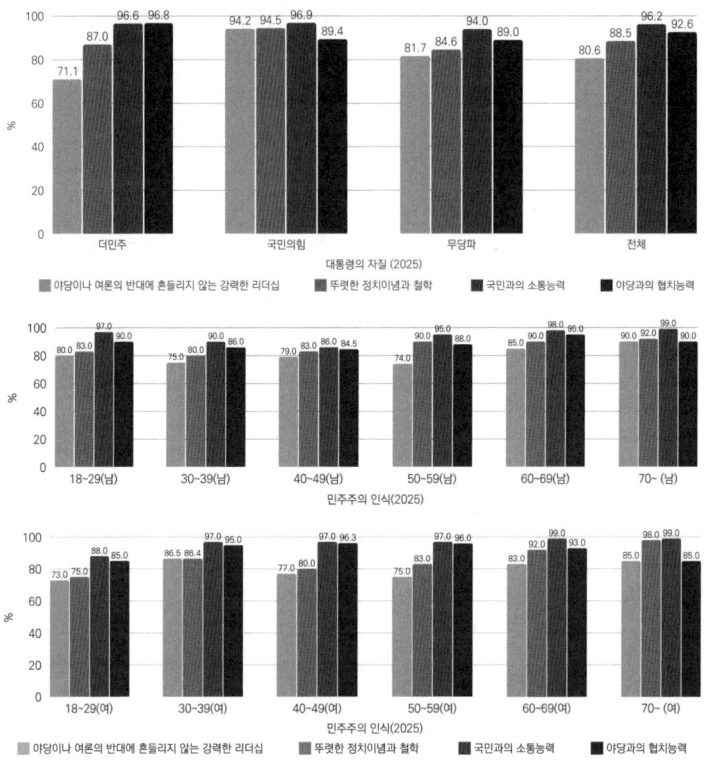

다만 그러기 위해서는 당파성에 따른 비합리적인 선동이 자제되고 갈등과 민주주의에 대한 불만족이 민주주의의 제도적인 틀 내에서 관리될 필요가 있다. 현재 갈등의 근저에는 우리 민주주의의 작동방식에 대한 그다지 긍정적이지 않은 평가가 자리하고 있고, 당파성에 따른 편향된 상황 인식과 선호가 이러한 불만족을 민주주의에 대한 질적인 인식을 위협하고 있다. 전통적인 미디어의 권력감시 기능이 약화된 상황에서 편향성을 앞세운 소셜미디어가 유권자의 객관적인 인식과 평가를 저해하고 있는 것이 사실이지만(Iyengar and Hahn 2009; Kim and Moon 2021), 이보다 더 우려되는 것은 기득권을 갖고 있는 거대정당이 앞다투어 무차별적인 선동에 나서고 있다는 점이다.

유권자들이 정파적인 선호를 갖는 것은 다양성을 근간으로 하고 있는 민주주의에서 피할 수 없는 현상이다. 민주주의 정치체제에서 유권자들은 정치환경의 변화에 따라 반응하며 이러한 반응은 정당과 정치인에 대한 선호로 표출된다(Key 1966). 다만 그러한 선호 표출이 합리적인 선택이 되기 위해서는 선호의 대상이 되는 정당과 정치인들이 존재해야 하며 이들이 보내는 신호가 유권자들에게 객관적으로 전달, 평가되어야 한다. 2016년과 현재의 상황이 차이가 있다면 유력한 제3의 정당이 있었던 당시의 정치상황에 비해 현재는 거대 양당의 독점적인 권력구조가 더욱 고착화되었다는 점이다. 이러한 정치환경의 차이는 이전에 비해 유권자들의 지지를 얻기 위한 정당 간 경쟁의 정도가 약화되었음을 의미한다. 정파적 양극화와 결합한 양당제의 독점적인 권력구조에서 정당은 정책과 비전으로 경쟁하기보다는 혐오와 차별을 앞세워 상대 정당을 비판하는 데에만 집중한다(Abramowitz and Webster 2016; 2018). 유권자들은 선택의 다양성이 제약된 상황 속에서 선호보다는 비선호에 기반한 선택을 강요받고 있다(Campbell 2016). 선거와 정치 경쟁이 두 정당 간의 다툼으로 제한된 상황에서 그리고 정서적 양극화로 대화나 타협이 더욱 어려워진 상황에서 갈등이 증폭되는 것은 안타깝지만 자연스러운 귀결이며 그 속에서 민주주의가 유지되리라는 것을 기대하기는 어렵다.

결국 이러한 파국을 막기 위해서 시급하게 필요한 것은 선거에서 정당 간 경쟁도를 높임으로서 혐오와 차별에 기반한 정당정치를 완화하고 유권자들이 저마다의 선호에 따라 정치적인 선택을 할 수 있는 정치환경의 마련이다. 이는 거대정당의 독점적인 승자독식 구조를 차별적인 정책과 비전으로 다양한 정당들이 경쟁할 수 있는 구조로 재편하고, 그 속에서 유권자들이 비선호보다는 선호에 따라 의사결정을 하는 정치환경을 조성함을 의미한다. 우리 민주주의의 안정적인 지속을 위해서 '혐오의 정치'에서 '선호의 정치'의 전환이 절실한 상황이다.

참고문헌

Abramowitz, Alan I. and Steven Webster. 2016. "The Rise of Negative Partisanship and the Nationalization of U.S. Elections in the 21st Century." *Electoral Studies*. 41, 12-22.

Abramowitz, Alan I. and Steven Webster. 2018. "Negative Partisanship: Why Americans Dislike Parties But Behave Like Rabid Partisans." *Political Psychology*. 39(1), 119-135.

Campbell, James E. 2016. *Polarized: Making Sense of a Divided America*. Princeton: Princeton University Press.

Iyengar, Shanto. and Kyu. S. Hahn. 2009. "Red Media, Blue Media: Evidence of Ideological Selectivity in Media Use." *Journal of Communication*. 59(1), 19-39.

Key, V. O. 1966. *The Responsible Electorate: Rationality in Presidential Voting, 1936-1960*. Cambridge: Belknap Press of Harvard University.

Kim, Kitae. and Shin. I. Moon. 2021. "When Algorithmic Transparency Failed: Controversies over Algorithm-driven Content Curation in the South Korean Digital Environment." *American Behavioral Scientist*. 65(6), 847-862.

왜 20대 여성들은 윤석열 탄핵 집회에 더 적극적이었나?: 정서적 양극화와 정치 참여

김한나

1. 들어가며

  2024년 12월 3일, 윤석열 대통령은 비상계엄을 선포하고 국회 및 지방의회 활동을 포함한 모든 정치 활동을 금지하며, 언론의 자유를 정지하는 내용의 포고령을 발표했다. 경찰과 계엄군이 무력으로 국회의원들의 의사당 출입을 통제했으나, 결국 국회는 개회하여 만장일치로 계엄령 해제 결의안을 통과시켰고, 이후 탄핵소추안 가결에도 성공했다. 국회 안에서 탄핵안 표결부터 대통령의 내란죄 여부, 공수처의 체포 영장 문제까지 12.3 비상계엄 사태와 관련된 여러 의제를 둘러싸고 여야 간 치열한 공방이 벌어졌던 가운데, 국회 담장 밖에서는 수많은 시민들이 모여 윤석열 대통령의 탄핵을 촉구하는 집회를 열었다.

  윤석열의 탄핵을 촉구하는 집회 현장에서 특히 언론의 주목을 받은 것은 청년 여성들의 적극적인 참여였다. 이들은 촛불 대신 아이돌 콘서트에서 사용하는 응원봉을 들고, 엄숙한 민중가요 대신 발랄한 K-팝을 부르며 현장을 이끌었다. 청년 여성들이 만든 새로운 집회 문화는 기존의 무겁고 비장한 분위기를 밝고 역동적인 축제처럼 변화시켜 더 많은 수의 시민들이 부담 없이 참여할 수 있도록 만들었다(〈연합뉴스〉 2024/12/14). 그런데 청년 여성들이 전체 집회 인구의 약 18%를 차지한 반면, 청년 남성들은 윤석열 탄핵을 촉구하는 집회 인구 중 약 3.3%에 불과할 정도로 쉽게 그 모습을 찾아볼 수 없었다(BBC 2024/12/13; 〈경향신문〉 2024/01/04). 청년 세대 내에서 성별에 따른 집회 참여도의 차이가 두드러진 것이다. 이는 2008년 미국산 쇠고기 수입 반대 촛불집회나 2016년 박근혜 퇴진 촛불집회 등 과거의 대규모 집회에서는 나타나지 않았던 이례적인 현상이다.

물론 한국의 청년 세대가 성별에 따라서 다른 정치 행태를 보이는 양상은 이번이 처음은 아니며(구본상 2021, 2023, 2024; 구본상 외 2022; 김한나 2022; 박영득·김한나 2022; 한상익 2023), 학계에서 청년 세대 내 젠더 이슈에 관한 논의는 최근 꾸준히 지속되었다(박선경 2020; 강신재·정민경 2020; 노기우·이현우 2022; 박영득·김한나 2022; 김한나 2022; 고민희·이혜영 2024). 특히 2022년 제20대 대통령 선거에서는 여성가족부 폐지 등 페미니즘 이슈를 둘러싸고 윤석열을 지지하는 청년 남성과 이재명을 지지하는 청년 여성으로 성별에 따라 뚜렷한 정치적 대립이 있었다(〈조선일보〉 2022/03/09; 김한나 2022). 이어진 22대 총선에서도 국민의힘을 지지하는 청년 남성과 더불어민주당을 지지하는 청년 여성 간의 성향 차이가 반복적으로 나타났다(〈경향신문〉 2024/04/28; 구본상 2024). 그러나 과거 선거에서의 청년 세대 투표 행태가 민주주의 제도 내에서 페미니즘과 성평등 조치에 대한 개인적 견해에 따라 정당과 후보를 선택하는 문제였다면, 이번 12.3 비상계엄 사태는 단순한 정책 이슈를 넘어, 대통령이 계엄을 선포하고 의회 활동을 정지시키는 등 민주주의 헌정 질서를 직접적으로 위협한 반(反)헌법적·반(反)민주적 사건이라는 점에서 다르다. 이런 문제에서조차 청년 세대 내 성별에 따른 정치 행태의 차이가 나타나는 이유는 무엇일까?

일부 언론에서는 청년 여성들의 경우 페미니즘을 주제로 온라인 커뮤니티에서 운동을 조직하고 다양한 의제들을 토론하는 분위기가 형성되어 있지만, 청년 남성들은 정치 문제를 진지하게 논의할 만한 공론장이 부족하여(BBC 2024/12/13), 자신들의 문제를 정치적으로 의제화하지 못한 채 소외되었다고 지적한다(〈경향신문〉 2024/01/04). 또는 청년 남성들이 극우 온라인 커뮤니티 의견이나 극우 유튜브 방송에 동조하며 극우화되었다는 담론과(〈한국일보〉 2025/01/19) 일부 극우 선동 세력의 목소리가 과대 대표되어 있을 뿐이라는 담론(〈한겨레〉 2025/01/23)이 혼재되어 있다. 그러나 이러한 현상에 대한 해석의 타당성을 실증적으로 분석한 학술 연구는 아직 이루어지지 않았다. 따라서 본 연구는 12.3 비상계엄 사태와 윤석열 탄핵 집회를 중심으로 집회 현장에서 나타난 청년 세대 내 정치 행태의 차이를 분석하고자 한다.

이 연구의 주요 발견점은 다음과 같다. 첫째, 윤석열 탄핵 촉구 집회에서 가장 적극적으로 참여한 인구 집단은 20대 여성으로, 이들은 20대 남성을 포함한 다른 모든 인구 집단보다 높은 참여율을 보였다. 둘째, 20대 남성의 집회 참여도가 상대적으로 낮았던 것은 사실이나, 이들이 다른 세대·성별 집단과 비교해 유의미하게 낮은 수준을 보인 것은 아니었다. 또한, 탄핵 반대 집회에서도 20대 남성의 참여 수준이 다른 집단에 비해 특별히 높게 나타나지는 않았다. 따라서 주목해야 할 점은 20대 남성의 낮은 참여가 아니라, 20대 여성의 이례적으로 높은 참여이다. 셋째, 기존 문헌에 따르면, 정서적 양극화affective polarization는 집회 참여와 밀접한 관련이 있는 요인으로 보고된다(Bettarelli et al. 2022). 분석 결과에 따르면, 윤석열 탄핵 찬성 집회에서 20대 여성들은 이재명과 윤석열 두 정치인에 대한 정서적 양극화와 집회 참여 간의 상관관계가 전체 인구 집단 중 가장 두드러지게 나타났다. 요컨대 20대 여성들이 윤석열 탄핵 찬성 집회에 가장 적극적으로 참여했으며, 그 참여는 이재명과 윤석열 간의 정서적 양극화와 밀접한 관련이 있다는 것이다.

이어지는 장에서는 2025년 1월, 전국 18세 이상 성인 남녀 1,514명을 대상으로 한 설문조사 자료를 바탕으로 12.3 비상계엄 사태 당시의 탄핵 찬성 및 반대 집회 현황을 분석한다. 3장에서는 20대 여성들의 높은 집회 참여를 정서적 양극화 이론을 통해 설명하고, 4장에서는 다양한 회귀분석 모델을 통해 연구 가설들을 검증한다. 마지막 5장에서는 연구의 시사점을 논의하며 결론을 맺는다.

2. 탄핵 찬성 집회 참가자의 특징: 가장 적극적으로 참여한 20대 여성

〈표 1〉은 윤석열 탄핵을 촉구하거나 반대하는 거리 시위 및 집회에 참여한 경험을 조사한 결과를 나타낸다. 탄핵 찬성 집회의 경우 응답자의 90.29%, 반대 집회의 경우 94.72%가 참여하지 않았다고 답해, 전체적으로 집회에 참여한 사람들은 응답자 중 소수임을 알 수 있다. 〈표 2〉는 〈표 1〉의 응답을 기반으로, 참여 경험이 없으면 0점, 한 번이면 1점, 두 번이면 2점, 세 번 이상이면 3점으로 코

딩해 평균 참여 점수를 산출하고, 이를 세대별·성별로 비교한 것이다. 〈그림 1〉은 인구집단별 평균 참여 점수를 분산분석ANOVA으로 시각화한 것으로, y축의 두 기준선은 각각 탄핵 찬성 집회와 반대 집회의 전체 평균 참여도를 나타낸다.

    표와 그림을 통해 확인된 주요 특징은 다음과 같다. 첫째, 윤석열 탄핵을 촉구하는 집회에서 가장 높은 참여도를 보인 집단은 20대 여성(0.409)이었다. 이는 윤석열 탄핵 집회에 관한 언론 보도와 거의 일치하는 응답 결과이며(BBC 2024/12/13; 〈경향신문〉 2024/01/04), 〈그림 1〉에서도 확인할 수 있듯이 20대 여성의 참여도는 다른 모든 세대·성별 집단을 크게 상회한다.

    특히, 20대 여성과 30대 여성은 일반적으로 '2030 청년 세대'로 묶여 분류되지만, 〈표 2〉와 〈그림 1〉을 보면 탄핵 찬성 집회에서 20대 여성(0.409)과 30대 여성(0.106)의 참여 수준에는 통계적으로 유의미한 차이가 있다. 한편, 20대 여성 다음으로 탄핵 찬성 집회에 적극적으로 참여한 집단은 40대 남성(0.260)으로, 50대 남성(0.201), 70대 이상 남성(0.200)과 함께 전체 평균(0.164) 이상의 참여도를 보였다. 또 윤석열 탄핵을 반대하는 집회에서는 70대 이상 남성의 참여도가 가장 높았으나(0.179), 이는 탄핵 찬성 집회에서 가장 높은 참여도를 보인 20대 여성(0.409)과 비교하면 현저히 낮은 수준이었다.

    둘째, 각 세대 내에서 성별에 따른 집회 참여의 차이를 살펴보면, 탄핵 찬성 집회와 반대 집회 모두 대부분의 세대에서 남성이 여성보다 더 적극적으로 참여했다. 그러나 20대에서는 양상이 달랐다. 탄핵 찬성 집회에서 20대 여성(0.409)은 20대 남성(0.130)보다 훨씬 높은 참여도를 보였으며, 이는 통계적으로 유의미한 차이였다(p<0.001). 〈표 2〉와 〈그림 1〉을 보면, 20대와 마찬가지로 60대에서도 여성이 남성보다 다소 적극적으로 참여하는 경향이 나타나지만, 두 집단 간 평균 점수 차이는 통계적으로 유의미하지 않았다. 즉, 집회 참여에서 세대 내 젠더 격차가 유의미하게 나타난 것은 탄핵 찬성 집회의 20대뿐이었으며, 20대 여성은 20대 남성보다 더 적극적으로 행동했다.

셋째, 탄핵 정국에서 20대 남성의 정치 참여가 같은 세대 여성보다 현저히 저조했던 것은 사실이다. 하지만 다른 인구 집단과 비교했을 때는 큰 차이를 드러내지 않았다. 〈그림 2〉는 집회 참여 수준에서 20대 남성을 중심으로 다른 인구 집단과의 통계적 차이를 보여주는데, 탄핵 찬성 집회의 경우 20대 남성(0.130)과 통계적으로 유의미한 차이를 보였던 것은 20대 여성(0.409)뿐이며, 다른 인구 집단과는 그러한 차이가 나타나지 않았다.

이는 〈그림 2〉 왼쪽 탄핵 찬성 집회에 대한 그래프에서, 20대 여성만을 제외하면 20대 남성과 다른 인구 집단 간 차이 값의 신뢰구간이 모두 0을 포함하고 있다는 점에서 다시 확인할 수 있다. 마찬가지로, 〈그림 2〉 오른쪽의 탄핵 반대 집회에 관한 그래프에서도 70대 남성과의 차이만을 제외하면, 20대 집단과 다른 집단 간 차이 값의 신뢰구간이 모두 0을 포함하고 있다. 따라서 20대 남성의 탄핵 찬성 또는 반대 집회 참여도가 평균적으로 특별히 저조한 것은 아니며, 20대 청년 세대 내에서 특이점을 찾자면, 20대 남성보다는 20대 여성의 높은 탄핵 찬성 집회 참여도에 초점이 맞춰져야 한다는 것이다.

표 1 | 윤석열 탄핵 관련 집회 참여 경험

참여 빈도	탄핵 찬성 집회		탄핵 반대 집회	
	응답자 수	(%)	응답자 수	(%)
참여안함(0)	1,367	(90.29)	1,434	(94.72)
한번(1)	78	(5.15)	37	(2.44)
두번(2)	36	(2.38)	22	(1.45)
세번이상(3)	33	(2.18)	21	(1.39)
합계	1,514	(100)	1,514	(100)

표 2 | 탄핵 관련 집회 참여도 비교: 세대 내 젠더 격차

연령	성별	탄핵 찬성	성별 차이	탄핵 반대	성별 차이
20대	남성	0.130	−0.279***	0.049	−0.051
	여성	0.409		0.100	
30대	남성	0.154	0.049	0.065	0.036
	여성	0.106		0.029	
40대	남성	0.260	0.161*	0.142	0.043
	여성	0.098		0.098	
50대	남성	0.201	0.052	0.141	0.087
	여성	0.150		0.054	
60대	남성	0.067	−0.051	0.060	−0.024
	여성	0.118		0.083	
70대 이상	남성	0.200	0.081	0.179	0.028
	여성	0.119		0.151	
평균		0.164		0.095	

*** p<0.001, ** p<0.01, *p<0.05

그림 1 | 세대·성별 탄핵 관련 집회 참여도 비교 (ANOVA)

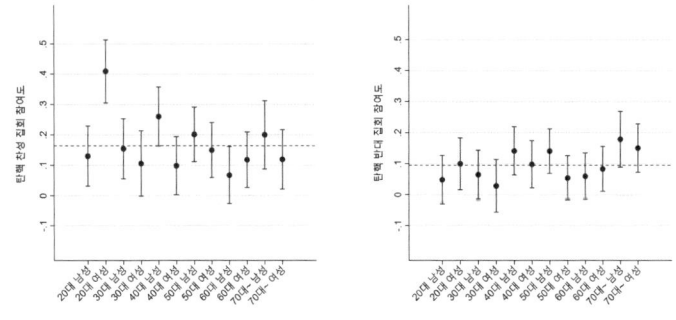

그림 2 | 탄핵 집회 참여도 비교: 20대 남성 대비 타 인구집단

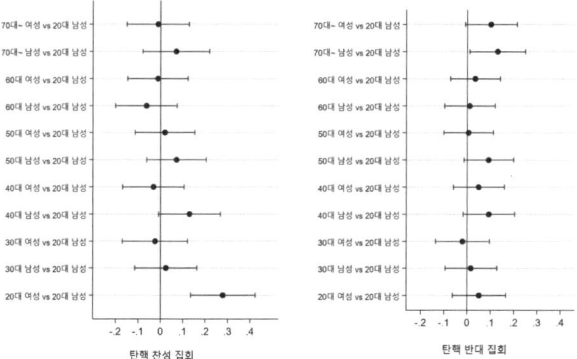

3. 왜 20대 여성은 탄핵 집회에 더 적극적으로 참여했을까?

그렇다면 왜 20대 여성들은 윤석열 탄핵 찬성 집회에 더 적극적으로 참여했을까? 기존 연구에 따르면, 투표나 시민 공청회와 같은 제도적 정치 참여가 아닌 거리 시위나 집회와 같은 비제도적 정치 참여non-institutional participation는 일반적으로 나이가 젊고, 교육 수준이 높으며, 정치적 관심이 높은 사람들 사이에서 더 활발히 이루어진다(Norris et al. 2005; Dalton et al. 2010; Hooghe and Marien 2013; Saunders 2014). 거리 시위나 집회에 참여하는 것은 단순히 개인적 일상을 잠시 미루는 것 이상의 의미를 갖는다. 이는 시간과 돈뿐만 아니라 상당한 육체적·정신적 에너지를 요구하는 일이기 때문에, 참여에 수반되는 물질적·인지적 자원이 풍부한 사람일수록 더 적극적으로 참여할 가능성이 크다. 특히, 젊은 세대는 장년 세대에 비해 육체적 조건

이 더 유리하고, 미취업 학생 상태라면 시간적 여유도 비교적 많다. 또 청년 세대는 기성세대보다 이상주의적 성향이 강하고, 사회 변화에 대한 열망이 커 현 체제에 도전하려는 의식이 높을 가능성이 크다. 더불어 높은 교육 수준과 정치적 관심도는 사회적 이슈에 대한 비판적 사고를 촉진시키며, 이는 보다 적극적인 정치적 행동으로 이어질 수 있다.

그런데 이러한 자원의 특성만으로는 20대 내에서 나타나는 집회 참여도의 젠더 격차를 충분히 설명하기 어렵다. 〈표 3〉에서 확인할 수 있듯, 20대 남성과 여성 사이에는 교육 수준에서 통계적으로 유의미한 차이가 없으며, 정치적 관심도는 오히려 여성들보다 남성들이 더 높은 경향을 보인다($p<0.05$). 따라서 20대 여성의 높은 집회 참여도를 이해하기 위해서는 교육 수준이나 정치적 관심도 외의 추가적인 요인을 고려할 필요가 있다.

표 3 | 20대 남녀의 교육 수준과 정치 관심도 비교 (t-test)

성별	교육 수준	차이	정치 관심도	차이
20대 남성	4.496	-0.031	2.780	0.244*
20대 여성	4.527		2.536	

*** $p<0.001$, ** $p<0.01$, * $p<0.05$

(1) 대통령 윤석열에 대한 낮은 신뢰 때문일까?

20대 여성의 높은 집회 참여 수준을 설명할 수 있는 잠재 요인 중 하나는 윤석열 대통령에 대한 낮은 신뢰도로, 이는 지난 윤석열 정부의 국정 운영에 대한 불만과 밀접하게 연관되어 있다. 정치 참여에 관한 확립된 문헌에 따르면, 정치적 불만과 낮은 정부 신뢰는 집회나 시위와 같은 항의 행동과 강한 상관관계를 보인다(Gamson 1968; Barnes and Max 1979; Inglehart 1997; Christensen 2016). 정부 운영에 대한 불만이 큰 시민들은 기존 정치 시스템 내에서 문제 해결이 어렵다고 느낄 가능성이 크고, 이에 따라 선거 참여나 사법 절차와 같은 제도적 방식보다 집회나 시위와 같은 비제도적 방식을 선호할 수 있다.

〈그림 3〉은 윤석열 정부의 지난 3년간 국정운영 평가와 대통령 및 행정부에 대한 신뢰도를 측정한 결과를 보여준다. 20대 여성은 다른 세대·성별 인구집단과 비교했을 때 가장 낮은 국정운영 점수(2.391)와 윤석열 신뢰도(1.555)를 기록함을 알 수 있다. 또한, 〈그림 3〉의 세 그래프를 비교해 보면, 국정운영 평가와 대통령 윤석열 개인에 대한 신뢰도는 유사한 패턴을 보이는 반면, 윤석열 신뢰도와 행정부 전체에 대한 신뢰도 사이에는 뚜렷한 차이가 나타난다. 이는 20대 여성의 윤석열 정부에 대한 낮은 국정운영 평가가 행정부의 비효율성 같은 기관 차원의 문제라기보다, 정치 지도자로서의 윤석열 개인에 대한 정치적 불신에서 비롯되었음을 시사한다.

지난 한국 정치의 맥락적 배경을 되짚어보면, 20대 여성의 윤석열 대통령에 대한 강한 불만과 불신은 2022년 대선을 계기로 본격화된 청년 세대 내 젠더 균열과 무관하지 않다. 2015년 이후 한국의 청년 여성들은 온라인 커뮤니티를 중심으로 성 불평등과 성폭력에 저항하는 페미니즘 운동을 주도해왔다. 이들의 온라인 공론화가 오프라인 정치 행동으로 이어지면서, 강남역 10번 출구 살인사건 시위와 미투 운동 등 성차별과 성폭력을 규탄하는 대규모 시위가 발생했다(김한나 2022). 이를 통해 성평등 실현을 위한 제도의 필요성이 강조되었으나, 이에 대한 반작용으로 20대 남성들 사이에서는 여성은 더 이상 사회적 약자가 아니며, 여성가족부와 같은 여성 친화적 정부 기관이나 여성 우대 정책이 불필요하다는 인식이 확산되었다(Kim and Park 2024).

그림 3 | 윤석열 정부 국정운영 평가, 대통령과 행정부에 대한 신뢰도 비교

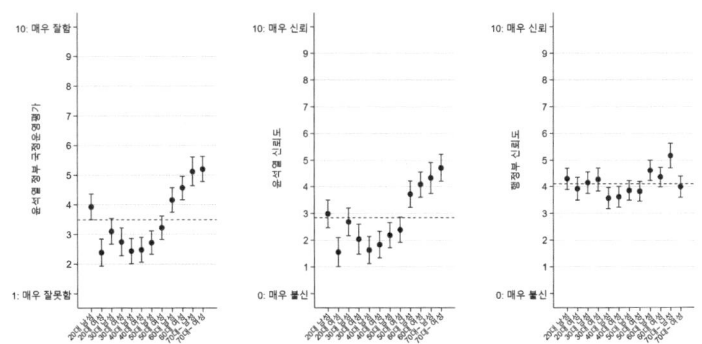

그림 4 | 세대·성별 성차별주의 태도 비교

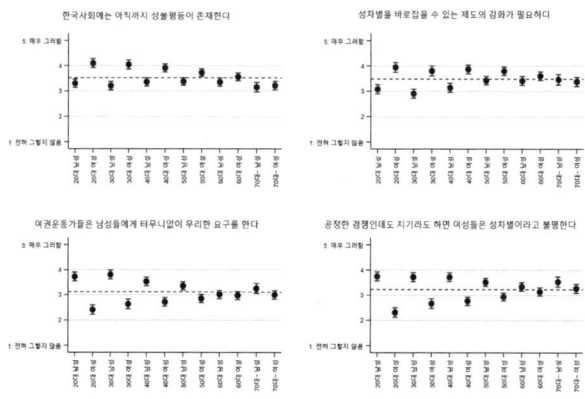

〈그림 4〉는 기성세대와 달리 청년 세대 내에서는 성차별에 대한 인식 격차가 상당히 크다는 점을 보여준다. 청년 여성은 다른 인구 집단보다 한국 사회에 여전히 성 불평등이 존재한다고 인식하며, 성차별 해소를 위한 제도의 필요성에 깊이 공감하는 경향이 두드러진다. 반면, 청년 남성은 다른 세대에 비해 여권운동가들이 남성에게 부당한 요구를 한다는 피해 의식을 강하게 가지고 있으며, 구조적 성차별의 존재를 인정하지 않으려는 태도가 더욱 뚜렷하게 나타난다. 이러한 성차별 인식 격차는 중·장년 세대보다는 청년 세대 남녀 간에 가장 현저하다.

지난 2022년 제20대 대선은 청년 세대 내 젠더 균열이 정치적 선택의 중요한 문제로 부각된 첫 대선이었다. 당시 국민의힘 윤석열 후보는 청년 남성층을 핵심 지지층으로 삼고, 당 대표 이준석과 함께 '여성가족부 폐지'를 주요 공약으로 내세웠으며, '구조적인 성차별은 존재하지 않는다'는 발언을 하기도 했다. 이는 젠더 균열이 심각해진 청년 세대에서 남성 유권자의 표심에 구애하는 전략이었으나, 동시에 청년 여성 유권자들의 강한 반발을 초래했다. 또한 제20대 대선이 윤석열의 승리로 마무리되었음에도, 이후 윤석열 정부는 청년 여성층을 포용하려는 별다른 노력을 기울이지 않았다. 오히려 정부와 여당은 여성가족부 폐지를 포함한 정부조직법 개정안을 발의하는 등 기존 입장을 고수하며 젠더 갈등을 더욱 심화시키는 방향으로 나아갔다.

과거의 이러한 정치적 맥락들을 종합해보면, 지난 윤석열 정부가 집권하는 동안 성차별 문제에 대한 민감성이 높은 청년 여성들은 같은 연령대의 남성이나 다른 인구 집단보다 윤석열 정부에 대한 신뢰도가 낮고, 국정운영 방식에 대한 정치적 불만이 누적되어 있었을 것이다. 따라서 이러한 불신과 불만은 탄핵 찬성 집회에 적극적으로 참여하는 주요 요인으로 작용했을 가능성이 있다.

그런데 탄핵 찬성 집회 참여와 관련된 요인으로 윤석열 대통령에 대한 신뢰도나 윤 정부의 국정 운영 평가에 초점을 맞춘다면, 한 가지 의문점이 제기된다. 그것은 바로 30대 여성의 낮은 집회 참여도이다. 〈그림 3〉과 〈그림 4〉에서 확인할 수 있듯, 2030 여성 집단 내에서 20대 여성뿐만 아니라 30대 여성도 윤석열 대통령에 대한 신뢰도나 국정 운영 평가가 낮고, 성차별주의에 대한 태도에서도 유사한 양상을 보인다. 그런데도 20대 여성은 적극적으로 탄핵 찬성 집회에 나갔던 반면, 30대 여성은 20대 남성만큼 집회에 참여하지 않았다(〈그림 2〉 참조).

이는 단순히 대통령 신뢰도나 성차별주의 태도와 같은 요인만으로 청년 여성의 집회 참여 행동을 설명하기 어려운 점을 시사한다. 물론 30대 여성들이 상대적으로 취업이나 기혼 비율이 높아 시간적·인지적 자원이 부족할 수 있다는 점도 고려할 수 있다. 그러나

본 연구에서는 제20대 대선을 전후해 20대 여성들이 민주당 이재명 후보의 강성 지지층으로 등장했던 정치적 배경에 착안하면서, 현 20대 여성에게는 정서적 양극화가 이러한 차이를 설명하는 중요한 요인일 수 있음을 제안하고자 한다.

(2) 30대 여성과는 다른 20대 여성의 정서적 양극화, 그리고 집회 참여

정서적 양극화affective polarization란 자신이 지지하는 내집단in-party 정당에 대해 호감을 가지는 동시에, 지지하지 않는 외집단out-party 정당에 대해 강한 반감을 가지는 현상을 의미한다(Bafumi and Shapiro 2009; West and Iyengar 2022). 특히, '과정process'이 아닌 '상태state'로서의 정서적 양극화는 지지 정당에 대한 긍정적 감정과 반대 정당에 대한 부정적 감정 간의 '격차gap'로 정의될 수 있다(Druckman and Levy 2022; 강우창·이준호 2024).

베타렐리와 동료들의 연구(Bettarelli et al. 2022)에 따르면, 정서적 양극화는 시위 행동을 촉진하는 핵심 요인이다affective polarization is a key driver of protest behavior per se. 또한, 정서적 양극화는 선거의 중요성에 대한 인식을 높여 투표율 증가와 밀접한 관련이 있는데(Harteveld and Wagner 2022; Wagner 2021), 이는 선거와 같은 제도적 참여뿐만 아니라[1], 집회나 시위와 같은 비제도적 정치 참여에서도 중요한 역할을 한다. 정서적 양극화는 반대편 집단에 대한 분노와 공포 같은 부정

---

[1] 국내 연구에서도 가상준(2020)은 역대 대선 자료를 분석한 결과, 정당 간 호감도 차이가 클수록 투표 참여가 활발하다는 점을 밝혀내며, 정서적 양극화가 정치 참여에 미치는 영향을 실증적으로 확인한 바 있다.

적 감정을 유발하는 동시에, 우리 편에 대한 연대감과 자부심을 강화함으로써(Jasper 2014) 참여를 더욱 촉진하는 경향이 있다. 그리고 이러한 메커니즘은 단순히 제도적 참여에만 국한되지 않는다.

따라서 이번 12.3 비상계엄 사태를 둘러싸고 20대 여성의 이례적으로 높은 윤석열 탄핵 찬성 집회 참여율을 설명하기 위해서는, 단순히 윤석열 대통령에 대한 신뢰도나 국정운영 평가와 같은 현 정부에 대한 부정적 인식만으로는 충분하지 않다. 이와 함께 유력한 차기 대선 후보인 이재명과 현 대통령인 윤석열과의 대칭적 관계를 함께 고려할 필요가 있다. 즉, 단방향적으로 윤석열 대통령에 대한 인식만 살펴볼 것이 아니라 반대편에 있는 이재명 민주당 대표를 함께 살펴보아야 하며, 신뢰도나 국정운영평가 같은 인지적 차원만이 아니라 감정적 차원을 함께 고려해야 한다는 것이다.

20대 여성의 정서적 양극화는 이번 탄핵 찬성 집회 참여 행동과 밀접한 관련이 있다. 현재 20대 여성은 국민의힘과 윤석열에 대해 가장 적대감을 드러내는 유권자 집단인 동시에 민주당과 이재명을 가장 강력하게 지지하는 세력이기 때문이다. 앞서 설명했듯, 제20대 대선에서 윤석열 후보는 페미니즘에 반감을 가진 청년 남성층을 핵심 지지층으로 삼아 여가부 폐지를 공약으로 내세우는 등 적극적인 구애 전략을 펼쳤다. 반면, 민주당과 이재명 후보는 성범죄 문제를 공론화한 '추적단 불꽃'의 박지현을 대선 캠프에 영입하고 선거 후에는 공동비상대책위원장으로 임명하는 등 페미니즘을 보다 적극적으로 수용하는 입장을 보였다. 이는 윤석열 후보가 페미니즘을 남녀 갈등과 저출생 문제의 원인으로 지목하며 비판한 것과 대비되는 접근이었다. 이러한 차별적 전략 속에서 청년 여성 유권자들은 이재명 후보에게 높은 지지를 보냈으며, 대선 이후에는 그의 핵심 지지층으로 결집해갔다. 특히 '개딸(개혁의 딸)'로 불리는 20대 여성들은 온라인 커뮤니티와 소셜미디어를 중심으로 결집하여 이재명을 강력히 지지했고, 당내 경선과 선거 과정에서도 적극적으로 개입하며 정치적 영향력을 행사해왔다(김다은 2022).

이러한 맥락에서, 만약 윤석열 탄핵이 성사되어 조기 대선이 실시된다면, 유력한 차기 대선 후보인 이재명이 대통령으로 당선되는 시나리오에 가장 큰 만족감을 느낄 집단은 윤석열 정부에 대한 반감이 가장 강한 20대 여성일 가능성이 크다. 요컨대, 20대 여성들은 다른 연령대에 비해 윤석열 대통령과 국민의힘에 대한 거부감이 강한 동시에, 이재명 후보와 민주당에 대한 지지가 두드러지는 경향을 보여 왔다. 이러한 정서적 양극화의 심화가 윤석열 탄핵을 촉구하는 집회에 적극적으로 참여하는 중요한 요인으로 작용했을 가능성이 크다.

〈표 4〉와 〈그림 5〉는 세대와 성별에 따른 윤석열과 이재명, 국민의힘과 민주당 간 호감도 차이를 보여준다. 표와 그림에서 확인할 수 있듯, 20대 여성은 전체 인구 집단 중 이재명(44.88)과 윤석열(9.95) 간 호감도 차이(34.94), 민주당(52.71)과 국민의힘(15.14) 간 호감도 차이(37.57)가 가장 큰 그룹이다. 이는 20대 남성이 두 정치인과 정당에 대해 비슷한 호감도를 보이는 것과 대조적이다. 반면, 30대 여성은 정서적 양극화가 두드러지지 않으며 30대 남성과도 큰 차이를 보이지 않는다. 또한, 〈표 5〉에서 확인할 수 있듯이 주요 정치인과 정당에 대한 정서적 양극화와 성차별주의 태도 간의 관계를 청년 세대 내에서 비교해보면, 20대 여성은 두 변인 간 상관계수가 통계

적으로 유의미한 수준에서 0.5 이상으로 나타난다. 그러나 30대 여성은 이러한 상관성이 미약하다. 즉, 20대 여성은 성차별주의적 태도를 민주당·이재명에 대한 지지(또는 국민의힘·윤석열에 대한 반대)와 강하게 결부시키는 반면, 30대 여성은 그렇지 않다.

요컨대, 전체 인구 집단 중 정서적 양극화가 가장 강한 집단은 20대 여성이며, 이들의 정서적 양극화는 정치적 태도와 밀접하게 연관되어 있어 탄핵 찬성 집회로 결집하는 주요 동력이 되었을 것이다.[2] 따라서 이러한 한국 정치의 현 상황과 맥락들을 종합적으로 고려할 때, 우리는 다음과 같은 가설을 제시할 수 있다.

가설 1: 20대 여성이 다른 인구 집단에 비해 더 윤석열 탄핵 찬성 집회에 더 적극적으로 참여할 가능성이 크다.

가설 2: 정서적 양극화 정도가 심할수록 윤석열 탄핵 찬성 집회에 더 적극적으로 참여할 가능성이 크다.

---

[2] 20대 여성에 이어 정서적 양극화 수준이 높은 집단은 40대 남성으로, 이들 역시 이재명(43.54)에 대한 호감도가 윤석열(13.29)보다 훨씬 높아 그 차이가 30.24에 달한다. 흥미로운 점은 40대 남성들이 20대 여성 다음으로 탄핵 찬성 집회에 적극적으로 참여한 집단이라는 사실이다(〈표 2〉 참조). 물론 이들이 양대 정치인 및 정당에 대해 나타내는 정서적 양극화의 맥락은 페미니즘 이슈에 따른 20대 여성의 것과는 다를 것이다. 그러나 40대 남성의 정서적 양극화와 관련된 사항은 본 연구의 초점과는 거리가 있으므로, 여기에서는 논의하지 않는다.

표 4 | 세대·성별 정치인 및 정당 호감도 비교

연령	성별	이재명	윤석열	차이	민주당	국민의힘	차이
20대	남성	24.93	22.56	2.37	31.77	32.61	-0.84
	여성	44.88	9.95	34.94	52.71	15.14	37.57
30대	남성	31.07	18.08	12.99	37.05	25.72	11.33
	여성	30.18	16.16	14.02	41.38	20.61	20.78
40대	남성	43.54	13.29	30.24	52.87	19.90	32.98
	여성	41.80	14.37	27.42	49.98	21.95	28.04
50대	남성	46.26	19.87	26.39	52.68	24.55	28.13
	여성	40.06	22.21	17.85	47.00	25.95	21.05
60대	남성	34.88	38.34	-3.46	39.22	41.87	-2.65
	여성	27.19	41.47	-14.27	33.19	43.53	-10.34
70대 이상	남성	26.79	47.75	-20.96	29.31	52.69	-23.39
	여성	25.16	50.75	-25.59	29.48	48.83	-19.35

그림 5 | 세대·성별 호감도 차이: 윤석열 대 이재명, 국민의힘 대 민주당

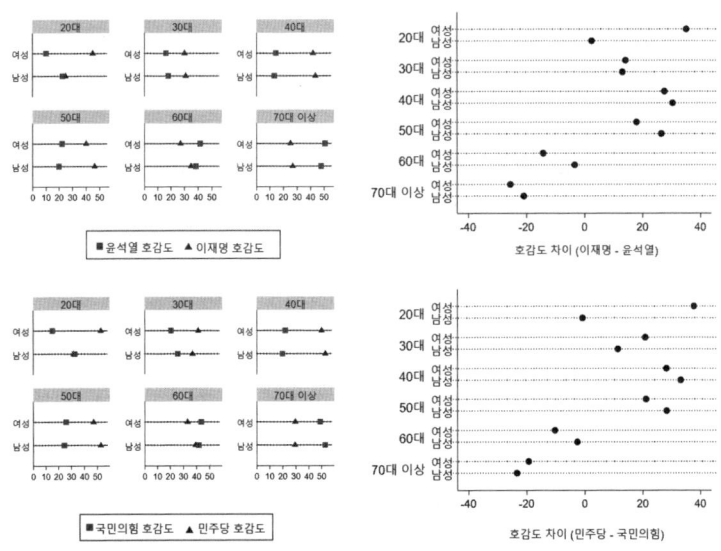

표 5 | 정서적 양극화와 성차별주의 태도 간 상관관계: 청년 세대 내 비교

	정치인에 대한 정서적 양극화				정당에 대한 정서적 양극화			
	20대		30대		20대		30대	
	남성	여성	남성	여성	남성	여성	남성	여성
한국사회에는 아직까지 성 불평등이 존재한다.	0.166	**0.525***	0.213*	0.101	0.130	**0.517***	0.159	0.087
성차별을 바로잡을 수 있는 제도의 강화가 필요하다.	0.052	**0.545***	0.067	0.163	0.090	**0.496***	0.016	0.169
여권운동가들은 남성들에게 터무니없이 무리한 요구를 한다.	-0.182*	**-0.521***	-0.208*	-0.213*	-0.187*	**-0.560***	-0.199*	-0.281**
공정한 경쟁인데도 지기라도 하면 여성들은 성차별이라고 불평한다.	-0.181*	**-0.490***	-0.201*	-0.236*	-0.191*	**-0.521***	-0.161	-0.237*

한편, 앞서 논의한 지난 대선의 맥락을 토대로 보면, 20대 여성들은 평균적으로 다른 인구 집단에 비해 윤석열 정부에 대한 반감이 더 강하다. 그러나 20대 여성이라는 공통된 세대적 특성 내에서도 모든 이들이 동일한 정치적 태도나 행동을 보이는 것은 아닐 것이다. 즉, 이 인구 집단 내에서도 학력과 교육수준, 이념 성향의 차이가 존재할 것이고 정서적 양극화의 수준에도 개인차가 있을 것이다. 특히, 같은 20대 여성일지라도 정서적 양극화가 강한 개인일수록 그들의 정치 참여도 활발할 가능성이 크며, 따라서 그러한 개인들은 윤석열 탄핵 찬성 집회에 더 적극적으로 나섰을 것으로 추측할 수 있다. 그러므로, 이와 같은 추론에 따라 다음과 같은 가설을 추가로 제안한다.

가설 3: 20대 여성 중 정서적 양극화가 강한 개인일수록 윤석열 탄핵 찬성 집회에 더 활발히 참여했을 가능성이 크다.

4. 분석 방법

　가설 검증을 위해 2025년 1월 전국 18세 이상 성인 남녀 1,514명을 대상으로 수집한 설문조사 자료를 사용한다. 우선 종속변수는 탄핵 찬성 집회 참여도이고, 지난 12.3 비상계엄 사태 이후 윤석열 탄핵을 촉구하는 거리 시위나 집회에 참여하였는지 묻는 문항을 활용하여, 참여 경험이 없으면 0점, 한 번이면 1점, 두 번이면 2점, 세 번 이상이면 3점으로 코딩했다. 종속변수의 분포는 앞서 〈표 1〉에서 제시하였다.

　주요 설명변수인 세대·성별 인구집단은 20대부터 70대 이상까지 여섯 개 연령대와 두 개 성별을 기준으로 총 12개 집단으로 구분하였다. 또한, 정서적 양극화 수준은 정치인과 정당에 대한 정서적 양극화를 구분하여 두 개의 변수를 생성하였다. 이를 위해 정치인 및 정당에 대한 감정 온도를 측정하는 문항을 활용하였으며, 응답자는 '대단히 부정적인 느낌(0)'부터 '대단히 호의적인 느낌(100)'까지 101점 척도로 평가하였다. 정치인 정서적 양극화는 이재명에 대한 호감도에서 윤석열에 대한 호감도를 뺀 값으로, 정당 정서적 양극화는 민주당에 대한 호감도에서 국민의힘에 대한 호감도를 뺀 값으로 측정하였다.

　통제변수로는 정치 참여 행동의 자원$_{source}$이 될 수 있는 교육 수준, 소득, 자산, 거주 지역, 정치 이념, 정치 관심도, 정치 효능감, 소셜미디어 활용 수준, 정당 일체감 등을 포함하였다. 집회 참여는 투표와 같은 관습적이고 쉬운 형태의 참여와 달리, 개인에게 더 많은 시간과 물질적 비용과 인지적 에너지를 요구하는 어려운 유형의 참여에 해당한다(Inglehart 1990; 김욱·김영태 2006). 이에 따라 교육 수준이 높고 경제적 여건이 우수할수록, 인구 밀도가 높은 수도권에 거주하여 광화문이나 국회 등 주요 집회 장소에 물리적으로 접근하기 용이할수록 집회 참여 가능성이 높을 것으로 예상된다. 또한, 보수적 이념 성향을 가진 사람일수록 체제 유지와 관습을 중시하는 경향이 강하므로, 비관습적 저항 행동에 나서는 데 주저할 가능성이 크다. 반면, 정치 관심도와 정치 효능감이 높은 사람들은 집회 참여와 관련된 정보를 더 쉽게 수집할 수 있으며, 소셜미디어를 적극적으로 활용하는 경우 집회 동원 과정에 효과적으로 연결될 가능성이 높아진다. 아울러, 정당일체감이 강한 사람들은 정치적 신호$_{cue}$를 빠르게 해석하고 이에 반응할 수 있어, 무당파층에 비해 집회 참여 여부를 신속하게 결정하고 적극적으로 행동에 나설 가능성이 크다.

한편, 12.3 비상계엄 사태와 직접적인 연관성이 있는 통제변수로서 윤석열 대통령에 대한 신뢰도, 윤석열 정부의 국정운영 평가, 민주주의 체제에 대한 정당성 인식, 12.3 비상계엄에 대한 평가, 부정 선거에 대한 인식, 탄핵 반대 집회 참여도 등과 같은 정치적 태도 변수를 포함하였다. 윤석열 대통령에 대한 신뢰 수준이 낮고, 윤석열 정부의 국정운영에 대한 평가 점수가 부정적일수록, 그리고 12.3 비상계엄 조치를 부당하다고 인식할수록, 해당 행정부의 권력 행사에 대해 보다 비판적인 태도를 보일 가능성이 크며, 이는 탄핵 찬성 집회 참여로 이어질 개연성이 높다. 또한, 민주주의 체제가 독재나 기타 정치 체제보다 우월하다고 인식하는 개인일수록, 군사력을 동원하여 국회를 강압적으로 통제한 계엄 조치에 대해 더욱 비판적인 태도를 보일 것이며, 이는 윤석열 대통령 탄핵 찬성 행동과 밀접한 연관성을 가질 것으로 예상된다. 이번 12.3 비상계엄의 핵심 명분이 되었던 지난 총선의 부정선거 음모론을 믿는 사람일수록 윤석열의 계엄 조치가 정당하다고 인식할 가능성이 높으며, 그 결과 윤석열 탄핵 찬성 집회에 참여하지 않을 것으로 예상된다. 마지막으로, 탄핵 반대 집회에 적극적으로 참여하는 개인일수록 탄핵 찬성 집회에는 가담하지 않을 확률이 높을 것으로 예측된다. 따라서 상기한 변수들을 분석에서 모두 통제할 필요가 있다.

변수들의 기술 통계치는 〈표 6〉에 제시되어 있으며, 각 변수의 측정 방법에 대한 상세한 설명은 〈부록 1〉에서 확인할 수 있다.

표 6 | 기술 통계

	관측치	평균	표준편차	최솟값	최댓값
[종속변수]					
탄핵 찬성 집회 참여도	1,514	0.164	0.562	0	3
[설명변수]					
세대·성별 인구집단	1,514	6.590	3.363	1	12
정서적 양극화 (이재명-윤석열)	1,514	8.900	56.920	-100	100
정서적 양극화 (민주당-국힘)	1,514	10.736	54.818	-100	100
[통제변수]					
교육	1,514	4.498	1.090	1	7
소득	1,514	4.115	2.059	1	7
자산	1,514	3.332	2.344	1	7
지역	1,514	3.214	1.887	1	7
정치이념	1,514	4.991	1.961	0	10
정치관심도	1,514	2.808	0.702	1	4
외적 효능감1	1,514	2.884	1.110	1	5
외적 효능감2	1,514	2.395	1.088	1	5
내적 효능감	1,514	3.789	0.885	1	5
소셜미디어 활용	1,514	3.116	0.795	1	4
정당일체감: 민주당	1,514	0.308	0.462	0	1
정당일체감: 국힘	1,514	0.276	0.447	0	1
윤석열 신뢰도	1,514	2.838	3.088	0	10
국정운영평가	1,514	3.493	2.625	1	10
민주주의 정당성	1,514	0.747	0.435	0	1
12.3 계엄 평가	1,514	4.098	1.266	1	5
부정선거 인식	1,514	2.151	1.069	1	4
탄핵 반대 집회 참여도	1,514	0.095	0.446	0	3

앞서 제시한 세 가설을 검증하기 위해 OLS_{Ordinary Least Squares} 회귀분석을 사용한다. 분석에 사용할 회귀식은 다음과 같다.

탄핵찬성집회참여$_i$ = $\beta 0$ + $\beta 1$·세대 · 성별인구집단$_i$ + $\beta 2$· 정서적 양극화(이재명-윤석열)$_i$ + $\beta 3$·정서적 양극화(민주-국힘)$_i$ + $\beta 4$·[세대 · 성별인구집단$_i$ × 정서적 양극화(이재명-윤석열)$_i$] + $\beta 5$·[세대 · 성별인구집단$_i$ × 정서적 양극화(민주-국힘)$_i$] + X$_i$·γ + ε_i

- 탄핵찬성집회참여$_i$: 개인 i가 윤석열 탄핵 찬성 집회에 참여한 정도
- 세대 · 성별인구집단$_i$: 개인 i가 속하는 세대 · 성별 인구집단 더미(모델에서는 20대 여성이 기준범주)
- 정서적 양극화$_i$: 개인 i의 정서적 양극화 수준(이재명과 윤석열 호감도 격차, 민주당과 국민의힘 호감도 격차)
- X$_i$: 통제변수들(교육, 소득, 자산, 지역, 정치이념 등)
- γ: 통제변수에 대한 회귀계수들
- ε_i: 오차항

모델 1에서는 정서적 양극화 변수들을 포함하지 않은 기본 모형을 제시한다. 모델 2에서는 정치인 간의 정서적 양극화 변수를 포함하고, 모델 3에서는 정치인 및 정당 간의 정서적 양극화 변수들을 모두 포함하여 두 유형의 정서적 양극화가 집회 참여에 미치는 영향을 비교한다. 이어서 모델 4에서는 모델 3에 세대·성별 인구 집단 더미 변수와 정치인 간 정서적 양극화 변수의 상호작용항을 포함

하여, 20대 여성 집단 내에서 정치인 간 정서적 양극화가 집회 참여에 미치는 영향을 분석한다. 모델 5에서는 모델 3에 세대·성별 인구집단과 정당 간 정서적 양극화 변수의 상호작용항을 추가하여, 20대 여성 집단 내에서 정당 간 정서적 양극화가 집회 참여에 미치는 영향을 확인한다. 마지막으로 모델 6에서는 모델 4와 모델 5의 두 상호작용항을 모두 포함하여, 20대 여성 집단 내에서 정치인과 정당 간 정서적 양극화 중 어느 것이 더 탄핵 찬성 집회 참여와 유의미한 연관성을 가지는지 검증한다.

주장의 타당성을 추가로 검증하기 위해, 〈부록 2〉에서는 OLS 외에도 여러 회귀모형을 실행한다. 우선, 서열 로지스틱 회귀모형 Ordered Logistic Regression을 사용하여 가설을 검증한 모델 7을 제시한다. 모델 7은 집회 참여도를 순위형 변수로 가정하고, 각 순위에 따른 개별적인 영향을 추정한다. 또한, 잠재적인 이분산성 문제를 완화하고 결과의 신뢰도를 높이기 위해, 모델 7의 표준오차를 견고한 robust 표준오차로 재검토한 모델 8을 제시한다. 이어서, 탄핵 집회에 참여하지 않은 응답이 90% 이상인 점을 감안하여, 종속변수의 분포에 과잉분산 overdispersion이 존재할 가능성을 고려하는 음이항 회귀모형 negative binomial regression을 사용한 모델 9를 제시한다. 그리고 이를 견고한 표준오차로 다시 검토한 모델 10도 함께 제시한다.

5. 분석 결과

〈표 7〉은 모델 1부터 모델 6까지의 OLS 회귀분석 결과를 제시한다. 먼저 모델 1을 살펴보면, 기준 변수인 20대 여성과 비교하여 다른 모든 인구 집단의 계수 값이 음(-)의 값을 가지는 것으로 나타난다. 이는 다른 요인들의 영향을 통제한 후에도 20대 여성들이 다른 인구 집단보다 윤석열 탄핵 찬성 집회에 더 적극적으로 참여함을 시사하며, 앞서 살펴본 기술 통계에서 나타난 경향성과 일치한다.

다음 모델 2의 결과에 따르면, 이재명과 윤석열 간의 정서적 양극화 변수는 통계적으로 유의미한 양(+)의 값을 보인다. 이는 윤석열보다 이재명을 더 선호할수록 탄핵 찬성 집회에 적극적으로 참여할 가능성이 커진다는 것을 의미한다. 그러나 모델 3에서 민주당과 국민의힘 간 정서적 양극화 변수를 추가하자, 이재명과 윤석열 간 정서적 양극화 변수의 유의미성이 사라지는 것으로 나타났다. 이러한 결과는 정치인 간 정서적 양극화가 상당 부분 정당 간 정서적 양극화에 의해 설명될 수 있음을 시사한다. 다시 말해, 정치인 인물에 대한 감정보다 정당에 대한 정서적 태도가 윤석열 탄핵 찬성 집회 참여와 밀접한 관련이 있는 핵심 요인으로서 더 중요할 수 있음을 의미한다.

모델 4, 5, 6을 통해 20대 여성 집단 내에서 정서적 양극화가 탄핵 찬성 집회 참여에 미치는 영향을 검토한다. 먼저, 모델 4는 정치인 정서적 양극화 변수와 인구집단 더미변수 간 상호작용항을 포함한 분석으로, 20대 여성들 사이에서 윤석열보다 이재명을 선호하는 정도가 클수록 탄핵 찬성 집회에 더 적극적으로 참여하는 경향이 확인된다(b=0.006, p<0.001). 다음 모델 5에서는 정당 정서적 양극화 변수와 인구집단 간 상호작용항을 포함하여 분석한 결과를 살펴본다. 모델 4의 결과와 유사하게 20대 여성들 사이에서 국민의힘보다 민주당을 선호하는 정도가 클수록 탄핵 찬성 집회 참여가 증가하는 것으로 나타났다(b=0.007, p<0.001).

마지막으로, 두 정서적 양극화 변수와 인구집단 간 상호작용항을 모두 포함한 모델 6의 결과를 살펴본다. 〈표 7〉 모델 6의 결과를 보면, 20대 여성들 사이에서 정치인 정서적 양극화 정도가 클수록 탄핵 찬성 집회에 더욱 활발하게 참여하는 경향이 유의미하게 나타났다(b=0.007, p<0.001). 반면, 정당 간 정서적 양극화는 탄핵 찬성 집회 참여와 통계적으로 유의미한 관련성을 보이지 않았다. 이러한 결과는 앞서 전체 인구집단을 대상으로 분석한 모델 3과 비교했을 때 중요한 차이를 시사한다. 모델 3에서는 특정 정치인에 대한 정서적 태도보다 정당에 대한 정서적 태도가 탄핵 찬성 집회 참여를 결정하는 핵심 요인으로 나타났다. 그러나 이를 세대·성별 집단으로 세분화하여 분석한 결과, 20대 여성들 사이에서는 민주당과 국민의힘 간 양극화보다 이재명과 윤석열 간 선호 차이가 탄핵 찬성 집회 참여와 더욱 밀접한 관련이 있음을 확인할 수 있다. 다시 말해, 20대 여성들의 경우, 특정 정당에 대한 정서적 태도보다 개별 정치인에 대한 선호가 탄핵 찬성 집회 참여를 결정하는 보다 중요한 요인으로 작용하고 있다고 할 수 있다.

표 7 | 정서적 양극화와 탄핵 찬성 집회 참여 (OLS)

	(1) b (SE)	(2) b (SE)	(3) b (SE)	(4) b (SE)	(5) b (SE)	(6) b (SE)
[설명 변수]						
20대 남성	-0.166**	-0.161**	-0.149*	0.026	0.023	0.028
	(0.063)	(0.062)	(0.062)	(0.070)	(0.072)	(0.072)
30대 남성	-0.181**	-0.176**	-0.166**	0.008	0.002	0.004
	(0.062)	(0.062)	(0.061)	(0.071)	(0.073)	(0.073)
30대 여성	-0.213***	-0.190**	-0.188**	-0.020	-0.024	-0.023
	(0.064)	(0.064)	(0.064)	(0.073)	(0.077)	(0.077)
40대 남성	-0.166**	-0.155*	-0.154*	0.014	0.031	0.029
	(0.062)	(0.062)	(0.061)	(0.075)	(0.078)	(0.078)
40대 여성	-0.294***	-0.286***	-0.281***	-0.049	-0.063	-0.054
	(0.061)	(0.061)	(0.060)	(0.073)	(0.075)	(0.075)
50대 남성	-0.205***	-0.200***	-0.200***	-0.030	-0.032	-0.031
	(0.061)	(0.060)	(0.060)	(0.072)	(0.074)	(0.074)
50대 여성	-0.190**	-0.185**	-0.186**	0.011	-0.002	-0.005
	(0.061)	(0.060)	(0.060)	(0.070)	(0.073)	(0.072)
60대 남성	-0.241***	-0.233***	-0.227***	-0.043	-0.053	-0.048
	(0.063)	(0.062)	(0.062)	(0.071)	(0.073)	(0.073)
60대 여성	-0.188**	-0.176**	-0.172**	-0.003	-0.012	-0.006
	(0.063)	(0.062)	(0.062)	(0.071)	(0.073)	(0.073)
70대~ 남성	-0.188**	-0.180**	-0.165*	0.074	0.080	0.084
	(0.070)	(0.069)	(0.069)	(0.078)	(0.080)	(0.080)
70대~ 여성	-0.237***	-0.225***	-0.221***	-0.073	-0.071	-0.078
	(0.065)	(0.065)	(0.065)	(0.074)	(0.075)	(0.076)
정서적 양극화 (이재명-윤석열)		0.002***	0.001	0.006***	0.001	0.007**
		(0.000)	(0.001)	(0.001)	(0.001)	(0.002)
정서적 양극화 (이-윤) × 인구 집단						
20대 남성				-0.004**		-0.007*
				(0.001)		(0.003)
30대 남성				-0.005***		-0.006
				(0.001)		(0.003)
30대 여성				-0.004**		-0.005
				(0.001)		(0.003)
40대 남성				-0.005***		-0.003
				(0.001)		(0.003)
40대 여성				-0.007***		-0.008**
				(0.001)		(0.003)

	(1) b (SE)	(2) b (SE)	(3) b (SE)	(4) b (SE)	(5) b (SE)	(6) b (SE)
50대 남성				-0.005*** (0.001)		-0.005 (0.003)
50대 여성				-0.006*** (0.001)		-0.008** (0.003)
60대 남성				-0.006*** (0.001)		-0.006* (0.003)
60대 여성				-0.006*** (0.001)		-0.006* (0.003)
70대~ 남성				-0.003* (0.001)		-0.006* (0.003)
70대~ 여성				-0.007*** (0.001)		-0.008** (0.003)
정서적 양극화 (민주당-국힘)			0.002*** (0.001)	0.002** (0.001)	0.007*** (0.001)	0.001 (0.002)

정서적 양극화 (민주-국힘) × 인구 집단

	(1)	(2)	(3)	(4)	(5)	(6)
20대 남성					-0.003* (0.001)	0.003 (0.003)
30대 남성					-0.004** (0.001)	0.001 (0.003)
30대 여성					-0.004** (0.001)	0.000 (0.003)
40대 남성					-0.005*** (0.001)	-0.002 (0.003)
40대 여성					-0.006*** (0.001)	0.001 (0.003)
50대 남성					-0.005*** (0.001)	-0.000 (0.003)
50대 여성					-0.005*** (0.001)	0.003 (0.003)
60대 남성					-0.006*** (0.001)	0.000 (0.003)
60대 여성					-0.006*** (0.001)	-0.001 (0.003)
70대~ 남성					-0.002 (0.001)	0.003 (0.003)
70대~ 여성					-0.006*** (0.001)	0.001 (0.003)

	(1)	(2)	(3)	(4)	(5)	(6)
	b (SE)	b (SE)	b (SE)	b (SE)	b (SE)	b (SE)
[통제변수]						
교육	-0.004	-0.005	-0.006	-0.005	-0.005	-0.003
	(0.012)	(0.012)	(0.012)	(0.012)	(0.012)	(0.012)
소득	-0.003	-0.005	-0.004	-0.002	-0.003	-0.002
	(0.007)	(0.007)	(0.007)	(0.007)	(0.007)	(0.007)
자산	-0.003	-0.001	-0.001	-0.002	-0.002	-0.002
	(0.006)	(0.006)	(0.006)	(0.006)	(0.006)	(0.006)
지역 인천/경기	-0.070*	-0.071*	-0.074*	-0.058	-0.058	-0.059
	(0.035)	(0.035)	(0.035)	(0.034)	(0.034)	(0.034)
대전/세종/충청	-0.128**	-0.126**	-0.131**	-0.114*	-0.113*	-0.116*
	(0.046)	(0.046)	(0.046)	(0.045)	(0.045)	(0.046)
광주/전라	-0.025	-0.032	-0.038	-0.019	-0.017	-0.018
	(0.049)	(0.049)	(0.049)	(0.048)	(0.048)	(0.048)
대구/경북	-0.051	-0.053	-0.054	-0.042	-0.046	-0.043
	(0.048)	(0.048)	(0.047)	(0.047)	(0.047)	(0.047)
부산/울산/경남	-0.088*	-0.085*	-0.089*	-0.073	-0.074	-0.073
	(0.042)	(0.042)	(0.042)	(0.041)	(0.041)	(0.041)
강원/제주	-0.162*	-0.163*	-0.164**	-0.171**	-0.177**	-0.182**
	(0.064)	(0.064)	(0.063)	(0.063)	(0.063)	(0.063)
정치이념	-0.010	-0.005	-0.003	-0.004	-0.002	-0.003
	(0.008)	(0.008)	(0.008)	(0.008)	(0.008)	(0.008)
정치관심도	0.035	0.033	0.032	0.033	0.033	0.030
	(0.020)	(0.020)	(0.020)	(0.020)	(0.020)	(0.020)
외적 효능감1	0.027*	0.024	0.023	0.023	0.024	0.023
	(0.013)	(0.013)	(0.013)	(0.013)	(0.013)	(0.013)
외적 효능감2	0.017	0.014	0.014	0.015	0.013	0.014
	(0.013)	(0.013)	(0.013)	(0.013)	(0.013)	(0.013)
내적 효능감	0.020	0.018	0.016	0.015	0.017	0.015
	(0.016)	(0.016)	(0.016)	(0.016)	(0.016)	(0.016)
소셜미디어 활용	0.032*	0.032*	0.030	0.029	0.031*	0.029
	(0.016)	(0.016)	(0.016)	(0.016)	(0.016)	(0.016)
정당일체감: 민주당	0.080*	0.031	0.001	-0.014	-0.020	-0.013
	(0.032)	(0.033)	(0.034)	(0.034)	(0.034)	(0.034)
정당일체감: 국힘	0.033	0.063	0.098*	0.078	0.084*	0.082*
	(0.040)	(0.041)	(0.042)	(0.042)	(0.042)	(0.042)
윤석열 신뢰도	-0.006	-0.001	-0.000	-0.004	-0.003	-0.005

	(1) b (SE)	(2) b (SE)	(3) b (SE)	(4) b (SE)	(5) b (SE)	(6) b (SE)
국정운영평가	-0.018 (0.008)	-0.007 (0.008)	-0.001 (0.008)	-0.001 (0.008)	0.001 (0.008)	0.001 (0.008)
민주주의 정당성	0.003 (0.011)	0.003 (0.011)	-0.007 (0.011)	-0.008 (0.011)	-0.012 (0.011)	-0.009 (0.011)
12.3계엄평가	0.002 (0.030)	-0.008 (0.030)	-0.006 (0.030)	-0.010 (0.030)	-0.011 (0.030)	-0.010 (0.030)
부정선거 인식	0.009 (0.018)	0.019 (0.018)	0.022 (0.018)	0.016 (0.018)	0.015 (0.018)	0.016 (0.018)
탄핵반대집회	0.638*** (0.014)	0.633*** (0.014)	0.628*** (0.014)	0.629*** (0.014)	0.626*** (0.014)	0.629*** (0.014)
상수항	0.078 (0.028)	0.036 (0.028)	0.002 (0.028)	-0.145 (0.027)	-0.160 (0.027)	-0.147 (0.027)
	(0.157)	(0.157)	(0.157)	(0.157)	(0.158)	(0.158)
관측치 수	1,514	1,514	1,514	1,514	1,514	1,514
R-squared	0.331	0.339	0.344	0.369	0.366	0.374

■ *** p<0.001, ** p<0.01, *p<0.05

〈그림 6〉은 모델 6의 분석 결과를 시각화한 것이다. x축은 이재명과 윤석열 간 정서적 양극화 수준을, y축은 탄핵 찬성 집회 참가 수준을 나타낸다. 각 12개 그래프를 통해 인구 집단별로 두 변수 간의 관계를 세분화하였다. 20대 여성의 그래프를 살펴보면, 기울기가 뚜렷하게 양(+)의 방향을 보이며, 이재명에 대한 선호도가 윤석열보다 높을수록 탄핵 찬성 집회 참여가 증가하는 경향이 확인된다. 반면, 다른 인구 집단에서는 이러한 관계가 명확하게 나타나지 않는다. 이러한 경향을 보다 정량적으로 보여주는 〈표 8〉을 보면, 20대 여성 이외에도 40대 남성에서 정서적 양극화가 강할수록 탄핵 찬성 집회 참여가 증가하는 패턴이 감지된다(b=0.003, p<0.05). 그러나 그 관계의 크기는 20대 여성 집단의 것보다 상대적으로 작음을 확인할 수 있다.

그림 6 | 정서적 양극화에 따른 탄핵 찬성 집회 참여도: 세대·성별 비교

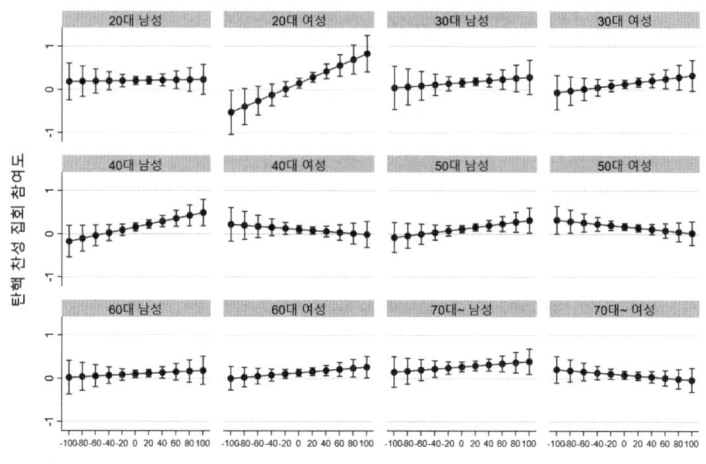

정서적 양극화 (이재명 - 윤석열)

표 8 | 정치인 정서적 양극화와 탄핵 찬성 집회 참여의 관계: 세대·성별 집단 비교

	b	(SE)
20대 남성	0.000	0.002
20대 여성	0.007**	0.002
30대 남성	0.001	0.002
30대 여성	0.002	0.002
40대 남성	0.003*	0.002
40대 여성	−0.001	0.002
50대 남성	0.002	0.002
50대 여성	−0.002	0.001
60대 남성	0.001	0.002
60대 여성	0.001	0.001
70대~ 남성	0.001	0.002
70대~ 여성	−0.001	0.001

■ *** p<0.001, ** p<0.01, *p<0.05

지금까지의 결과를 종합하면, 다른 변수들의 영향을 통제한 상태에서도 20대 여성은 다른 인구 집단에 비해 윤석열 탄핵 찬성 집회에 더 적극적으로 참여하는 경향을 보였다(가설 1). 또한, 정서적 양극화 수준이 높을수록 윤석열 탄핵 찬성 집회 참여도가 증가하는 유의미한 정의 관계가 확인되었다(가설 2). 한편, 일반적으로는 정치인 간 정서적 양극화보다 정당 간 정서적 양극화가 탄핵 찬성 집회 참여와 더 밀접한 관련성을 가지는 것으로 나타났으나, 20대 여성의 경우에는 정당보다는 정치인 간 정서적 양극화가 탄핵 찬성 집회 참여를 설명하는 데 더 중요한 요인으로 작용했다. 특히, 20대 여성들 사이에서는 이재명과 윤석열 간 정서적 양극화 수준이 높을수록 탄핵 찬성 집회 참여가 증가하는 경향이 뚜렷하게 나타났는데(가설 3), 이러한 패턴은 다른 인구 집단에서는 두드러지지 않는 20대 여성만의 독특한 특징으로 확인되었다.

한편, 가설의 타당성을 재확인하기 위해 〈부록 2〉에서 추가 분석을 실시하였다. 분석 결과, 서열 로지스틱 회귀모형을 적용한 모델 7, 모델 7에 견고한 표준오차를 반영한 모델 8, 그리고 음이항 회귀모형을 사용한 모델 9, 모델 9에 견고한 표준오차를 반영한 모델 10에서 모두 〈표 7〉의 모델 6과 일관된 결과를 보였다. 이는 본 연구의 주요 발견이 대체 모형을 적용하더라도 강건하게 유지될 수 있음을 말해준다.

6. 결론

　　본 연구는 12.3 비상계엄 사태에서 두드러졌던 청년 여성들의 높은 집회 참여율에 주목하여, 20대 여성들이 동 세대 남성이나 다른 연령대의 인구 집단에 비해 집회에 더욱 적극적으로 참여한 이유를 분석하였다. 이번 탄핵 관련 집회에서 20대 여성들의 참여가 두드러진 이유를 설명하기 위해선 먼저 지난 한국 정치의 맥락을 청년 세대 내 젠더 갈등을 중심으로 살펴보아야 한다.

　　지난 제22대 대선을 기점으로 한국 청년 세대 내에서 페미니즘 이슈를 둘러싼 젠더 갈등은 중요한 정치적 균열로 자리 잡았다. 당시 국민의힘 윤석열 후보는 20대 남성의 표심을 공략하기 위해 여성가족부 폐지를 공약으로 내세웠으며, 반면 민주당 이재명 후보는 선거 막바지에 페미니즘에 친화적인 태도를 보이며 성범죄 문제를 공론화한 박지현을 대선 캠프에 영입하고, 이후 공동비상대책위원장으로 임명하는 등 20대 여성의 지지를 확보하는 데 적극적으로 나섰다. 이러한 전략적 선택으로 인해 청년 세대 내 잠재되어 있던 젠더 갈등이 정치권 수면 위로 떠오르며, 정치적 선택을 가르는 주요 균열선으로 작동하기 시작했다.

　　선거 이후에도 윤석열 정부는 20대 여성 유권자층을 대상으로 한 적극적인 포용 전략을 펼치지 않았으며, 이에 따라 20대 여성들의 반감은 더욱 공고해졌다. 이들은 반대 진영의 유력 정치인인 이재명을 중심으로 결집하며, 이른바 '개딸'로 불리는 강성 팬덤 정치 현상을 형성했다. 결국, 12.3 비상계엄 사태에서 20대 여성들의 높은 집회 참여를 견인한 주요 요인은 두 정치인에 대한 상반된 정서적 반응이었다. 특히 20대 여성들은 이재명과 윤석열을 비교했을 때, 이재명에 대한 선호가 클수록 탄핵 찬성 집회에 더욱 적극적으로 참여하는 경향을 보였으며, 이는 다른 인구 집단에서는 두드러지지 않는 독특한 현상으로 나타났다. 유사한 패턴이 40대 남성들 사이에서도 일부 나타났지만, 20대 여성만큼 정치인에 대한 정서적 양극화와 집회 참여 간의 강한 관계를 보이지는 않았다.

지난 12.3 비상계엄 사태에서 일부 언론은 20대 여성들의 집회 참여를 긍정적으로 평가하며, 이들이 아이돌 콘서트에서 사용하던 색색의 응원봉을 활용해 집회 문화를 밝고 활기찬 분위기로 조성하고, 많은 시민들이 탄핵 운동에 가볍게 동참할 수 있도록 유도했다고 보도했다(〈연합뉴스〉 2024/12/14; BBC 2024/12/13; 〈경향신문〉 2024/01/04). 이러한 평가는 충분한 타당성이 있다. 그러나 집회 참여 행태의 의미를 더욱 정밀하게 분석하기 위해서는 그 이면에 존재하는 양면성을 함께 조명할 필요가 있다. 본 연구의 분석 결과에 따르면, 20대 여성들의 적극적인 민주 시민으로서의 행동 이면에는 정치적 정서의 극단화가 함께 작동하고 있다. 이러한 정서적 양극화는 정책의 합리성보다 특정 정치인에 대한 감정적 선호와 반감에 의해 정책적 선호를 지지하거나 반대할 위험이 병존한다는 점에서 유의해야 한다. 인물을 중심으로 하는 팬덤 정치가 강화될 경우, 정책적 논의가 실종되고 정치권의 양극화는 더욱 심화될 가능성이 크다는 점에서, 이러한 현상에 대한 신중한 접근과 지속적인 연구가 필요하다.

참고문헌

가상준. 2020. "정당 간 양극화가 투표율 상승을 견인하고 있는가?" 『한국정당학회보』 19-2, 101-129.

강신재·정민경. 2020. "여성의 권리 확대에 대한 한국 유권자의 태도 상충성: 미투운동과 여성 공천할당제를 중심으로" 『의정논총』 15-1, 39-69.

강우창·이준호. 2024. "오인과 과장 사이: 한국 유권자의 정서적 양극화에 대한 종단 분석(2000년 ~ 2022년)." 『한국정치학회보』 58-1, 7-32.

〈경향신문〉. 2024. "'스윙 보터' 2030은 언제·어떻게 떠올랐나... 남녀 표심 뜯어보니"(12월 4일) https://www.khan.co.kr/article/202404281726001 (검색일: 2025.2.1.)

〈경향신문〉. 2025. "2030 남성, 그들은 왜 탄핵의 광장에 보이지 않았을까" (1월 4일) https://www.khan.co.kr/article/202501040900031 (검색일: 2025.2.1.)

고민희·이혜영. 2024. "누가 여성할당제를 반대하는가? 능력주의와 여성할당제 인식의 변화, 2010-2024" 『현대정치연구』 17-2, 148-194.

구본상. 2021. "성차별 인식은 대선 후보 선택에 영향을 주는가? 제19대 대통령 선거 분석." 『한국정당학회보』 20-2, 39-72.

구본상. 2023. "한국 사회 내 젠더갈등과 편향성의 동원." 『현대정치연구』 16-2, 51-97.

구본상. 2024. "20대 유권자 투표행태에서 드러난 현대적 성차(modern gender gap): 제22대 국회의원선거 분석." 『정치·정보연구』 27-2, 33-64.

구본상·최준영·김준석. 2022. "성차별주의 중심의 2021년 서울시장 보궐선거 분석," 『동서연구』 34-1, 39-66.

김다은. 2022. "이재명의 '개딸'들이 민주당에 미치는 영향" https://www.sisain.co.kr/news/articleView.html?idxno=47307 (검색일: 2025.2.1.)

김욱·김영태. 2006. "쉬운 참여와 어려운 참여: 대전과 목포 지역 젊은이의 가치정향과 정치 참여." 『정치·정보연구』 9-1, 179-202.

김한나. 2022. "20대 청년 유권자의 젠더 균열과 투표 선택: 제20대 대통령 선거를 중심으로" 『동향과전망』 115, 296-338.

노기우·이현우. 2022. "청년세대 젠더갈등에 관한 실증적 연구 : 능력주의와 운 평등주의를 중심으로" 『현대정치연구』 56-5, 57-86.

박선경. 2020. "젠더 내 세대격차인가, 세대 내 젠더격차인가?: 청년여성의 자기평가이념과 정책태도 분석" 『한국정당학회보』 19-2, 5-36.

박영득·김한나. 2022. "한국 청년 세대 남성의 양가적 성차별주의 성향과 투표선택 : 2021년 서울시장 보궐선거 분석" 『한국정치학회보』 56-2, 5-35.

〈연합뉴스〉. 2024. "촛불집회 5명 중 1명은 1020 여성…이들이 응원봉 든 이유" (12월 14일) https://www.yna.co.kr/view/AKR20241213122000004 (검색일: 2025.2.1.)

〈조선일보〉. 2022. "'이대녀'는 李 58%, '이대남'은 尹 58.7%… 20대 표심 갈렸다" (3월 9일) https://www.chosun.com/politics/politics_general/2022/03/09/TSPJYE2IQFAU5EKX5UO5GSAPIY (검색일: 2025.2.1.)

〈한겨레〉. 2025. "극우청년 목소리 과대하게 대표…명확한 반대로 공론장 채워야" (1월 23일) https://www.hani.co.kr/arti/society/society_general/1179356.html (검색일. 2025.2.1.)

〈한국일보〉. 2025. "대통령님 힘내세요 2030 남성 '청년 우파' 결집 배경은" (1월 19일) https://www.hankookilbo.com/News/Read/A2025011611320004086 (검색일: 2025.2.1.)

Bafumi, Joseph and Robert Y. Shapiro. 2009. "A new partisan voter." *The Journal of Politics,* 71-1: 1-24.

Barnes, Samuel H. and Max Kaase. 1979. *Political Action: Mass Participation in Five Western Democracies.* Beverly Hills: Sage Publications.

BBC. 2024. "'탄핵 집회', 20대 여성 가장 많고 20대 남성은 가장 적었다 이유가..."(12월 13일) https://www.bbc.com/korean/articles/c159vendkl8o (검색일: 2025.2.1.)

Bettarelli, Luca, Catherine Closeand Eric V.Haute. 2022. "Is Protest Only Negative? Examining the Effect of Emotions and Affective Polarization on Protest Behaviour" *Politics and Governance,* 10-4: 311-24.

Christensen, Henrik. 2016. "All the same? Examining the link between three kinds of political dissatisfaction and protest." *Comparative European Politics* 14: 781–801.

Dalton, Russel J., Alex V. Sickleand Steven Weldon. 2010. "The individual-institutional nexus of protest behaviour." *British Journal of Political Science,* 40-1: 51–73.

Druckman, James N. and Jeremy Levy. 2022. "Affective polarization in the American public." In *Handbook on Politics and Public Opinion.* Edward Elgar. Publishing.

Gamson, William A. 1968. *Power and Discontent.* Homewood, IL: Dorsey Press.

Harteveld, Eelco and Markus Wagner. 2022. "Does affective polarisation increase turnout? Evidence from Germany, the Netherlands and Spain." *West European Politics.* Advance online publication.

Hooghe, Marc and Sofie Marien. 2013. "A comparative analysis of the relation between political trust and forms of political participation in Europe." *European Societies* 15-1: 131–152.

Inglehart, Ronald. 1990. *Culture Shift in Advanced Industrial Society.* Princeton, NJ: Princeton University Press.

Inglehart, Ronald. 1997. *Modernization and Postmodernization – Cultural, Economic, and Political Change in 43 Societies.* Princeton, NJ: Princeton University Press.

Jasper, James M. 2014. "Constructing indignation: Anger dynamics in protest movements." *Emotion Review* 6-3:208-213.

Kim, Hanna and Youngdeuk Park. 2024. "Economic Frustration and Resistance to Gender Equality among Young Korean Men" *Asian Survey* 64-5: 781-811.

Norris, Pippa, Stefaan Walgrave and Peter V. Aelst. 2005. "Who demonstrates? Antistate rebels, conventional participants, or everyone?" *Comparative Politics* 37-2: 189–205.

Saunders, Clare. 2014. "Anti-politics in action? Measurement Dilemmas in the Study of Unconventional Political Participation." *Political Research Quarterly* 67-3, 574–588.

Wagner, Markus. 2021. "Affective polarization in multiparty systems." *Electoral Studies* 69, Article 102199.

West, Emily A. and Shanto Iyengar. 2022. "Partisanship as a Social Identity: Implications for Polarization." *Political Behavior* 44-2: 807-838.

부록 1 | 통제변수 측정

통제변수	측정 방식
교육	7점 척도; 초등학교 졸업 혹은 이하(1) ~ 대학원 박사과정 재학 이상(7)
소득	7점 척도; 200만원 미만(1) ~ 700만원 이상(7)
자산	7점 척도; 1억원 미만(1) ~ 6억원 이상(7)
지역	7점 척도; 서울(1), 인천/경기(2), 대전/세종/충청(3), 광주/전라(4), 대구/경북(5), 부산/울산/경남(6), 강원/제주(7) 기준범주=서울
정치이념	11점 척도; 매우 진보(0) ~ 매우 보수(10)
정치관심도	4점 척도; 전혀 관심 없음(0) ~ 매우 관심 많음(4)
외적 효능감1	5점 척도 (점수 높을수록 효능감 높음) "나같은 사람은 정부가 하는 일에 어떤 영향을 주기 어렵다."역코딩
외적 효능감2	5점 척도 (점수 높을수록 효능감 높음) "정치인이나 공직자들은 나 같은 사람이 생각하는 것에 대해서 신경쓰지 않는다."역코딩
내적 효능감	5점 척도 (점수 높을수록 효능감 높음) "나는 우리 사회의 중요한 정치적 문제가 무엇인지 잘 알고 있다."
소셜미디어 활용	4점 척도; 전혀 활용하지 않음(0) ~ 자주 활용(4)
정당일체감: 민주당	이진 변수; 민주당 지지(1), 그 외(0)
정당일체감: 국힘	이진 변수; 국힘 지지(1), 그 외(0)
윤석열 신뢰도	11점 척도; 매우 불신(0) ~ 매우 신뢰(10)
국정운영평가	10점 척도; 매우 잘못함(1) ~ 매우 잘함(10)
민주주의 정당성	이진 변수; 민주주의가 다른 어떤 제도보다 항상 낫다(1), 그 외(0)
12.3 계엄 평가	5점 척도; 매우 잘못함(1) ~ 매우 잘함(5)
부정선거 인식	제22대 국회의원 선거가 얼마나 자유롭고 공정했다고 생각하는지 4점 척도로 측정; 완전히 자유롭고 공정(1) 자유롭거나 공정하지 않음(4)
탄핵 반대 집회 참여도	윤석열 탄핵을 "반대"하는 거리 시위나 집회에 참여한 정도 4점 척도로 측정; 참석한 적 없음(0) ~ 세 번 이상(3)

부록 2 | 정서적 양극화와 탄핵 찬성 집회 참여: 추가 분석

	(7) 서열 로지스틱 회귀분석		(8) 서열 로지스틱 회귀분석		(9) 음이항 회귀분석		(10) 음이항 회귀분석	
	b	(SE)	b	(Robust SE)	b	(SE)	b	(Robust SE)
[설명 변수]								
20대 남성	-0.192	(0.896)	-0.192	(0.945)	-0.354	(0.816)	-0.354	(0.751)
30대 남성	-0.157	(0.825)	-0.157	(0.791)	0.158	(0.691)	0.158	(0.634)
30대 여성	-1.073	(1.030)	-1.073	(0.908)	-0.894	(0.928)	-0.894	(0.717)
40대 남성	0.296	(0.798)	0.296	(0.743)	0.406	(0.689)	0.406	(0.561)
40대 여성	-0.632	(0.938)	-0.632	(0.736)	-0.355	(0.782)	-0.355	(0.714)
50대 남성	-0.760	(0.959)	-0.760	(1.086)	-0.240	(0.754)	-0.240	(0.699)
50대 여성	-0.242	(0.862)	-0.242	(0.731)	-0.057	(0.744)	-0.057	(0.570)
60대 남성	-0.208	(0.841)	-0.208	(0.870)	-0.287	(0.748)	-0.287	(0.645)
60대 여성	0.096	(0.771)	0.096	(0.761)	0.198	(0.661)	0.198	(0.642)
70대~남성	0.042	(0.810)	0.042	(0.877)	0.289	(0.680)	0.289	(0.570)
70대~여성	-0.652	(0.845)	-0.652	(0.833)	-0.716	(0.757)	-0.716	(0.681)
정서적양극화 (이재명:윤석열)	0.037*	(0.016)	0.037*	(0.016)	0.031*	(0.013)	0.031**	(0.012)
정서적 양극화 (이:윤) × 인구 집단								
20대 남성	-0.030	(0.028)	-0.030	(0.028)	-0.024	(0.025)	-0.024	(0.021)
30대 남성	-0.038	(0.028)	-0.038	(0.031)	-0.027	(0.022)	-0.027	(0.027)
30대 여성	-0.020	(0.026)	-0.020	(0.025)	-0.015	(0.022)	-0.015	(0.019)
40대 남성	-0.027	(0.020)	-0.027	(0.027)	-0.017	(0.015)	-0.017	(0.014)
40대 여성	-0.042	(0.025)	-0.042	(0.026)	-0.042*	(0.020)	-0.042	(0.025)
50대 남성	-0.026	(0.023)	-0.026	(0.024)	-0.026	(0.018)	-0.026	(0.016)
50대 여성	-0.053*	(0.021)	-0.053**	(0.020)	-0.050**	(0.017)	-0.050**	(0.017)
60대 남성	-0.031	(0.025)	-0.031	(0.027)	-0.029	(0.022)	-0.029	(0.021)
60대 여성	-0.026	(0.020)	-0.026	(0.019)	-0.028	(0.016)	-0.028*	(0.013)
70대~ 남성	-0.024	(0.021)	-0.024	(0.023)	-0.022	(0.017)	-0.022	(0.016)
70대~ 여성	-0.056**	(0.021)	-0.056**	(0.019)	-0.036	(0.019)	-0.036*	(0.015)
정서적양극화 (민주당:국힘)	-0.000	(0.016)	-0.000	(0.017)	-0.001	(0.014)	-0.001	(0.013)

정서적 양극화 (민주:국힘) × 인구 집단								
20대 남성	0.035	(0.026)	0.035	(0.027)	0.032	(0.023)	0.032	(0.020)
30대 남성	0.026	(0.029)	0.026	(0.034)	0.017	(0.023)	0.017	(0.031)
30대 여성	0.023	(0.026)	0.023	(0.021)	0.021	(0.023)	0.021	(0.017)
40대 남성	0.006	(0.020)	0.006	(0.026)	0.001	(0.015)	0.001	(0.014)
40대 여성	0.014	(0.023)	0.014	(0.027)	0.018	(0.020)	0.018	(0.028)
50대 남성	0.018	(0.025)	0.018	(0.024)	0.016	(0.020)	0.016	(0.017)
50대 여성	0.033	(0.025)	0.033	(0.020)	0.036	(0.020)	0.036*	(0.018)
60대 남성	0.015	(0.026)	0.015	(0.027)	0.016	(0.024)	0.016	(0.022)
60대 여성	−0.004	(0.021)	−0.004	(0.019)	0.004	(0.017)	0.004	(0.014)
70대~남성	0.023	(0.021)	0.023	(0.023)	0.020	(0.018)	0.020	(0.018)
70대~여성	0.030	(0.022)	0.030	(0.020)	0.014	(0.020)	0.014	(0.017)
[통제변수]								
교육	−0.102	(0.113)	−0.102	(0.122)	−0.086	(0.090)	−0.086	(0.094)
소득	0.002	(0.066)	0.002	(0.067)	0.016	(0.053)	0.016	(0.056)
자산	−0.044	(0.059)	−0.044	(0.058)	−0.051	(0.049)	−0.051	(0.050)
지역								
인천/경기	−0.455	(0.289)	−0.455	(0.305)	−0.359	(0.236)	−0.359	(0.227)
대전/세종/충청	−1.508**	(0.502)	−1.508**	(0.479)	−1.291**	(0.438)	−1.291**	(0.414)
광주/전라	−0.332	(0.374)	−0.332	(0.416)	−0.053	(0.298)	−0.053	(0.318)
대구/경북	−0.255	(0.421)	−0.255	(0.413)	−0.039	(0.345)	−0.039	(0.348)
부산/울산/경남	−0.558	(0.366)	−0.558	(0.405)	−0.204	(0.293)	−0.204	(0.281)
강원/제주	−2.380**	(0.869)	−2.380**	(0.878)	−1.664*	(0.673)	−1.664**	(0.591)
정치이념	0.017	(0.061)	0.017	(0.061)	−0.026	(0.048)	−0.026	(0.050)
정치관심도	0.094	(0.177)	0.094	(0.172)	0.129	(0.147)	0.129	(0.131)
외적 효능감1	0.298**	(0.114)	0.298*	(0.125)	0.205*	(0.090)	0.205*	(0.091)
외적 효능감2	0.078	(0.106)	0.078	(0.110)	0.062	(0.086)	0.062	(0.086)
내적 효능감	0.233	(0.147)	0.233	(0.129)	0.235	(0.121)	0.235*	(0.105)
소셜미디어 활용	0.278	(0.160)	0.278	(0.162)	0.238	(0.133)	0.238	(0.126)
정당일체감: 민주당	−0.147	(0.276)	−0.147	(0.309)	−0.024	(0.230)	−0.024	(0.261)
정당일체감: 국힘	0.261	(0.491)	0.261	(0.454)	0.174	(0.393)	0.174	(0.323)
윤석열 신뢰도	−0.032	(0.077)	−0.032	(0.082)	−0.060	(0.066)	−0.060	(0.062)
국정운영평가	−0.022	(0.115)	−0.022	(0.117)	0.037	(0.094)	0.037	(0.091)

민주주의 정당성	0.014	(0.332)	0.014	(0.316)	0.224	(0.282)	0.224	(0.236)
12.3 계엄 평가	-0.108	(0.198)	-0.108	(0.193)	-0.168	(0.160)	-0.168	(0.155)
부정선거 인식	0.041	(0.133)	0.041	(0.159)	0.119	(0.102)	0.119	(0.118)
탄핵 반대 집회	2.137***	(0.174)	2.137***	(0.205)	1.280***	(0.132)	1.280***	(0.129)
/cut 1	4.940**	(1.577)	4.940**	(1.721)				
/cut 2	6.259***	(1.587)	6.259***	(1.708)				
/cut 3	7.477***	(1.604)	7.477***	(1.714)				
상수항					-4.651***	(1.286)	-4.651***	(1.336)
관측치 수	1,514		1,514		1,514		1,514	
Pseudo R-squared	0.3197		0.3197		0.2565		0.2565	

*** p<0.001, ** p<0.01, *p<0.05

고령층의 계엄에 대한 태도

정인관

1. 들어가며

　　정치적 양극화Political polarization란 한 사회 내에서 정치적 견해가 극단적으로 나뉘고, 중도적인 입장을 지닌 사람들이 줄어들면서 정치적 대립이 심화되는 현상을 말한다. 특히 어떤 정책에 대한 견해의 차이를 넘어 상대 정치 집단에 대한 적대감과 증오를 갖고, 이들을 자신과 사회에 위협적인 존재로 인식하는 정서적 양극화Affective polarization는 일반인들 사이에서도 어렵지 않게 관찰되고 있다. 한국에서 이러한 정서적 양극화는 특히 2019년 조국 법무부장관 임명과 2020년 박원순 서울시장 사망사건을 거치며 중요한 사회문제로 부상했는데, 그 사이에 급격히 성장한 소셜미디어는 정치적인 갈등이 드러나고 증폭되는 전장이 되었다. 물론 이는 한국만의 문제가 아니다. 2010년대 이후 미국과 유럽에서 극단적인 (특히 우파) 지도자와 정치세력의 부상은 오늘날 공통적인 특성이 되어가고 있으며, 2016년 도널드 트럼프의 대통령 당선과 2024년의 트럼프 대통령의 재등장은 이를 상징적으로 보여주는 사건이라 할 수 있다. 이러한 현상의 원인이 무엇인지 설명하려는 학문적인 시도도 활발하게 이뤄지고 있으나(예를 들어 유럽의 경우 이민자의 증대와 같은 요인에 대한 관심), 정치적인 양극화의 결과는 직접적이고 광범위하게 우리 삶에 영향을 끼치고 있다는 점에서 그 효과에도 주목할 필요가 있다.

　　미국의 정치학자인 레비츠키와 지블랫은 2018년 출간한 저서 〈어떻게 민주주의는 무너지는가How democracies die〉에서 오랜 기간 정치인들 사이에서 암묵적으로 지켜져 왔던 민주주의의 규범인 상호인정과 이해, 그리고 절제가 정치적 양극화의 심화과정에서 훼손되면서 오래된, 그래서 어떠한 상황에서도 안정적일 것으로 여겨져 온 서구의 민주주의들도 위기에 처하게 되었음을 지적한다(레비츠키·지블랫 2018). 정치학자인 아담 쉐보르스키와 그의 동료들이 1996년의 연구에서 '국민소득 6000달러 이상인 국가에서 민주주의는 안정적으로 유지될 가능성이 높다'고 말했을 때 다수의 연구자들은 고개를 끄덕였다(Przeworski, Avalrez, Cheibub, and Limongi 1996). 그러나 불과 20년 만에 해당 주장은 상술한 "가능성"의 빈틈에 대한 연구자들의 성찰을 요구하는 상황에 놓이게 되었다. 민주주의 규범의 훼손은 비단 정치인들에게만 영향을 끼치는 문제가 아니다. 어딘가 잠복해 있다가 큰 정치적 사건이 발생할 때마다 폭발적으로 표출되는 일반인들 사이의 정치적 갈등은 정치적 견해를 선과 악으로 이분화 해 이를 한 사람의 인격과 동일시하는 과정을 거쳐 인간관계의 단절로 이어지기도 한다. 또한 정치적 양극화는 당내경선에서 일반당원 및 국민참여 투표 반영비율이 높아진 상황과 맞물리며 -혹은 당원들에 의해 이러한 변화의 요구를 받고, 수용한 결과로- 정치인들에 대한 팬덤 현상을 심화 시키는 동력이 되고 있다. 이러한 팬덤정치는 정치인들이 정당 내부와 외부의 다른 입장을 지닌 사람들과 타협하는 것을 거의 불가능하게 만드는 악순환을 낳는다(박상훈 2023).

정치에서의 상호인정과 절제가 사라져 타협이 불가능한 상황이 되면 정치인들은 법이 허락하는 한도 내에서 제도를 남용하는 헌법적 강경성Constitutional hardball의 굴레에 빠져버릴 가능성이 커진다. 실제 탄핵에 대한 빈번한 언급(혹은 실행), 의회의 입법에 대한 대통령의 거부권 행사 남발, 사면권의 남발 등은 오늘날 다수의 민주주의 국가에서 하나의 일상적 정치과정이 되고 있다(레비츠키/지블렛 2018). 한국에서 1987년 민주화 이후 최소의 표차로 승패가 갈렸던 2022년 대통령 선거 이후 2024년 말까지 약 3년 간 국민들이 지켜봤던 건 타협 없는 정치였고, 민주주의는 선거에서 지는 법을 배우는 것이란 기본적인 규범은 집권세력과 야당 모두에게서 찾아볼 수 없었다. 거대 양당, 그리고 대통령과 야당 지도자는 모든 사안에서 맞섰다. 대통령 선거 이후 지방선거, 재보궐선거, 총선은 대선 연장전의 성격에서 벗어나지 못했다. 2024년 12월 3일 밤의 비상계엄 선포는 누적된 갈등이 임계점을 넘어 폭발한 사건이었다. 이후 약 네 달이 지난 현재 윤석열 대통령의 탄핵은 헌법재판소의 판결을 기다리고 있다. 비상계엄, 국회의 대통령 탄핵, 권한대행의 헌법재판관 임명, 대통령의 구인과 구속, 구속취소라는 일련의 과정에서 나타난 국민들 사이의 첨예한 갈등은 역동적이었던 한국의 현대사를 돌이켜보더라도 그 유례를 찾기 힘든 수준이었다. 윤대통령의 강제구인을 앞두고 한남동과 한강진에 결집한 지지자들의 모습, 언론을 통해 지속적으로 보도된 지지율 여론조사에서 드러나는 윤석열 대통령에 대한 높은 지지, 거대양당으로의 지지자 결집은 이를 잘 보여준다. 12.3 비상계엄은 헌법적 강경성의 끝이 법적 질서와 민주주의 훼손, 심지어

민주주의의 파괴가 될 수 있음을 보여줬다는 점에서 한국사회와 정치, 그리고 국민들이 당면한 현실과 앞으로 풀어나가야 할 과제를 제시하고 있다.

비상계엄은 실패로 끝났지만 대통령 탄핵의 결과 잠정적으로 조기대선 국면에 진입함에 따라 서로 다른 정당을 지지하는 국민들 사이의 정치적 갈등도 점차 격화되고 있는 것으로 보인다. 특히 계엄 이후 2020년과 2024년 치러진 국회의원 선거과정의 공정성을 둘러싼 음모론을 믿는 사람들의 비율이 급격히 증가하고 있다는 조사결과는 나와 다른 정치 집단의 승리 상황에서는 공적 기관도 믿을 수 없다는 대중적인 정서의 확산을 반영한다는 점에서 특별히 우려스럽다. 이러한 상황에서 특히 눈에 띄는 것은 비상계엄 이후에도 고령층이 보수정당(국민의힘)과 윤석열 대통령에 대해 강한 지지를 보이고 있다는 것이다. 계엄 직후 전 연령대에서 급격히 떨어졌던 대통령에 대한 지지는 2024년 12월 말에 들어서면서 특히 고령층을 중심으로 반등하기 시작했다. 물론 연령과 정치적 보수성 사이의 정적 상관관계가 새로운 현상은 아니다. 실제로 다수의 연구들은 한국에서 연령이 높은 사람들이 상대적으로 더 보수적이며, 나이가 들수록 유권자들이 안정성을 선호하며 정치적으로 보수화됨을 지적한 바 있다(배진석 2022; 홍기혜·민인식 2024). 한국과 달리 미국의 경우 정치사회적인 경험의 공유에 따른 코호트 효과는 잘 드러나나 연령효과는 눈에 띄지 않았다. 실제 미국에서 나이가 들어 지지정당을 교체하는 현상은 일반적이지 않다. 다만 정치적 태도가 변화할 경우, 진보에서 보수로의 전환이 그 반대보다 더 자주 나타나는 경향이 있었다(Peterson, Smith, and Hibbing 2020). 사실 한국에서도 연령이 증가함에 따라 정치적으로 보수화되는 현상이 최근 더 심화되고 있다는 직접적인 증거는 찾아보기 어렵다. 연령에 따른 지지율 쏠림, 특히 고령층의 보수정당 후보 선택은 오히려 20대 대선(윤석열)보다 10년 앞선 18대 대선(박근혜)에서 더욱 뚜렷하게 드러나기도 했다. 다만 비상계엄이라고 하는, 정상 정치의 범주를 넘어선 상황에서도 이러한 모습이 나타나는 것은 한국정치에서 민주주의에 대한 예외상황의 허용범위가 연령이라는 인구학적 특성을 매개해 높아지는 것이 아닌가 하는 우려를 낳고 있다. 물론 현실 정치과정 속에서 비상계엄에 대한 평가는 단순히 해당 행위에 국한되었다기 보다는 만일 탄핵이 인용될 경우 뒤따를 잠재적 상황('내가 싫어하는 상대당과 그 후보의 대통령 당선')을 고려하여 이뤄지고 있을 가능성이 크다는 점에서 현상에 대한 조심스러운 판단이 요구된다.

　　　　이에 본 연구는 2025년 1월 실시된 설문조사(동아시아연구원-한국리서치)를 이용하여 탐색적인 수준에서 고령층(만 60세 이상, 이하 '노인'이라는 단어를 혼용함)을 대상으로 다음과 같은 질문을 던지고자 한다.1 첫째, 고령층은 다른 세대에 비해 얼마나 더 계엄을 지지하는가? 둘째, 계엄을 지지하는 고령층과 그렇지 않은 고령층은 사회인구학적인 측면에서 어떠한 차이를 보이는가? 셋째, 계엄을 지지하는 고령층과 그렇지 않은 고령층의 정치-사회적인 태도와 경험의 차이는 존재하는가? 특히 마지막 질문을 통해 계엄에 찬성하는 이유의 단서를 추정해보고자 한다.

1　보통 고령층, 혹은 노인은 65세 이상을 의미하나 여기에서는 샘플 수 및 10년(20년) 단위의 연령구분의 일관성을 위해 만 60세 이상이라는 기준을 적용하였다. 강건성 검정을 위해 65세로 제한해 동일한 분석을 수행했을 때도 결과는 다르지 않았음을 밝힌다.

2. 분석 변수의 처리 및 정보

설문조사에서 계엄에 대한 태도는 5단계 리커트 척도(매우 잘못한 일이다-잘못한 일이다-중립적이다-다소 잘한 일이다-매우 잘한 일이다)로 측정되었는데 이를 반대(매우 잘못한 일이다-잘못한 일이다), 중립(중립적이다), 찬성(다소 잘한 일이다-매우 잘한 일이다)의 세 단계 구분으로 재코딩하였다. 마찬가지로 5단계 리커트 척도로 측정된 탄핵에 대한 입장 변수도 동일하게 3단계로 처리하였다. 이는 계엄과 같은 극단적인 상황에서 '더'와 '덜'이 갖는 차이보단 '찬성'과 '반대'의 구획이 보다 중요하다고 판단했기 때문이다. 연령대는 2025년 1월 기준 2030(19~39세), 4050(40~59세), 6070(60세 이상)의 세 집단으로 구분하였다. 거주 지역은 서울, 인천/경기, 대전/세종/충청, 광주/전라, 대구/경북, 부산/울산/경남, 강원/제주의 7개권으로 구분하였다. 교육수준은 고교졸업 이하와 대학 재학 이상으로 이분화하였다. 월평균 가구소득은 200만원 미만에서 700만원 이상까지 100만원 단위의 7개 범주로 측정되었다. 윤석열 정부 3년에 대한 평가는 1점(매우 잘못함)에서 10점(매우 잘함)까지 10점 단위로 구성되었고, 필요에 따라 그대로 사용(평균값 이용시)하거나 범주화(1~4, 5~6, 7~10의 부정, 중립, 긍정의 3단계)하여 이용하였다. 기관에 대한 신뢰는 0점(매우 불신)에서 10점(매우 신뢰)까지 11단계로 측정되었다. 주관적 이념 정도도 0~11점으로 측정되었고, 필요에 따라 범주화(0~4 진보, 5 중도, 6~10 보수)해서 이용하였다. 정당 및 정치인에 대한 호감도는 0도(매우 싫어함)에서 100도(매우 좋아함) 사이의 정서 온도계로 측정되는데 이는 정서적 양극화를 보여주는 전통적인 지표이다.

〈표1〉은 본고에서 이용한 주요 변수들의 기본적인 정보를 제공한다. 〈표1〉에 포함되지 않은 변수는 거주지역인데, 서울 18.96%, 인천/경기 31.77%, 대전/세종/충청 10.96%, 광주/전라 9.25%, 대구/경북 9.78%, 부산/울산/경남 14.86%, 강원/제주 4.43%이다.

표 1 | 변수 정보

변수	최소	최대	평균
성별	0 (여성)	1 (남성)	0.49
연령	19	102	50.9
교육	0(고졸이하)	1(대재이상)	0.77
월가구소득	1(200만 미만)	7(700만 이상)	4.11
주관적 이념	0(매우 진보)	10(매우 보수)	4.99
계엄찬성도	1(반대)	3(찬성)	1.41
탄핵찬성도	1(반대)	3(찬성)	2.41
윤석열 정부 3년 평가	1(매우 잘못)	10(매우 잘함)	3.49
계엄원인1: 안보/질서유지위해 불가피	1(전혀 아님)	10(매우 그러함)	3.23
계엄원인2: 야당의 비협조적 태도	1(전혀 아님)	10(매우 그러함)	3.82
계엄원인3: 대통령 개인의 권력유지	1(전혀 아님)	10(매우 그러함)	4.79
신뢰1: 행정부	0(매우 불신)	10(매우 신뢰)	4.11
신뢰2: 대통령	0(매우 불신)	10(매우 신뢰)	2.84
신뢰3: 헌법재판소	0(매우 불신)	10(매우 신뢰)	5.30
신뢰4: 선거관리위원회	0(매우 불신)	10(매우 신뢰)	4.66
신뢰5: 국회	0(매우 불신)	10(매우 신뢰)	3.35
신뢰6: 법원	0(매우 불신)	10(매우 신뢰)	4.63
호감도: 윤석열	0(대단히 부정적)	100(대단히 호의적)	26.17
호감도: 이재명	0(대단히 부정적)	100(대단히 호의적)	34.04
호감도: 국민의힘	0(대단히 부정적)	100(대단히 호의적)	31.37
호감도: 더불어민주당	0(대단히 무성적)	100(대단히 호의적)	32.24

■ 조사는 총 1,514명을 대상으로 실시되었으며 이용변수의 결측치는 없었다. 따라서 본 연구에서는 이들 모두를 활용하여 분석을 수행했다.

3. 고령층은 계엄을 지지하는가?

이 절에서는 60세 이상의 고령층의 계엄에 대한 태도를 다른 세대들과 비교하여 살펴본다. 〈그림1〉이 보여주듯 전체 조사대상 중 계엄에 대해 반대하는 사람의 비율은 72.7%, 중립은 13.3%, 찬성은 14.1%이다. 3개 연령대 중 가장 이질적인 모습을 보이는 것이 6070세대이다. 여전히 과반이 계엄에 반대하나 찬성 비율은 다른 세대의 3배 이상이고, 중립도 가장 높게 나타났다.

그림 1 | 연령대별 계엄에 대한 태도 (%)

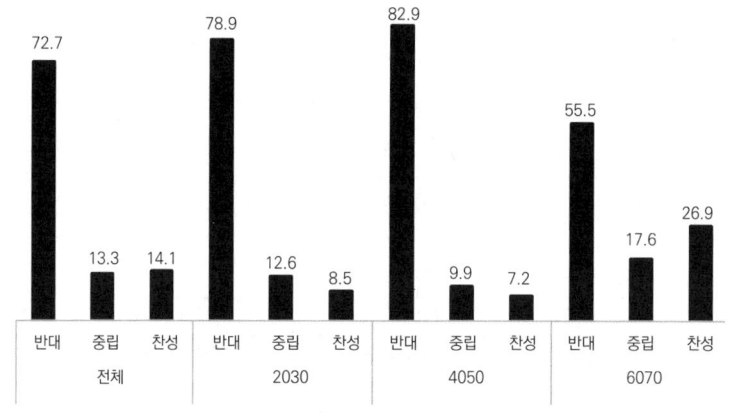

계엄에 찬성(지지)하는 사람들 중 이들 고령층의 비율은 62.9%로 압도적이었다. 이러한 기초적인 분석결과는 다음과 같이 요약할 수 있다. '노인들 중에서도 다수는 여전히 계엄에 반대한다. 그러나 이들의 계엄 찬성 비율은 다른 세대에 비해 높으며, 계엄에 찬성하는 집단의 절대 다수를 차지한다.'

여기서 한 가지 주목해야 할 점은 계엄에 대해 '중립' 입장을 지닌 사람들은 누구인가 하는 점이다. 상술한 것처럼 계엄과 같은 사건에서는 '더'와 '덜' 지지하는 것보다 찬성과 반대 의견 자체가 훨씬 더 중요하다. 그렇다면 '중립'을 택한 사람들은 우리가 흔히 말하는 '중도층'이라고 볼 수 있을까? 응답자들의 답변(패턴)을 통해 일관되게 드러나는 것은 계엄에 대한 '중립' 선택층은 다양한 정치사회적 입장이나 한국 정치상황에 대한 평가(과거 후보자나 정당선택, 기관신뢰 등 본 조사에서 물어본 문항들에 대한 응답)에 있어 계엄 반대층보단 계엄 찬성층에 훨씬 가깝다는 점이다. 특히 노인들의 경우 다른 세대보다도 이러한 경향이 더 뚜렷했다. 대표적으로 계엄에 대해 중립적인 입장을 지닌 사람들의 다수가 지지정당으로 국민의힘을 꼽았고, 지난 두 차례의 선거(2022년 대선과 2024년 국회의원 선거)에서도 국민의힘에 투표했다. 탄핵에 대한 의견에 있어서도 고령층 중 계엄에 대해 중립이라고 답한 사람들 중 약 64%가 탄핵에 반대했고, 단지 6%만이 찬성의견을 피력했다. 또한 계엄과 탄핵 모두에 있어 중립적이라고 답한 사람들의 85%가 윤석열 정부 3년 간의 평가에 있어 중간(보통) 이상의 점수를 부여했다. 따라서 '누가 계엄에 찬성하는가' 보다 '누가 계엄에 반대하지 않는가'란 질문을 던지는 것(이 경우 중립과 찬성은 하나의 범주로 묶이게 된다)이 더 적합한지도 모른다. 이어지는 기초적인 결과들을 살펴보는 데 있어서도 이러한 점을 염두에 둬야 할 것이다. 다만 '진짜'로 정치사회적으로 중립적인 입장을 보이는 사람들도 이 범주에 포함되어 있기에 이러한 이분화가 자칫 (잠재적) 계엄 찬성층의 규모를 과대 추정할 수 있는 위험성도 존재한다. 따라서 이 글에서는 3개 집단으로 구분한 뒤 필요한 지점에서 중립층과 찬성층의 유사점에 대해 언급할 것이다.

4. 계엄에 대한 태도와 사회인구학적 속성

〈그림 2〉는 노년층만을 대상으로 계엄에 대해 반대, 중립, 찬성인 집단의 성별분포 및 학력분포를 보여준다. 성별의 경우 반대와 찬성의 경우 여성과 남성의 비중이 비슷했으나, 중립의 경우 여성들이 남성들의 두 배 가량 되었다. 이는 정치적으로 예민한 입장에 대한 여성들의 판단보류(혹은 판단을 드러내는 것의 거부) 경향을 반영하는 것으로 보인다. 학력의 경우 반대가 찬성에 비해 대학교육 이수자의 비율이 높게 나타났다.

그림 2 | 계엄에 대한 입장에 따른 노년층의 성별 및 학력 분포 (%)

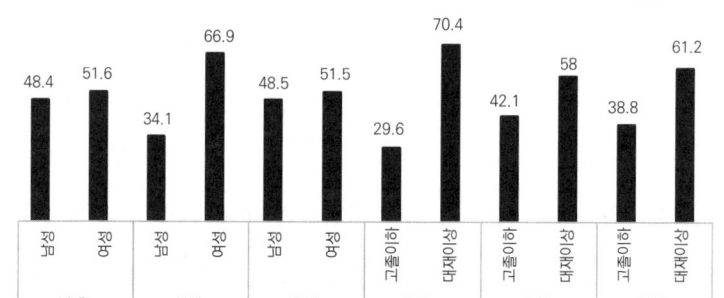

〈그림 2〉에는 포함되지 않았지만 월평균 가구소득의 경우 계엄에 반대하는 사람, 찬성하는 사람, 중립적인 사람의 순서로 높게 나타났다. 다만 그 차이는 크지 않았다. 평균연령은 계엄찬성층이 가장 높았으나(평균 71.3세) 다른 연령 집단과의 차이가 두드러지지는 않았다(반대 68.3세, 중립 70세).

〈그림 3〉은 계엄에 대한 입장에 따른 고령층의 지역분포를 보여준다. 중립층에서 대구/경북과 부울경의 비율이 상대적을 높게 나타나는 것에(상술한 것처럼 중립층의 속성과 관련하여) 주목할 만하다.

그림 3 | 계엄에 대한 입장에 따른 노년층의 거주지 분포 (%)

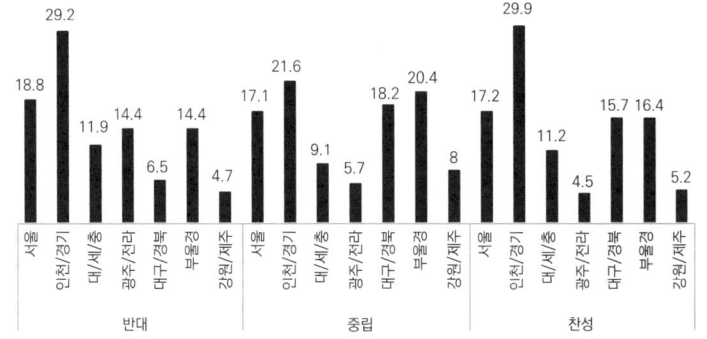

〈그림 2〉와 〈그림 3〉의 결과에 대해 분석의 축을 바꿔 성별, 교육수준별, 거주지역별로 계엄에 대한 태도를 살펴볼 필요도 있다. 아래의 〈그림 4〉와 〈그림 5〉는 그 결과를 보여주고 있다.

그림 4 | 성별 및 학력에 따른 계엄 입장 (%)

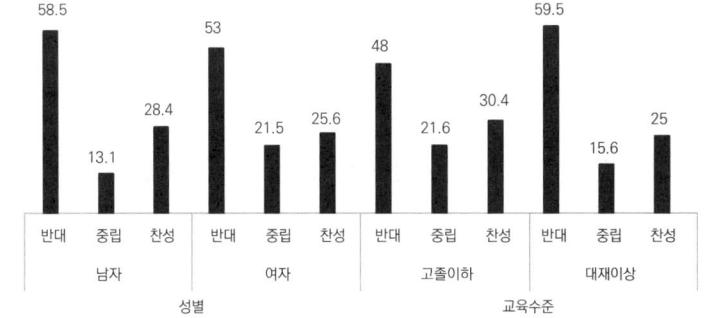

그림 5 | 거주지에 따른 계엄 입장 (%)

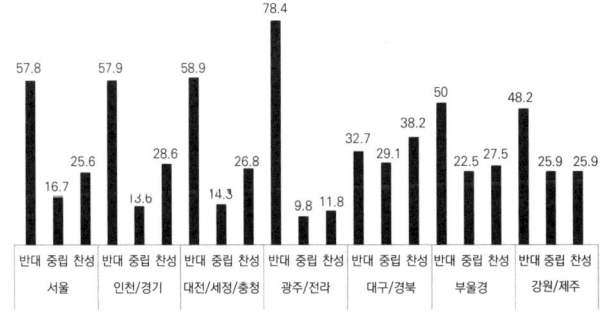

우선 교육수준 별로 살펴보면 고령층 중 고졸 이하에서는 계엄 반대 비율이 48%, 대학 재학 이상에서는 60%로 유의미한 차이를 보였다. 찬성의 경우 고졸 이하에서는 30%, 대학 재학 이상에서는 25%의 분포를 나타냈다. 성별의 경우 남성에서 찬성과 반대의 의견이 여성에 비해 보다 뚜렷하게 구분되었다(찬성과 반대 모두 남성이 높게 나타남). 중립 입장의 경우 남성은 13%, 여성은 21%였다. 지역에 따른 계엄 의견을 살펴보면 서울, 인천/경기, 대전/세종/충청에선 약 58%의 반대, 15% 전후의 중립, 26% 전후의 찬성 분포를 보였다. 부울경과 강원/제주에서는 약 50%의 반대와 25% 전후의 중립, 26% 가량의 찬성을 보였다. 광주/전라에서는 반대가 78%, 찬성이 12%로 격차가 가장 컸고, 대구/경북에서는 찬성 33%, 중립 29%, 반대 38%로 찬성과 반대의 격차가 가장 작았다.

5. 계엄 입장에 따른 계엄의 원인 판단 및 기관 신뢰도 차이

〈그림 6〉은 계엄선포의 원인과 관련된 세 개의 문항(국가 안보와 질서 유지를 위한 불가피한 조치였음, 야당의 비협조적인 태도에 대한 불가피한 대응임, 대통령 개인의 권력 유지를 위한 조치였음)에 대한 동의 정도와 윤석열 정부 3년 간의 국정평가를 10점 척도로 물어본 결과(응답자 평균 점수)를 제시하고 있다. 항목별로 계엄 반대층와 계엄 찬성층 사이의 뚜렷한 대비를 확인할 수 있는 가운데 중립층의 응답패턴 및 점수는 계엄 반대보다는 찬성층에 훨씬 더 가까웠다. 찬성측은 국가안보 및 질서 문제의 심각성과 야당의 태도(소위 '발목잡기')를 문제시하고 있는 반면 반대측은 계엄이 대통령의 사적 권력유지를 목표로 했다고 보

고 있다. 다만 그 점수의 차이(야당태도-대통령 권력, 안보 및 질서-대통령 권력)는 계엄 찬성층에서 계엄 반대층보다 더 크게 나타났다.

그림 6 | 계엄 입장에 따른 계엄 원인 평가 및 3년 국정지지 수준 (%)

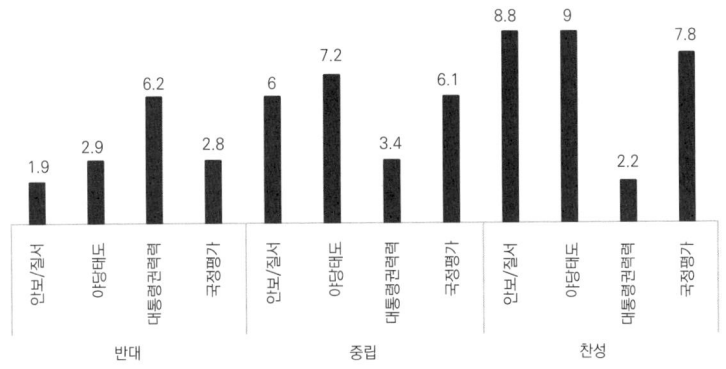

앞서 언급한 것처럼 비상계엄 이후 특히 보수층(그 중에서도 계엄 지지층) 사이에서 지난 두 차례 총선의 공정성에 대한 의문(음모론)이 커졌기에 계엄에 대한 입장에 따른 기관 신뢰도도 큰 차이를 보일 것으로 예상할 수 있다. 〈그림 7〉은 계엄에 대한 입장에 따른 6개 기관에 대한 신뢰수준(응답자 평균점수)을 보여준다. 최소 0점에서 10점 사이로 측정되었기에 5점을 '보통' 정도의 신뢰로 볼 수 있다. 탄핵에 대한 입장에 따라 특정 기관에 대한 신뢰정도가 차이를 보이긴 하나 전반적으로 여섯 개 기관에 대한 신뢰도는 낮은 편이다. 공적 기관에 대한 낮은 신뢰 수준이 한국에서 새로운 발견은 아니지만, 정부와 대통령을 제외한 네 개 기관들에 대한 신뢰점수가 젊은 세대(2030, 4050)에 비해 6070에서 가장 낮게 나타나는 점은 특징적이다. 특히 계엄찬성-반대층의 기관신뢰가 5점(보통)을 사이에 두고 양편으로 갈린 것은 헌법재판소, 선거관리위원회, 법원 세 기관이었다. 이는 해당 문항이 계엄 이후 탄핵 정국에서 물어본 것이란 점에서 충분히 예측 가능한 패턴이라고 할 수 있다. 다만 헌법재판소와 선거관리위원회에 대한 신뢰가 계엄 중립과 찬성층에서 지나치게 낮은 점은 탄핵선고 결과와 조기대선이 치러질 경우 대통령 선거 결과를 둘러싼 갈등이 기관신뢰 문제와 맞물리며 더욱 확대될 수 있음을 암시한다. 2024년 국회의원 선거가 얼마나 공정했는지에 대한 질문(4단계 리커트 척도로 측정되었으며 숫자가 커질수록 공정)에 대한 응답의 평균값은 계엄반대층은 3.2점, 계엄중립층은 2.3점, 계엄지지층은 1.7점이었다. 2022년 대선의 공정성에 대한 평균값은 각각의 집단에 있어 3.2점, 2.9점, 2.3점이었는데 계엄 중립과 계엄 반대층에 있어 보수진영이 승리한 대선에 비해 패배한 총선에 대해 불공정하다고 느끼는 정도가 상당히 커졌음을 확인할 수 있다. 이는 정치적 양극화 상황에서 선거결과에 따라 선거의 공정성에 대한 질문은 지속적으로 나타날 수 있음을 암시하며, 음모론에 대한 (정서적인) 근거도 지속적으로 제공될 수 있음을 보여준다.

그림 7 | 계엄에 대한 입장에 따른 기관별 신뢰수준 (%)

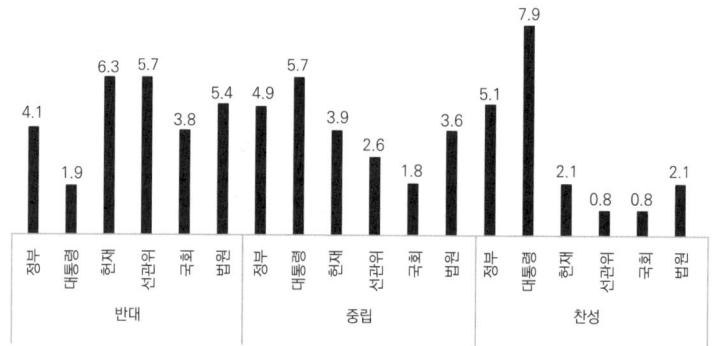

그렇다면 계엄에 대한 입장에 따른 정치사회적인 경험 및 태도의 다른 특성들은 어떻게 나타나고 있을까? 투표경험과 관련해서 특히 6070세대 계엄지지층의 패턴은 일관되고 뚜렷했다. 이들 중 79%가 지난 10년 사이 지지정당을 바꾼 적이 없다고 응답했다. 이는 중립(72%), 반대(65%)에 비해 높은 수치였으며, 그들 중 89%는 변함 없이 국민의힘을 지지하고 있었다. 민주당을 지지하는 사람은 한 명도 없었다. 중립이라고 답한 사람들 중 10년 넘게 꾸준히 국민의힘을 지지하는 사람은 79%였다. 계엄에 지지하는 노인들 중 98%는 2022년 대선에서 윤석열 후보를 찍었고, 89%는 2024년 총선에서 지역구로 국민의힘 후보를 찍었으며, 86%는 비례대표로 국민의 미래를 선택했다.

한국적 상황에서 정치적 양극화는 결국 거대 양당에 정서적으로 몰입하는 두 집단 간 갈등의 형태로 나타날 수밖에 없다. 정치적 양극화가 정서적 양극화의 심화로 나타날 때 정치인 간, 또 국민들 사이의 정치적인 타협은 보다 어려워진다. 〈그림 8〉은 정당(민주당, 국민의힘)과 정치인(이재명, 윤석열)에 대해 좋아하는 정도를 0-100 사이의 숫자로 물어본 결과의 평균값을 보여준다. 0점은 '대단히 싫어함', 100점은 '대단히 좋아함' 50점은 '좋지도 싫지도 않음'을 가리킨다. 계엄찬성층에서 국민의힘/윤석열에 대한 호감과 민주당/이재명에 대한 비호감은 극적인 대비를 이룬다. (통계적으로 유의미한 차이로 보긴 어려우나) 민주당에 비해 이재명을 더 비선호하고, 국민의힘에 비해 윤석열을 더 선호하는 것도 특징적이다. 민주당에 비해 이재명을 더 비선호하는 경향은 계엄중립층에서 더 뚜렷하게 나타난다.

그림 8 | 계엄에 대한 입장에 따른 정당 및 정치인 호감도 (%)

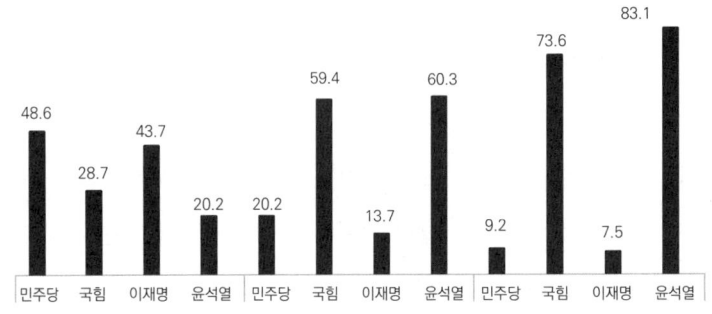

6. 나오며: 고령층은 왜 계엄을 지지하는걸까?

애초 이 책을 기획하며 본 연구자에게 주어진 주제는 '노인들은 왜 계엄을 지지하는가'였다. 계엄을 지지하는 6070세대는 왜 그러한 입장을 취하는 것일까? 이에 명확히 답하기 위해서는 본 조사에서 수행되지 못한 심층면접이나 보다 복합적인 서베이 질문에 대한 응답이 필요하다다. 따라서 여기에서는 앞서 살펴본 매우 기초적인 응답 분포들을 바탕으로 추후 추가적인 검증이 필요한 가설 수준의 스토리를 제시한 뒤 글을 마무리하고자 한다.

"계엄을 지지하는 사람들은 오래된 국민의힘 지지층이며, 지난 대선에서 윤석열 후보를 찍은 사람들이다. 이들은 지난 3년 간 윤석열 정부가 비교적 일을 잘 하려 했음에도, 민주당의 발목잡기와 선거관리위원회의 믿을 수 없는 관리하에 치러진 문제 많은 2024년 총선의 결과로 기존의 질서 하에서 국정운영은 불가능했기에 비상계엄이 사회질서 유지를 위해 불가피했다고 본다. 현재 상황에 대해 근본적인 원인을 제공한 것은 민주당과 이재명 대표이며, 이들은 공존하기 어려울 정도로 비호감 집단이다. 다만, 신뢰할 수 없는 헌법재판소에 의해 탄핵이 인용될 가능성이 높아 보이는 것은 큰 문제이다. 그럴 경우 정권을 넘겨줘야 할지도 모르기 때문이다."

본문에서 여러 번 언급한 것처럼 계엄중립층도 사실 찬성층과 더 입장이 가까움을 고려한다면, 6070세대에서 계엄에 대한 (적극+소극적) 찬성비율은 대략 40%이다. 이들이 향후 탄핵결과와 대선과정에서 자신들과 입장이 다른 집단과 겪게 될 갈등의 수위는 상당히 높을 것이다. 무엇보다도 이러한 패턴이 일시적인 게 아니고 향후에도 지속된다면 정치적 양극화는 더욱 심화될 것이다.

본고의 한계와 관련, 여기에서 제시한 논의들은 몇 가지 변수의 분포에 기반한 기초적인 분석이다 보니 그 자체로 한계를 지닌다. 특히 횡단면 조사이며, 계엄이라는 특수상황에서 계엄에 대한 입장이 정부지지 등 회고적인 평가를 비롯한 다른 문항들에 영향을 줬을 가능성을 배제할 수 없다는 점에서 그 해석에 유의할 필요가 있음을 강조하고자 한다.

참고문헌

Levitsky, Steven and Daniel Ziblatt (박세연 역). 2018. 『어떻게 민주주의는 무너지는가』, 어크로스.

박상훈. 2023. 『혐오하는 민주주의』, 후마니타스.

배진석. 2022. 86세대와 세대 효과의 종언: 1992-2022 대선 분석. EAI 워킹페이퍼.

홍기혜·민인식. 2024. 성별, 연령, 그리고 세대 구성의 동적 변화가 선거에 미치는 영향: 22대 국회의원 선거를 중심으로, 『조사연구』 25권 2호: 1-34.

Peterson, Jonathan, Kevin Smith, and John Hibbing. 2020 "Do people really become more conservative as they age?" *The Journal of Politics* 82(2): 600-611,

Alvarez, Mike, José Antonio Cheibub, Fernando Limongi and Adam Przeworski. 1996. "Classifying Political Regimes." *Studies in Comparative International Development* 31(2), 3-36.

일상적 소통, SNS, 정서적 양극화

한 준

1. 들어가며

지난 12월 3일 대통령의 비상계엄 선포는 많은 국민들을 충격과 불안에 빠뜨렸다. 비상계엄 선포가 통치행위인지 위법한 내란인지는 사법적 판단이 아직 내려지지 않은 사안이다. 하지만 비상계엄 선포에 이르기까지 그리고 선포 이후의 사건들을 살펴보면 현재 한국의 심각한 정치적 양극화와 비상계엄 선포 및 이를 둘러싼 갈등 간에 악순환적 상승작용이 있다는 것은 분명하다. 비상계엄 선포 과정에서 인상적인 두 장면이 있다. 하나는 밤 늦은 시각 용산에 모여드는 국무위원들과 대통령의 만남이다. 공식적으로 소집된 것이 아니라 긴급한 연락을 받고 모인 국무위원들이 이견을 제시하며 간곡하게 말리는 것을 뿌리치고 대통령은 비상계엄을 독단적으로 선포했다. 또 하나는 용산 지하 작전상황실에서 비상계엄을 건의 혹은 부추긴 국방부 장관을 비롯한 군수뇌부와 대통령의 만남이다. 오랜 기간 정치적 상황인식을 공유하며 계엄의 필요성에 대한 확신을 축적해 온 이들은, 일사불란하게 확신에 차서 계엄 계획을 실행에 옮

겼고 이후 많은 논란의 중심이 되었다. 대통령은 이견이 제기되고 토론을 요하는 전자의 상황은 무시하고 회피했던 반면, 자신과 의견이 일치할 뿐 아니라 상승작용까지 일으키는 후자의 상황에선 적극적으로 행동에 나섰다.

민주주의 사회에서 정치는 다양한 의견과 주장들을 보장하는 동시에 의사소통과 협의를 통해 이견을 좁히거나 합의를 이끌어낼 필요가 있다(Habermas 1984). 그런데 민주적 의사소통과 합의를 위한 노력이 가능하려면 그 전제조건으로서 의사소통과 협의의 상대방에 대한 인정recognition이 필요하다(Honneth 1995). 전세계적으로 심각한 상태로 치닫는 정치적 양극화가 민주주의의 정상적 작동에 큰 위협이 되는 것은, 양극화된 상황에서는 서로가 서로를 대화와 의사소통, 협의의 상대로 인정하지 않기 때문이다. 정치적 경쟁세력을 증오 혹은 혐오하기 때문에 의사소통과 협의의 상대가 아닌 척결과 제거의 대상으로만 간주한다. 양극화가 진행되면 정치는 의사소통과 협의를 통한 합의 형성으로부터 점점 멀어지고, 자신의 경쟁세력을 제거하려는 본능에 기반한 끝없는 폭력적 갈등에 점점 가까워진다. 어떻게 하면 이러한 양극화의 과정을 역전하거나 아니면 최소한 늦출 수 있을까? 양극화을 현재 민주주의의 가장 큰 위협으로 생각하는 사람들에게 이 질문은 피할 수 없는 숙제이다.

이 질문과 관련해 위의 대비되는 두 상황은 상당히 교훈적이다. 양극화된 사회에서 각 개인들은 다양한 사람들과 관계를 맺고 의사소통을 할 수 있다. 이때 정치적 입장과 의견이 다른 사람과 논쟁을 할 수도 있고, 같은 입장과 의견을 가진 사람들끼리만 어울려 갈등을 피하고 자신의 입장에 대한 확증을 강화할 수도 있다. 다른 입장의 사람들과 토론 혹은 논쟁을 하다보면 자신의 입장을 바꿀 수도 있다. 그리고 어떤 사람들과 어떻게 의사소통 및 상호작용을 할지는 각자가 선택할 수 있는 여지가 충분하다. 때로는 짜증이 나고 마음이 불편하더라도 이견을 접하고 토론하며 개방적으로 생각할 것인가, 아니면 나에게 동조하며 내 주장을 확인시켜주는 정보만을 제공하는 사람들과 어울려 점점 더 나 자신을 극단으로 고립시킬 것인가? 주변 사람들과의 주요한 의사소통 채널이 된 SNS에서 이러한 선택은 더 많아졌을 뿐 아니라 더 손쉬워졌다. 사회학에서는 유유상종homophily이 자연스러운 인간의 성향이라고 하지만, 유유상종이 과해져서 다양성과 이견의 여지를 제거해버리면 확증편향confirmation bias 혹은 반향실echo chamber 효과가 이야기하듯 극단주의적 양극화에 빠져버린다.

　　이 글은 EAI의 설문조사 자료를 활용하여 시민들의 정치적 의견과 의사소통 경험에 대한 정보를 바탕으로 위에서 살펴본 내용들을 계량적으로 확인한다. 우선 현실의 경험적 파악 차원에서 시민들의 일상적 의사소통 특히 SNS를 이용한 의사소통에서 정치적 이견을 얼마나 접하고, 이견들이 충돌하는 갈등을 얼마나 경험했는가, 그리고 주변 사람들과 정치적 의견을 갈등 때문에 멀어진 경험은 얼마나 있었는가, 정치적 지지 정당을 바꾼 경험이 있는가 확인한다. 아울러 정치적 양극화의 정도를 자신이 지지하는 정당과 반대하는 정당에 대한 호감도의 차이로 측정한 양극화의 정도가 얼마나 되는지도 확인한다. 이어서 과연 일상적 소통에서 정치적 이견의 정도, 정치적 의견의 갈등 경험 정도, 그리고 지지 정당 변경 경험 여부에 따라 정치적 양극화의 정도가 차이를 보이는지 살펴본다.

2. 정치적 의사소통 상황의 현실

온라인 플랫폼과 SNS의 보편화로 전세대에 걸쳐 일상적 의사소통이 활발해진 것은 주지의 사실이다. 활발해진 의사소통이 편향적일 가능성에 대한 우려 또한 높아졌는데, 편향적 소통과 양극화는 다양한 의견을 접할 기회가 줄어들수록 더욱 심화된다. 과연 그러면 현재 한국의 시민들은 온라인 플랫폼과 SNS에서 얼마나 이견을 접하는가? 의견의 차이가 갈등으로까지 발전하는 경우는 얼마나 되는가? 그리고 갈등의 결과 인간관계가 소원해지는 경우는 어느 정도인가? 조사 결과를 통해서 살펴보고자 한다.

그림 1 | 자주 방문하는 온라인 커뮤니티 여부와 주된 정치적 성향

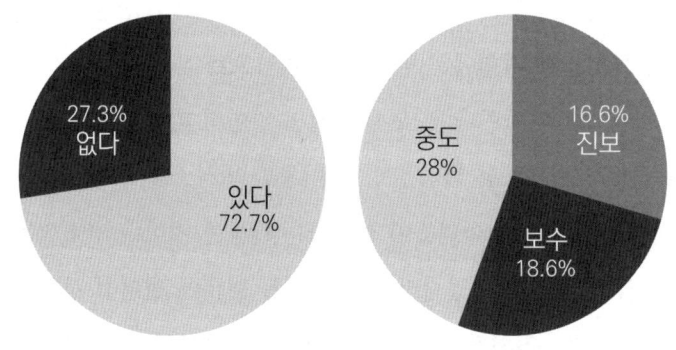

〈그림 1〉을 보면 응답자들 중에서 자주 방문하는 온라인 커뮤니티가 있다고 응답한 비율은 72.7%였으며 해당 커뮤니티의 주된 정치적 성향에 대해서는 중도적이라는 응답이 28%, 진보적 성향과 보수적 성향이라는 응답의 비율이 각각 16.6%와 18.6%였다. 자주 방문하는 커뮤니티가 중립적이라는 응답 비율은 40대에서 가장 높았으며, 진보적 커뮤니티에 자주 방문하는 연령대는 4~50대(각각

26.9%와 27.6%)이고, 보수적 커뮤니티에 자주 방문하는 연령대는 60대와 70대 이상(각각 23.6%와 39%)이다.

그림 2 | 온라인 커뮤니티에서의 경험

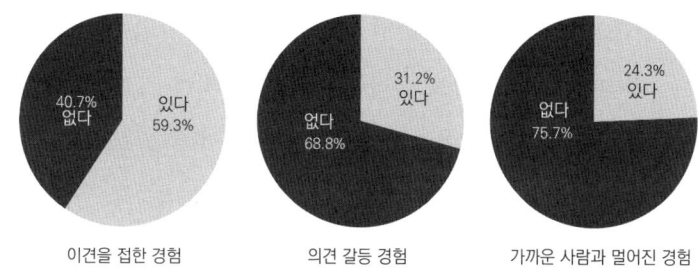

그러면 이러한 커뮤니티에서의 정치적 의견에 대한 경험은 어떠했는가? 위 〈그림 2〉에서 보듯 SNS의 대화방이나 소셜미디어에서 본인과 다른 정치적 의견의 사람을 접하는 정도에 대해 '접한다'는 응답 비율이 59.3%인 반면, '접하지 않는다'는 응답 비율은 40.7%이다. 20대(65.7%)와 40대(65.9%)가 다른 연령대에 비해 정치적 의견이 다른 사람을 접한다는 응답 비율이 높으며, 학력 대학 재학 이상(61.2%)이 고졸 이하(52.9%)에 비해 이견을 접하는 비율이 높다.

참여하는 대화방에서 정치적 의견 차이로 갈등이 심각했던 적이 있는지 질문에 대해 그렇다는 응답은 31.2%이며, 그렇지 않다는 응답은 68.8%이다. 정치적 의견 차이에 따른 갈등 경험의 비율은 20대(18.4%)가 가장 낮으며, 40대(38.2%)와 70세 이상(35.3%)이 높다. 중도보다는 진보나 보수 성향에서 갈등 경험 비율이 더 높다.

이러한 정치적 의견 차이로 인한 갈등이 심해져 가까운 친구나 동료와 멀어진 경험이 있는지 물은 결과 있다는 응답은 24.3%이며, 없다는 응답이 75.7%이다. 정치적 의견 차이로 인간적 관계가 소원해진 경험은 20대(13.3%)에서 가장 적으며, 70세 이상(35%)에서 가장 많다. 특히 다른 직종보다 전문직에서, 그리고 중도보다 진보, 진보보다 보수 성향에서 비율이 높다.

    설문조사에 나타난 온라인 플랫폼과 SNS에서의 정치적 의사소통은 본인과 다른 의견을 접하는 비율이 60%에 가깝고, 이러한 이견 충돌이 갈등으로 이어지는 경우가 30%를 조금 넘으며, 정치적 의견의 충돌과 갈등 때문에 가까운 사람과 멀어진 비율이 25%에 조금 못미친다. 이러한 갈등과 그로 인한 인간관계의 소원화는 감정적 소모와 스트레스를 가져오지만, 동시에 자신의 의견에만 집착하는 태도를 완화시켜 정치적 양극화를 방지하는 효과 또한 있다.

3. 지지 정당의 변경

    한국에서 최근 일어났던 많은 정치적 사건들 중에는 기존의 지지나 신뢰를 철회할 정도의 충격적인 것들이 많았다. 정치적 포퓰리즘이 심화되면 정책의 일관성이 약해질 수 있고, 정치적 양극화는 극단주의를 부추겨서 결국 정치적 지지에 대한 회의를 가져올 수도 있다. 이러한 상황에서 시민들은 자신과 다른 의견들을 접하고 갈등을 경험하면서 자신의 입장을 재고하고 이를 바꿀 가능성을 갖게 된다. 실제로 정치적 입장이나 지지를 바꾼 경험이 어느 정도인지, 그리고 정치적 입장과 지지의 변화를 가져온 계기가 된 사건이나 이유는 무엇인지 설문조사 자료를 통해 살펴보자.

그림 3 | 지지정당을 바꾼 경험과 연령대별 비교

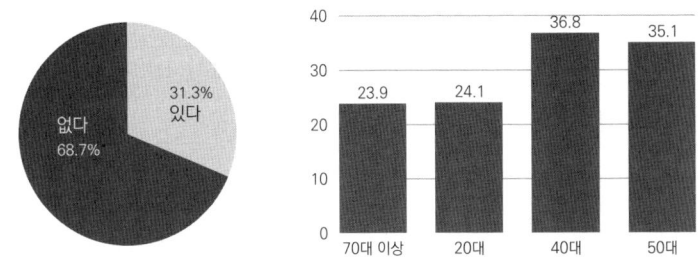

〈그림 3〉에 나타난 바와 같이 설문조사의 응답자들 중에서 2015년 이후 자신의 지지 정당을 바꾼 경험이 있다고 응답한 비율은 전체의 31.3%였다. 성별로 비교하면 여성(29.5%)에 비해 남성(33.1%)의 비율이 높았으며, 연령대별로는 70대 이상(23.9%)과 20대(24.1%)이 적은 편이고, 40대(36.8%)와 50대(35.1%)가 많은 편이다. 현재의 이념성향이 보수인 응답자(25.4%)는 지지 정당 변화를 경험한 비율이 가장 적었고, 진보 성향의 응답자(35.1%)는 변화 비율이 가장 높았다.

표 1 | 지지정당 변경의 내용

변경전 \ 변경후	더불어민주당	국민의힘	조국혁신당	개혁신당	기타	
더불어민주당		86 (39.1)	76 (34.5)	20 (9.1)	38 (17.3)	220 (100.0)
국민의힘	58 (42.0)		14 (10.1)	34 (24.6)	32 (23.2)	138 (100.0)
조국혁신당	22 (88.0)	1 (4.0)		1 (4.0)	1 (4.0)	25 (100.0)
개혁신당	2 (14.3)	7 (50.0)	2 (14.3)		3 (21.4)	14 (100.0)
기타	22 (28.9)	22 (28.9)	16 (21.1)	6 (7.9)	10 (13.2)	76 (100.0)
	104	116	108	61	84	473

지지 정당의 변화가 어떤 정당에서 어떤 정당으로 바뀌었는지를 살펴보면 위의 〈표 1〉과 같다. 표를 보면 본래 더불어민주당 지지자 중에서 220명이, 국민의힘 지지자 중에서 138명이 지지 정당을 바꾸었다. 또한 더불어민주당으로 바꾼 경우가 104명이고, 국민의힘으로 바꾼 경우가 116명, 조국혁신당으로 바꾼 경우가 108명이다. 더불어민주당에서 지지를 바꾼 220명 중에는 39.1%가 국민의힘으로, 34.5%가 조국혁신당으로 바뀌었으며, 국민의힘에서 지지를 바꾼 138명 중에는 42%가 더불어민주당으로, 24.6%가 개혁신당으로 바뀌었다.

그림 4 | 지지 정당을 바꾼 이유와 계기가 된 사건의 빈도

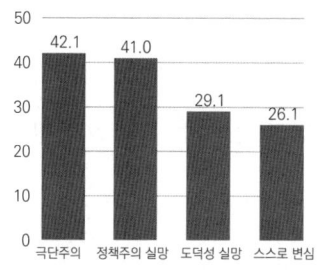 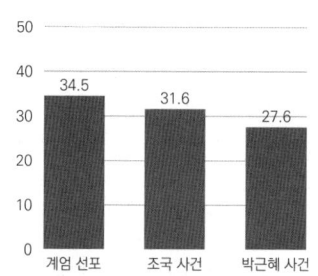

지지 정당을 바꾼 이유를 묻고 선택지 중에서 해당되는 것을 모두 고르도록 한 결과, 지지를 바꾼 사람들 중 42.1%가 정당의 지나친 극단주의 때문이라고 답했고, 다음으로 41%가 정책이나 주장에 실망해서를 골랐다. 그 다음으로는 도덕성에 실망해서(29.1%), 스스로 생각이 바뀌어서(26.1%)의 순이었다. 더불어민주당에서 지지 정당을 바꾼 이유로는 정책이나 주장에 대한 실망(39.5%)과 지나친 극단주의(39.1%)가 가장 많았고, 국민의힘에서 지지 정당을 바꾼 이유

로도 지나친 극단주의(58.7%)와 정책이나 주장에 대한 실망(42%)이 가장 많았다. 20대와 4~50대에서 주된 이유가 정책이나 주장에 대한 실망인 반면, 30대와 60대 이상에서는 지나친 극단주의가 주된 이유였다. 또한 대학 재학 이상의 학력을 가진 경우 지나친 극단주의를, 고졸 이하의 학력을 가진 경우 정책이나 주장에 대한 실망이 가장 주된 이유였다. 이념성향을 비교하면 진보에서는 정책이나 주장에 대한 실망이, 중도와 보수에서는 지나친 극단주의를 가장 주된 이유로 꼽았다.

지지 정당을 바꾸게 된 계기가 된 사건이 무엇인지를 묻고 해당되는 것을 모두 고르도록 한 결과, 최근의 계엄 선포가 34.5%로 가장 많았고, 다음이 조국 교수 사건(31.6%), 박근혜 대통령 탄핵(27.6%)의 순이었다. 연령대별로 비교하면 20대와 40대의 경우 계엄 선포를, 30대와 70대 이상은 박근혜 대통령 탄핵을, 그리고 5~60대는 조국 교수 사건을 지지 정당을 바꾸게 된 가장 중요한 계기로 선택했다. 현재 지지 정당별로 보면 더불어민주당 지지로 바뀐 사람들 중 44.9%가 계엄 선포를 주된 계기로, 국민의힘 지지로 바뀐 사람들 중 41.4%가 조국 교수 사건을 주된 계기라고 응답했다. 흥미로운 점은 조국혁신당 지지로 바뀐 사람들 중 44.4%가 조국 교수 사건을 주된 계기라고 응답한 것이다.

4. 의사소통 상황, 지지 정당 변경과 정서적 양극화

앞서 살펴본 의사소통 상황 특히 정치적 이견을 접할 기회의 여부 및 정치적 의견 충돌과 갈등은 지지 정당의 변경이나 정서적 양극화에 어떤 영향을 미치는가? 정치적으로 지지하는 정당을 바꾼 경험은 정치적 양극화에 어떤 영향을 미치는가?

그림 5 | 정치적 이견 경험에 따른 지지 정당 변경 비율의 비교

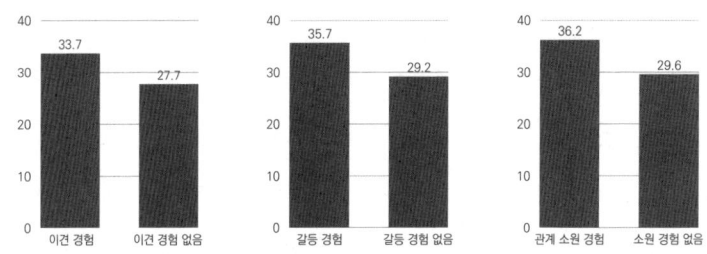

먼저 정치적 의견과 관련된 의사소통 상황과 지지 정당의 변경 간의 관계를 살펴보자. 〈그림 5〉를 보면 대화방이나 소셜미디어에서 정치적으로 이견을 접할 기회가 있다고 응답한 사람들의 33.7%가 지지 정당을 바꾼 경험이 있는 반면, 이견을 접할 기회가 없다고 응답한 사람들 중에서 지지 정당을 바꾼 비율은 27.7%였다. 참여하는 대화방에서 정치적 의견의 차이로 갈등을 경험이 있는 사람들 중 35.7%가 지지 정당을 바꾼 반면, 그렇지 않은 사람들 중 지지 정당을 바꾼 비율은 29.2%였다. 가까운 사람과 정치적 의견 차이로 소원해진 경험이 있는 사람들 중에서 지지 정당을 바꾼 비율은 36.2%인 반면, 그렇지 않은 사람들 중에서 지지 정당을 바꾼 비율은 29.6%였다. SNS의 대화방에서 이견을 접할 기회와 의견 충돌로 인한 갈등은 모두 지지 정당을 바꿀 가능성을 높이는 것을 알 수 있다.

다음으로 정치적 의견과 관련된 의사소통 상황 및 지지 정당의 변경 경험이 정서적 양극화와 어떤 관계를 갖는지 살펴보자.

이에 앞서 먼저 정서적 양극화의 측정 및 현황에 대해 설명하고자 한다. 정서적 양극화란 자신이 지지하거나 소속된 집단에 대해서 더 강한 호감이나 신뢰를 갖는 반면, 그렇지 않은 집단에 대해서는 강한 반감이나 불신을 갖는 것이다. 아래 〈그림 6〉은 양대 정당인 국민의힘과 더불어민주당에 대한 감정의 교차분포를 보여준다. 좌측 하단이 양쪽 모두를 싫어하는 입장이라면, 가운데 위치는 중도적인 입장을, 그리고 좌측 상단이나 우측 하단의 경우는 양극화를 보여준다.

그림 6 | 정당의 호감도 교차 분포: 국민의힘과 더불어민주당

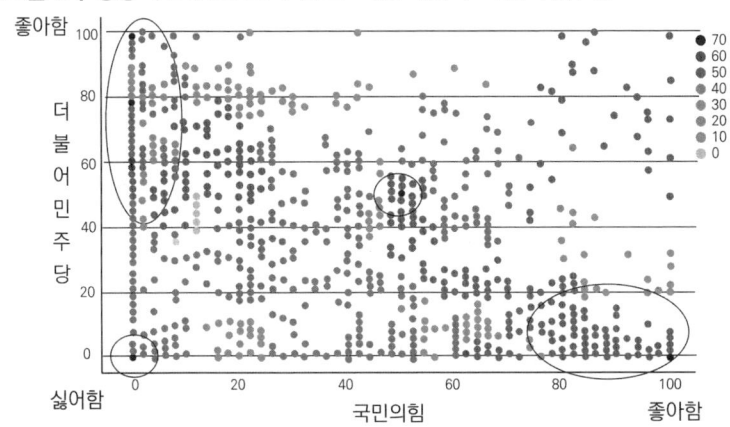

정치적으로 정서적 양극화는 자신이 지지하는 정당에 대한 호감의 정도와 반대 정당에 대한 호감의 정도의 차이 즉 각각 0~100점으로 측정한 값들 간의 차이로 측정할 수 있다. 아래 그림 7은 이 방식으로 측정한 정서적 양극화의 분포를 보여준다. 양극화

가 전혀 없는 0점에서 완전히 양극화된 100점까지의 분포이며, 양극화의 분포 역시도 중간이 양 극단에 비해 적은 양극화된 양상을 보인다. 양극화 정도의 평균은 46.4이며 표준편차는 31.1이다. 양극화가 0점인 경우는 두 정당에 모두 호감과 신뢰를 가진 경우보다는 두 정당에 모두 반감과 불신을 가진 경우가 더 많을 것이다. 호감의 차이를 70점을 기준으로 나눌 경우 정서적 양극화의 비율은 29.1%이며, 80점을 기준으로 나누면 15.8%이다.

그림 7 | 양대 정당에 대한 정서적 양극화(호감도의 차이) 분포

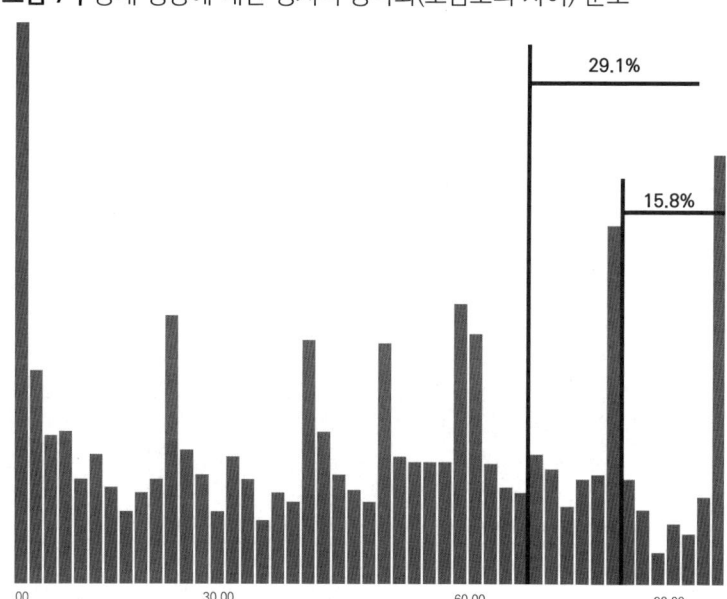

그럼 정치적 의사소통 상황과 정서적 양극화의 관계는 어떤가? 아래 〈그림 8〉에 제시된 것을 살펴보면 다음과 같다. 정치적 이견을 대화방이나 소셜미디어에서 접하는 경우에 양극화는 70점 기준으로 29.1%이고 80점 기준으로 15.8%인 반면, 접하지 않는 경

우에는 각각 23.8%와 13.4%이다. 대화방에서 정치적 의견의 갈등이 있는 경우에는 양극화가 70점 기준으로 32.7%이고 80점 기준으로 19.1%인 반면, 갈등이 없는 경우에는 각각 24.4%와 12.9%이다. 정치적 의견갈등 때문에 가까운 사람과 소원해진 경험이 있는 경우 양극화는 70점 기준으로 35.7%이고 80점 기준으로 20.3%인 반면, 소원해진 경험이 없는 경우에는 각각 24.1%와 13.1%이다. 이러한 결과는 정치적 이견을 접할수록 또한 정치적 의견갈등이 심화될수록 정서적 양극화가 늘어나는 것을 의미한다.

그림 8 | 정치적 이견 경험 여부에 따른 정서적 양극화 수준의 비교

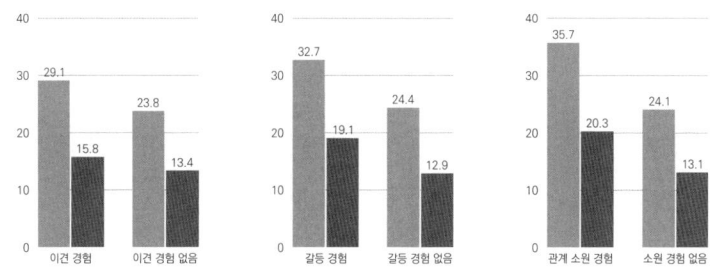

마지막으로 지지 정당을 바꾼 경험은 정서적 양극화와 어떤 관계를 보이는가 살펴보자. 〈그림 9〉를 보면, 지지정당을 바꾼 경험이 있다고 응답한 경우 정서적 양극화의 비율은 70점 기준으로 19.7%이고 80점 기준으로 9.7%인 반면, 지지 정당을 바꾼 경험이 없는 경우에는 각각 30.3%와 17.2%이다. 지지 정당을 바꾼 경험은 정당 호감도에서 양극화 성향이 덜 나타나는 것을 알 수 있다.

그림 9 | 지지 정당 변경 여부에 따른 정서적 양극화 수준 비교

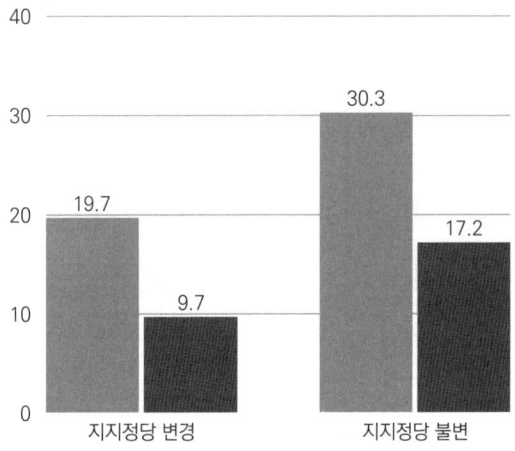

위에서 자료 분석을 통해 살펴본 정치적 의사소통 상황과 지지 정당 변경의 경험, 그리고 정서적 양극화의 관계를 정리하면 아래 그림과 같다.

그림 10 | 분석 결과의 요약: 정치적 의사소통 상황, 지지 정당 변경과 정서적 양극화

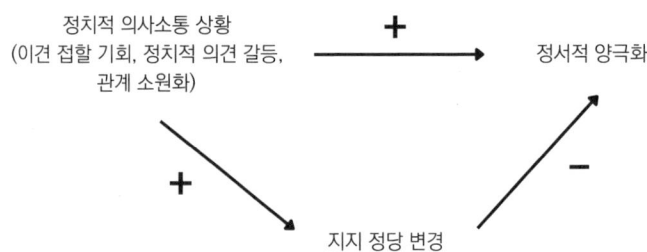

일상적 대화방 등에서의 정치적 의사소통 상황에서 이견을 접할 기회가 있거나, 이견 때문에 갈등이 발생하거나, 그 때문에 가까운 사람과 멀어지는 등의 경험은 정서적 양극화에 상반된 방향의 영향을 미칠 수 있다. 한 방향에서는 정치적 의사소통에서 이견과 갈등의 경험이 다양하고 복잡하게 생각하도록 한 결과 때로는 지지 정당을 바꾸기까지 한다면 이는 정서적 양극화를 완화하는 결과를 가져올 것이다. 반대 방향에서는 이견을 접하고 갈등을 경험하면서 자신의 생각을 더욱 공고히 하고 상대방에 대한 감정적 적대를 더욱 높인 결과 양극화를 더욱 자극하는 것이다. 이러한 두 방향의 가능성에서 어느 쪽이 더 우세한가에 따라서 양극화는 심화 혹은 완화될 수 있다.

5. 분석 결과의 함의

앞서 살펴본 것처럼 의사소통 상황에서 어떤 선택을 하는가가 양극화와 긴밀한 관계에 있다면 그 현실적 함의는 분명하다. 최근의 비상계엄 선포를 앞두고 대통령은 이견과 갈등 그리고 동의와 강화의 의사소통 상황을 모두 접했다. 이견과 갈등이 가져올 수 있는 재고와 숙고의 기회를 거부하고, 동의와 강화에만 몰두한 결과는 극단적 양극화의 심화로 나타났다.

한국 사회는 압축적 발전의 과정에서 산업화와 민주화를 모두 빠르게 이루었지만 압축성 때문에 여전히 해결해야 할 과제가 많다. 특히 민주화와 관련해 정치적 의사판단에서 이성적 숙고보다 감징적 독단이 우세하고, 의사소통에서도 개방적 대화와 협의보다는 상대방을 거부하고 힘의 우위로 압도하는 것에만 몰두한 결과 사회 전반에 양극화와 극단적 갈등이 만연하게 되었다.

특히 의사소통을 더욱 촉진하고 많은 사람들과의 대화를 가능케 한 SNS의 대화방과 소셜미디어는 편의성에도 불구하고 정보획득과 의사소통에서 편향을 심화시킬 수 있는 가능성 때문에 위험성을 지닌다. 한국에서의 최근 상황은 시민 개개인이건 공권력과 정치세력이건 이러한 우려와 위험에 대해 조심하고 해악을 줄이고자 노력하기 보다는 오히려 적극적으로 이용해서 자신의 입장에 대한 지지를 높이고 정치적 우세를 점하고자 하는 악마적 유혹에 굴복했다고 할 수 있다.

정치심리학자 테틀록Philip Tetlock이 제안한 통합적 복잡성integrative complexity 개념은 이와 관련해서 시사하는 바가 크다(Conway et al. 2018). 국제관계에서의 위기 상황에서 지도자들이 상황의 복잡한 다면성을 인정하고 다양한 정보를 고려해서 의사소통하고 의사결정을 내리는가를 그는 인지에서의 통합적 복잡성이라고 했다. 최근의 연구들은 이 생각을 온라인에서의 정치적 의사소통(Jakob et al. 2023)이나 사회적 양극화(Savage et al. 2021)에도 적용하였다. 통합적 복잡성이 약화되고, 흑백논리가 강화되는 환경 속에서 시민들은 인지에서의 통합적 복잡성을 꾸준히 유지해야 한다.

정치적 양극화를 우려하고 민주주의의 강화를 위해 양극화가 해결돼야 한다고 생각한다면, 이견을 접하고 갈등에 직면해야 하는 불편을 무릅쓰더라도 이를 회피하거나 감정적으로 대응하면 안된다. 이견과 갈등의 상황에 적극적으로 대응해서 자신의 생각을 보다 깊이 성찰하고 적극적 대화를 통해서 자신과 상대방이 빠질 수 있는 오류나 편견을 줄여가려는 노력을 해야 한다. 이 글에서 제시된 분석에서 지지 정당의 변경은 어느 정당이 더 옳다는 함의를 갖지 않으며, 반드시 지지 정당을 바꾸어야 한다는 것도 아니다. 중요한 점은, 지지 정당을 바꿀 정도로 심사숙고하고, 그 과정에서 어느 정당도 완벽하지 못하단 인식을 바탕으로 상대적으로 문제가 덜 심각한 쪽을 지지한다는 태도 자체가 양극화로부터 벗어날 수 있는 가능성을 보여준다는 점이다.

참고 문헌

Conway, Lucian G., Peter Suedfeld and Philip E. Tetlock. 2018. "Integrative Complexity in Politics." *The Oxford Handbook of Behavioral Political Science,* 153-174.

Habermas, Jurgen. 1984. *The Theory of Communicative Action: Reason and the Rationalization of Society.* Beacon Press.

Honneth, Axel. 1995. *The Struggle for Recognition: The Moral Grammar of Social Conflicts,* Polity Press.

Jakob, Julia, Timo Dobbrick and Hartmut Wessler. 2023. "The Integrative Complexity of Online User Comments across Different Types of Democracy and Discussion Arenas." *The International Journal of Press/Politics,* 28(3), 580-600.

Savage, Sara, Emily Oliver, Ellen Gordon and Lucy Tutton. 2021. "Addressing Social Polarization through Critical Thinking: Theoretical Application in the 'Living Well With Difference' Course in Secondary Schools in England." *Journal of Social and Political Psychology,* 9(2), 490-505.

양극화와 외교정책:
대중의 분열이 가져오는 정책 결과

손 열

1. 들어가며

국내정치의 양극화는 외교정책의 양극화를 가져오고 있다. 정파간 대립과 갈등이 주요 외교정책 이슈를 놓고 재연되고 있는 것이다. 이는 전세계적 현상이다. 미국과 유럽의 선진국에서는 정파간 적대적 감정 확대가 정치 마비 현상을 가져와 포퓰리즘이 부상하는 사태가 나타나고 있으며, 더 나아가 정파간에 대외위협인식의 차이가 확대되고 정책적 대응도 달라지는 경향이 커지고 있다. 미국의 경우, 공화당과 민주당 사이에 주요 국제문제에 대한 견해 차가 커지고 정권 교체에 따른 정책 전환의 폭이 커지면서 양극화에 대한 현실적 우려가 점증하였고, 급기야 2018년 시카고국제문제위원회 Chicago Council on Global Affairs 여론조사에서 전문가들은 미국이 당면한 위협 가운데 국내정치 양극화를 첫번째로 꼽았다(CCGA 2018).

한국과 같이 민족 분단, 강내국에 둘러싸인 지정학적 위치, 대외의존형 경제 구조를 지닌 국가는 국제 문제에 압도적 영향을 받기 때문에 현명한 외교정책 수립은 국가의 명운을 좌우한다. 한국은

트럼프 리스크, 강대국 간 전략경쟁, 핵 위협 등 국제적 격변을 맞이하여, 국익에 기초한 초당적 대전략을 마련하고 추진해야 할 시점에 놓여 있다. 그러나 한국에서도 정파간 국제인식과 외교정책 차이가 존재한다. 보수와 진보 세력간에 북한문제에 대한 오래된 시각차가 존재하여 정권에 따라 대북정책이 변화해 왔고, 이는 이른바 '남남갈등'으로 이어졌다. 지난 수년간 일본 문제에 대한 정파간 시각차 역시 두드러지게 나타났으며, 이는 정치적 논쟁의 대상으로 이어져 결과적으로 한일관계 악화를 불러왔다(손열 2024).

그렇다면 외교정책을 둘러싼 정파간 차이는 어느 정도인가? 그 차이는 정치적 양극화에 의해 확대되고 있는 것인가? 차이는 이념에 기반한 것인가, 아니면 파당적 경쟁의 산물인가? 이 글은 동아시아연구원이하 EAI이 수행한 일련의 여론조사(2021-2025)를 분석하여 다음과 같은 7대 포인트를 제시한다.

첫째, 한국외교는 큰 틀에서 한미동맹을 중심축으로 삼고, 개방적 국제경제질서를 지지하며, 국제사회의 일원으로서 국제기구에 적극적으로 관여, 기여한다는 점에서 초당적 기반을 가지고 있는 것으로 보이지만 구체적인 정책에서 정파간 차이는 확연하다. 대미정책에서 우선 고려해야 할 사안으로 보수(국민의힘 지지자)는 한미 동맹 강화를 강조하는 반면 진보(민주당 지지자)는 수평적 대미관계 구축을 우선시한다. 대북정책에서 보수는 안보태세 강화를, 진보는 남북교류 확대를 꼽고 있다. 대일정책에서 보수는 기능적 분야에서 미래지향적 협력을, 진보는 역사 현안 해결을 강조한다.

둘째, 외교정책의 양극화 정도는 이슈 영역에 따라 차이를 보인다. 전체적으로 양극화의 정도가 상승하고 있는 가운데, 대일정책이나 대북정책은 여타 영역보다 훨씬 양극화되어 있는 반면 대미정책에서는 정파적 차이가 작다. 흥미롭게도 대중정책에 관해서는 일반국민의 높은 반중 정서 영향으로 정파적 수렴이 일어나고 있다.

셋째, 양 진영간 정책 스탠스의 차이는 국제정치를 보는 신념, 가치, 관념 체계의 본질적 차이에서 나오는 것이라기보다는 국내정치적 양극화의 연장선에서 비롯된 것으로 보인다. 진영 대립 차원에서 상대 정책을 반대하는 경향, 지지 정파의 정책을 무조건적으로 지지하는 경향이 국제정치 사안에도 그대로 반영된다. 특히 반대편의 성과를 저지하거나 폄하하는 것이 공통의 이익(국익)을 증진하는 것보다 우선시되는 경향을 보인다.

넷째, 양극화 정도가 높은 대북정책이나 대일정책의 사례에서 보듯이 양 진영은 서로를 선과 악으로 구별, 상대를 비애국적·비도덕적 집단으로 매도하고 의미 있는 정치적 협상이나 타협을 거부한다. 종북, 반국가 세력, 친일, 토착 왜구, 굴욕외교 등 표현에서 보는 것처럼 외교정책 사안을 합리적 사고가 아닌 감정과 편견으로 재단하는 경향이 강해지고 있다.

다섯째, 이번 여론조사에서 드러난 대중의 분열은 상당부분 진영 지도자의 이해관계와 정치적 조작에 기인하는 측면이 있다. 지도자 간 양극화는 지지자로 이전, 확산, 대중의 분열을 강화한다(Bullock 2011). 극단적인 경우, 이들은 주요 정책을 분열적 이슈wedge issue로 프레이밍하여 대중을 분단하고, 양자택일을 강요하여 정치적 지지를 공고화하고자 한다. 특히 대통령은 경쟁 정파의 의견을 무시하고 자기 정파의 맹목적 지지에 기반해 자신의 어젠다를 일방적으로 추진하는 경향을 보인다. 이는 정부의 민주적 책임성을 훼손하는 행태이다.

여섯째, 국내적 분열은 대외 교섭력을 약화시킬 뿐 아니라 종종 결정 연기나 미봉책으로 이어지기도 한다. 양면 게임two-level game이 진행되는 외교 교섭의 경우, 국내적 승인과 지지를 확보하지 못하면 대외 교섭에서 상대국에 신뢰의 시그널credible signal을 주지 못해 협상력이 약화된다. 실제로 2014년부터 2017년까지 사드THAAD 도입을 둘러싼 국내적 분열은 한국의 대중 협상력을 현저히 저하시켰고, 이는 논란이 된 2017년 한중 합의로 이어졌다. 또한, 2018~2019년 대법원 강제동원 판결에 대한 국내 분열 속에서, 정부는 후속 조치를 연기하고 미봉책으로 대응함으로써 한일관계 위기를 초래한 바 있다.

끝으로, 진영 대결과 분열이 지속되면 국민의 다수인 중도의 목소리는 가려지고 초당적 외교정책의 수립을 기대하기 어려워진다. 미국 패권의 쇠퇴에 따른 자유주의 국제질서의 혼란, 지구화의 후퇴와 보호주의 대두, AI를 중심으로 한 첨단기술 혁신 경쟁, 그리고 북핵-미사일의 고도화 위협 등으로 한국은 그 어느 때보다 '일관되고 지속적인 국가전략' 수립을 위한 정치적 합의를 필요로 하는 상황에 놓여 있다. 양극화 극복을 위한 제도 개혁은 한국 민주주의, 민주적 거버넌스의 회복뿐만 아니라 한국의 대외적 역할과 영향력 제고의 핵심 조건이 될 것이다.

2. 여론과 양극화

일반적으로 양극화란 집단간에 정치적, 사회적, 경제적 견해나 감정, 행태, 이익이 분리되고 심화되는 경우를 말한다. 이념적 양극화는 두 집단의 이념 성향이 멀어지고 중간지대가 축소되는 현상이다. 예컨대, 보수적인 성향을 가진 집단이 진보적인 성향을 가진 집단과 이념적으로 점점 멀어지고 중도 성향 혹은 무당파층이 줄어드는 경우라 하겠다(하상응 2022, 330).

반면 중도 혹은 무당파층 규모가 그대로이면서 유권자의 정당 지지가 뚜렷이 갈리는 경우, 특히 특정 정당 지지자가 상대 정당을 감정적으로 싫어하는 정도가 큰 경우, 이를 정서적 양극화affective polarization 혹은 정파적 양극화partisan polarization라 부른다. 이 경우 양극화는 특정 이슈에 기반한 이념적 차이와 상관없이 상대방에 대한 비호감 정도에 의해 결정된다(하상응 2022, 332).

동아시아연구원이 2021년 10월 실시한 〈대통령의 성공조건 국민인식조사〉와 2025년 1월 실시한 〈양극화 인식조사〉의 결과를 비교해 보면 국민들의 이념 성향의 분포는 지난 4년간 이렇다 할 변화가 없었다. 진보와 보수는 각각 27%대와 26%대, 중도는 46%대로 이념적 양극화는 드러나지 않았다〈그림 1〉.

그림 1 | 한국인의 이념 지형: 2021년과 2025년 (%)

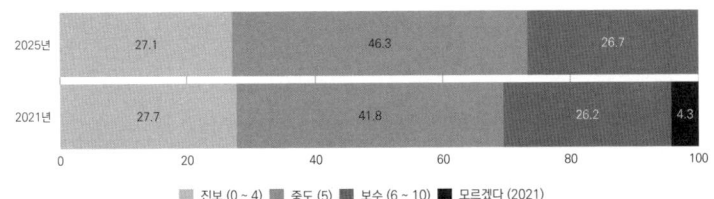

이렇듯 이념 성향의 변화가 거의 없음에도 불구하고 응답자 국민의 반 이상은 더불어민주당과 국민의힘에 비호감을 표시하고 있다. 응답자의 54.1%는 민주당에 비호감을 표시하였고, 25.7%는 100점 만점 중 10점 미만인 강한 비호감을 보였다. 국민의힘의 경우는 그 정도가 심하여, 응답자의 68.7%는 비호감을 표시하였고, 40%는 100점 만점 중 10점 미만인 강한 비호감을 보였다. 이 수치는 4년전에 비해 10%p 이상 증가한 것이다〈그림 2〉, 〈그림 3〉.

한편, 민주당 지지자와 국민의힘 지지자들이 상대방에 느끼는 비호감은 압도적이다. 국민의힘 지지자의 무려 93.3%는 민주당에 대한 비호감을 보이고, 10점 이하의 강한 비호감도 58.8%에 이른다. 민주당 지지자의 국민의힘에 대한 비호감 역시 차이가 없다〈그림 4〉, 〈그림 5〉.

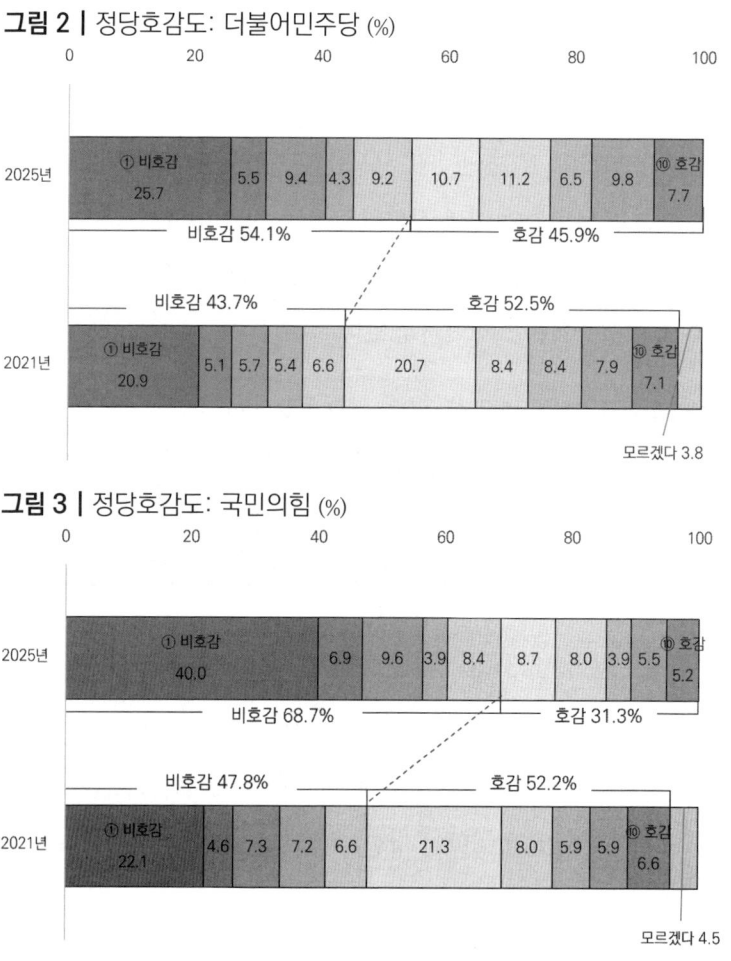

그림 2 | 정당호감도: 더불어민주당 (%)

그림 3 | 정당호감도: 국민의힘 (%)

그림 4 | 국민의힘 지지자의 더불어민주당 호감도 (%)

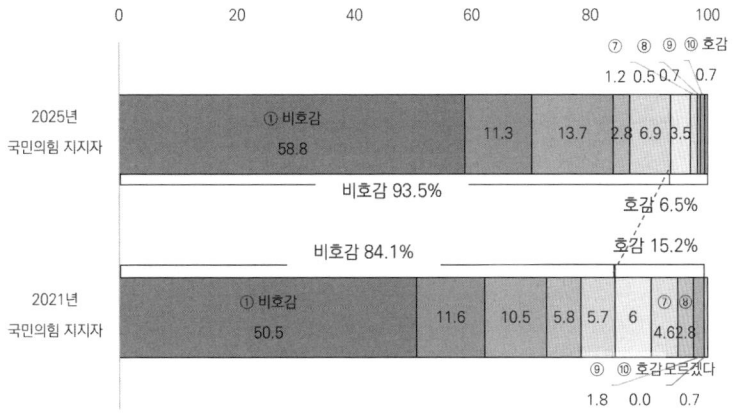

그림 5 | 더불어민주당 지지자의 국민의힘 호감도(%)

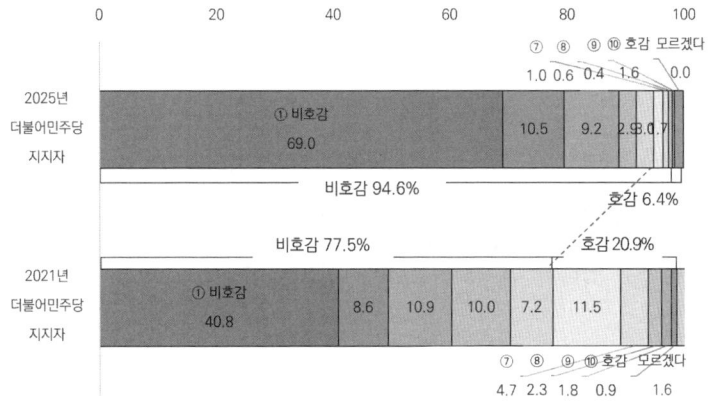

나아가, 비호감을 표시한 응답자 중 44%는 더불어민주당이 "역겹다, 정치권에서 안 봤으면 한다"고 자신의 입장을 표현하였고, 국민의힘에 대해서는 60.6%가 같은 표현을 선택했다〈그림 6〉. 응답자 과반을 전후한 숫자가 양당의 퇴출을 희망할 정도로 강한 정서적 혐오감을 표출하고 있는 것이다.

그림 6 | 정당 및 정치인에 대한 입장 (%)

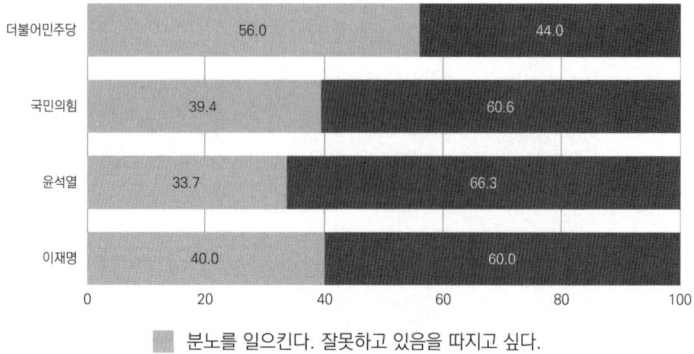

　　이렇듯 한국의 양극화는 정당 정체성party identity과 중첩되어 상대 정당에 대한 감정적 반응 즉, 비호감을 표현하는 현상을 보이고 있다. 이는 지지 정당과 지도자에 대한 무조건적 지지, 경합 정당과 지도자에 대한 무조건적 반대로 나타나고 있다. 문제는 초당적 외교정책으로 국익을 추구해야 할 한국에서 주요 외교정책의 양극화가 드러나고 있다는 점이다.

3. 양극화와 외교정책

　　최근 국제정치학계에서 정치 양극화가 하나의 주제로 주목받게 된 것은, 미국 외교정책에서 나타난 양극화 현상에 기인한다. 미국 정치의 극심한 양극화가 미국의 패권적 영향력을 축소시키고 대외 교섭력, 대외 이미지와 소프트파워를 약화시킨다는 우려가 대두되었다(Walt 2019). 이런 맥락에서 민주당과 공화당 간 주요 국제문제에 대한 인식 및 정책 차이의 확대, 정치 양극화가 초래하는 주요 기관의 역할 및 능력의 변화, 그리고 외교정책 실행력에 대한 양극화의 영향 등 주제들이 연구되고 있다(Friedrichs and Tama 2024).

양극화는 미국뿐 아니라 유럽과 선진국들에 공통된 현상인 만큼 한국도 예외는 아니다. 일반적으로 한국 국민과 지도자들은 주요 외교 원칙에 대해서는 초당적 지지를 유지하는 것으로 보인다. 보수와 진보, 국민의힘과 더불어민주당 지지자들의 대다수는 한미동맹을 안보의 핵심 축으로 삼고, 개방적 국제경제질서를 지지하며, 세계 문제를 다루는 국제기구에 적극적으로 관여한다는 데 큰 이견이 없다.

반면, 구체적인 정책 영역에서는 양당의 지지자들 간 정책 우선순위에 대한 인식 차이가 뚜렷하게 나타난다. 동아시아연구원의 2025년 여론조사결과〈그림 7〉를 보면, 대미정책에서 우선 고려해야 할 사안으로 보수(국민의힘 지지자)는 한미 동맹 강화를 강조한 반면 진보(민주당 지지자)는 수평적 대미관계 구축을 우선시한다. 보수 진영의 50.4%는 동맹 강화를 꼽은 반면 진보 진영에서 이를 꼽은 비율은 26.6%로 23.8%p 차이를 보이고 있다. 반면, 수평적 대미관계에 대해서는 진보 진영의 32.6%이, 보수 진영의 9.8%가 우선순위로 꼽아, 22.8%p의 차이가 나타났다.

그림 7 | 대미외교에서 우선 고려할 이슈: 이념성향별 (%)

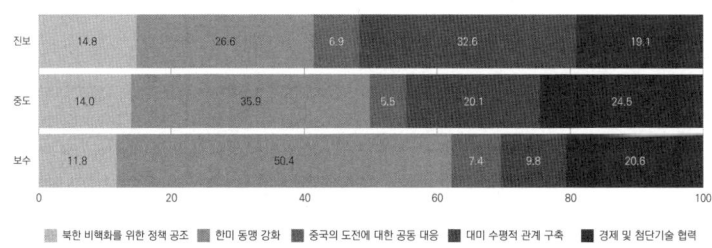

대북정책에서 우선 고려할 사항으로 보수는 안보태세 강화를, 진보는 남북교류 확대를 꼽고 있다. 안보태세 강화에 대해 보수 진영의 41.5%, 진보 진영의 17%가 응답해 양자의 차이는 24%p에 달한다. 반면, 남북 교류 확대에 대해서는 진보가 44.6%, 보수는 15.7%로 28.9%p의 차이가 난다. 수평적 대미관계에 대해서는 진보 진영의 32.6%이, 보수 진영의 9.8%가 우선순위로 꼽았으며, 양자의 차이는 22.8%p이다〈그림 8〉.

그림 8 | 대북 외교에서 우선 고려할 이슈: 이념성향별 (%)

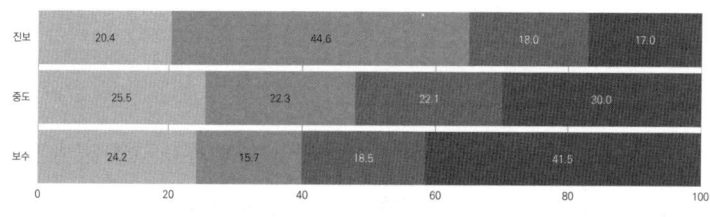

대일정책의 경우, 보수는 기능적 분야에서 미래지향적 협력을, 진보는 역사 현안 해결을 강조한다. 미래지향적 협력을 꼽은 응답자는 보수 진영에서 55.5%, 진보 진영에서 26.8%로, 양 진영 간 차이는 28.7%p이다. 한편, 역사 현안 해결의 경우 진보는 56.2%, 보수는 24%로서 양자 차이는 32.2%p이다〈그림 9〉.

그림 9 | 대일 외교에서 우선 고려할 이슈: 이념성향별 (%)

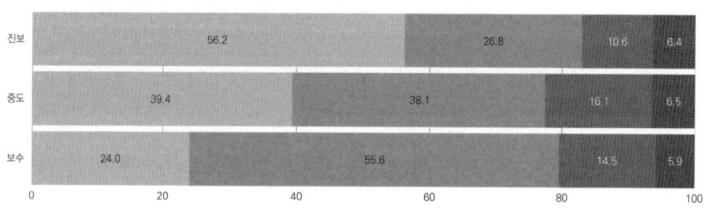

끝으로 대중정책에 대해서는 보수와 진보 간 일정 수준의 수렴이 일어나고 있다. 양 진영 모두 경제교류 확대를 우선시하고 있으며, 보수 28.1%, 진보 33.6%로, 양자 간 차이는 5.5%p 에 불과하다. 2순위도 양측 모두 미세먼지/환경/기후변화/감염병 대응을 꼽았다. 보수 22.6%, 진보 23.6%이고, 3순위인 경제제재 대응 역시 각각 19.7%, 20.8%로 차이가 없다〈그림 10〉. 보수, 진보를 막론하고 중국에 대해 강한 비호감을 보이고 있는 점 역시 유사한 패턴이다.

그림 10 | 대중 외교에서 우선 고려할 이슈: 이념성향별 (%)

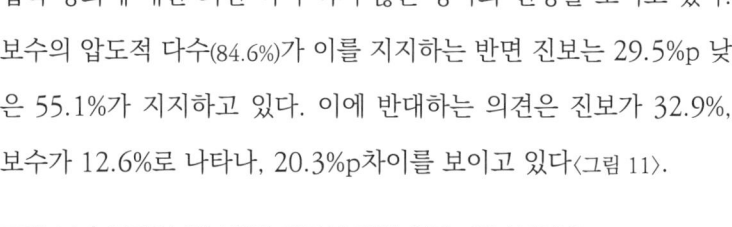

국민 여론의 지지를 받는 것으로 인식되는 한미일 군사안보 협력 강화에 대한 의견 역시 적지 않은 양극화 현상을 보이고 있다. 보수의 압도적 다수(84.6%)가 이를 지지하는 반면 진보는 29.5%p 낮은 55.1%가 지지하고 있다. 이에 반대하는 의견은 진보가 32.9%, 보수가 12.6%로 나타나, 20.3%p차이를 보이고 있다〈그림 11〉.

그림 11 | 한미일 안보협력 강화에 대한 입장: 이념성향별 (%)

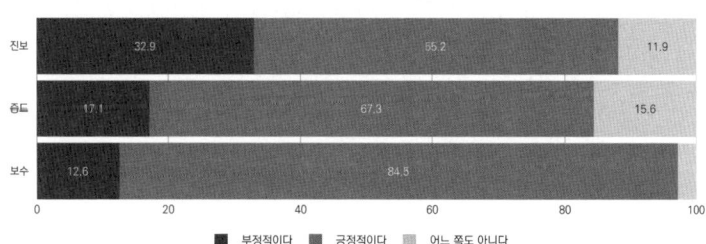

이렇듯, 외교정책의 양극화 정도는 이슈 영역에 따라 상이하게 나타난다. 전체적으로 양극화의 정도가 상승하고 있는 가운데, 대일정책이나 대북정책은 여타 영역보다 훨씬 양극화되어 있는 반면 대미정책에서는 정파적 차이가 작고 대중정책에 관해서는 정파적 차이가 거의 없다.

그러나 이러한 양 진영간 외교정책 스탠스의 차이를 국제정치를 보는 신념, 가치, 관념 체계의 본질적 차이에서 기인한 것으로 보기는 어렵다. 민주당을 지지하는 진보 진영의 경우, 북한에 대한 관여 확대, 미국에 대한 수평적 관계 조정, 일본에 대한 역사 현안 해결 중시, 중국에 대한 경제 교류 확대 정책들을 관류하는 이념적 공통분모는 찾기 어렵다. 마찬가지로 국민의힘 지지자들이 우선순위로 꼽고 있는 대북 억지체제 강조, 한미동맹 강화, 일본과의 기능적 협력 중시, 중국과의 경제 교류 확대 등 정책 선호가 보수 이념에 근거한 일관된 정책 선호라고 보기는 어렵다.

앞서 기술하였듯이 한국의 양극화는 비록 보수 vs. 진보 구도로 불리고 있지만 이것이 이념적 간극의 확대라기보다는 양 정파/진영 간 정서적 간극의 확대 즉, 상호 비호감 증가로 이해되는 것이 타당하다. 따라서 외교정책 선호 역시 국내정치적, 정파적 양극화의 연장선에서 형성되는 것으로 보아야 한다. 보수 진영의 정책 선호는 경쟁 정부(문재인 정부)의 정책에 대한 비판과 반대이고, 진보 진영의 정책 선호는 경쟁 정부(윤석열 정부) 정책에 대한 비판과 반대로 귀결된다. 즉, 반대편의 성과를 저지하거나 폄하하는 것이 공통의 이익(국익)을 증진하는 것보다 우선시된다는 뜻이다.

최근 양극화가 두드러진 한일관계를 보면 정파적 이해관계가 일본에 대한 인상, 대일정책 선호에 영향을 주고 있음을 알 수 있다. 지난 4년간의 여론 추이를 보면 한국정부의 대일 정책(관계 개선)에 대한 평가에서 보수는 부정적 입장이 긍정으로, 진보는 긍정에서 부정으로 바뀌었다〈그림 12〉. 보수의 경우, 2023년 3월 윤석열 대통령이 이른바 '제3자 변제안'을 강제동원 해법으로 제안하여 양국관계가 개선 국면에 접어들면서 긍정 응답이 급상승한 반면, 진보의 경우 정권교체가 이루어진 2022년을 계기로 긍정 응답이 급감하는 추세를 보였다. 즉, 정파적 입장에 따라 일본 관련 이슈에 대한 지지와 반대가 갈리는 것이다.

그림 12 | 한국 정부의 한일관계 개선 태도: 이념 성향별 (%)

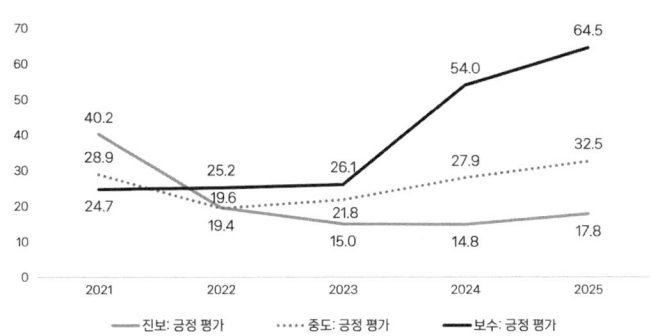

　　대일 정책 선호도에 있어서 세대별 격차 역시 뚜렷이 드러나고 있다. 한국정부의 관계 개선 태도에 대해 70대는 2024년부터 지지 입장으로 급변하여 모든 연령대 중 최상위로 올라섰다〈그림 13〉. 그간 70대가 일본에 대해 가장 부정적인 인상을 보여온 연령대임을 상기해 보면 놀라운 변화이다. EAI가 일본의 겐론 NPO와 공동 실시한 〈한일 국민 상호인식조사〉(2013-2023)의 기록을 보면 일본에 대한 긍정적 인상을 이끈 연령대는 20대와 30대 청년세대, 가장 부정적 인상을 보여준 연령대는 70대 이상이었다(손열·이정환 2024). 한편, 40대는 정부의 대일정책에 대해 가장 부정적인 인식을 보여주고 있다. 이러한 변화는 정파적 선택의 결과로 해석할 수 있다. 왜냐하면 70대는 국민의힘 지지가 가장 강한 연령대이며 40대는 민주당 지지세가 가장 큰 연령대이기 때문이다.

그림 13 | 한국 정부의 한일관계 개선 태도: 세대별 (%)

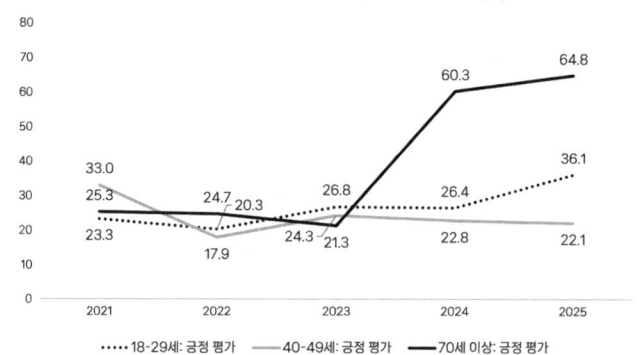

한일관계와 대일정책에 대한 여론조사에서 드러난 대중의 분열은 민주당 지지자 vs. 국민의힘 지지자, 혹은 진보진영 vs. 보수진영, 혹은 40대 vs. 70대의 구도이며, 양 진영은 상대가 집권한 경우 반대를 위한 반대 즉, 부정적 당파주의negative partisanship에 빠지기 쉽다. 이는 공통의 목표나 국익의 실현보다는, 상대 진영의 실패 자체를 바라는 태도로 반대에 나서는 것을 의미한다. 예컨대, 한일관계 개선이나 한미일 안보협력 증진의 가치를 이해하고 평가하지만 그 성과가 정부(상대진영)의 성공으로 귀착되는 것은 원치 않는다

역으로 집권세력의 지도자(대통령)는 경쟁 정파의 의견을 무시하고 자기 정파의 (맹목적) 지지를 바탕으로 자신의 어젠다를 일방적으로 추진하는 경향을 보인다. 예컨대 윤석열 정부는 한일관계 교착 상태를 풀기 위해 제3자 변제안을 제시하며 전향적 태세를 취한 후 일련의 정상회담을 통해 정부 수준 신뢰를 회복하는 데 기여하였으나, 이러한 조치는 경쟁 정파와의 협의 없이 일방적으로 추진되었고, 그 결과 여론의 분열을 초래하는 데 일조하였다.

4. 나가며

현재 한국에 두드러진 정치 양극화는 민주주의의 후퇴, 권위주의(심지어 독재)의 옹호, 포퓰리즘의 부상, 거버넌스와 정책 혁신의 퇴조 등을 가져오는 주요 요인일 뿐 아니라 외교정책을 둘러싼 여론의 분열을 가져오고 있다. 분열된 여론은 국제정치를 보는 신념, 가치, 관념 체계의 차이에서 비롯되는 것이 아니다. 오히려 국내 정파적 진영 대립과 분열의 연장선에서 이루어진 것이고, 이는 정치 엘리트에 의해 조장되는 경향이 나타나고 있다. 지도자들의 분열적, 대결적 자세는 지지자로 이전, 확산되어 대중의 양극화와 대립, 분열을 강화하고 있는 것이다.

국내 여론 분열은 대외 교섭력을 약화시킬 뿐 아니라 중요한 외교적 의사결정에서의 지연이나 미봉책으로 이어지기도 한다. 무엇보다도, 진영 간 대결과 분열이 지속되면 국민의 다수인 중도의 목소리는 가리워지고 초당적 외교정책의 수립을 기대하기 어려워진다. 미국 패권의 쇠퇴에 따른 국제질서의 근본적 변화, 지구화의 후퇴에 따른 국제경제질서의 대혼란, AI를 필두로 첨단기술 혁신을 둘러싼 국가간 경쟁, 그리고 북핵-미사일의 고도화 위협 등으로 한국은 그 어느때 보다 '일관되고 지속적인 국가전략' 혹은 '국가 대전략' 수립을 위한 정치적 합의를 필요로 하는 상황에 놓여 있다.

현재 정치권의 개혁 논의는 대통령의 과다한 권한을 제한하려는 제왕적 대통령제 개혁에 초점이 맞추어져 있다. 이와 함께 심화된 정파적 양극화에 가려진 다수의 중도의 목소리를 끌어내고 대변할 수 있는 방향으로의 제도 개혁도 필요하다. 이는 한국 민주주의, 민주적 거버넌스의 회복뿐만 아니라 한국의 외교·안보 정책의 성과, 대외 영향력 제고의 핵심 조건이 될 것이다.

참고문헌

손열. 2024. "[EAI 이슈브리핑] 정치 양극화에 동요하는 한일관계: 2024년 여론조사에서 드러난 관계 개선과 여론 분열." EAI 이슈브리핑. 9월 19일

손열, 이정환. 2024. 『여론으로 보는 한일관계, 2013-2023』. 동아시아연구원.

하상응. 2024. "한국 유권자 차원에서의 정치적 양극화," 〈한국의 사회동향 2022〉. 통계청 통계개발원.

Bullock, John. 2011. "Elite Influence on Public Opinion in an Informed Electorate," *American Political Science Review* 105(3).

Chicago Council on Global Affairs-Texas National Security Network. *Survey of Foreign Policy Opinion Leaders,* August 2018.

Friedrichs, Gordon and Jordan Tama, eds. 2024. *Polarization and Foreign Policy: When Politics Crosses the Water's Edge*. London: Palgrave.

Walt, Stephen. 2019. "America's Polarization is a Foreign Policy Problem," *Foreign Policy* March 11.

양극화 시대의 정치 개혁

하상응

1. 들어가며

    2024년 12월 3일 윤석열 대통령의 비상 계엄 선포 이후 진행된 탄핵 정국은 한국 정치의 양극화가 어느 정도 심화되었는지를 잘 보여준다. 사실 한국 정치의 양극화에 대한 우려는 어제오늘 일이 아니다. 2004년 노무현 대통령의 탄핵, 이명박 대통령 시절 초반에 벌어진 광우병 사태, 박근혜 대통령 임기 말에 벌어진 국정농단 사태, 문재인 정부의 적폐청산 시도의 부작용 등으로 점철된, 지난 20여년의 한국 정치의 장에서 양극화가 문제되지 않은 적은 없다. 정치 양극화의 원인을 찾고 그 해결책을 마련하기 위해서는 양극화가 서로 다른 정치 진영 간의 정책 입장 차이에서 비롯된 것인지, 아니면 양 진영 간 감정 싸움인지를 명확히 규명하는 과학적 작업이 요구된다. 그러나 엄밀한 분석이 없어도 우리나라 대통령 제도의 취약성이 양극화와 연관된다는 의심을 해 볼 수 있다. 1987년 이후 대통령직을 역임한 정치인 대부분이 임기 후 사법 리스크에 시달렸다. 노무현 대통령과 박근혜 대통령은 국회에 의해 탄핵되었고, 이 중

박근혜 대통령은 헌법재판소에 의해 탄핵이 인용되어 직을 상실한 바 있다. 노태우 대통령과 이명박 대통령은 본인이 구금되었고, 김영삼, 김대중 대통령은 자식들이 감옥에 간 바 있다. 윤석열 대통령 역시 요건을 제대로 갖추지 못한 계엄 선포로 2025년 4월 4일 대통령 직에서 파면되었다. 탄핵과 구금으로 점철된 한국 대통령이 모습은 양극화의 원인인가, 결과인가?

  2016년 박근혜 대통령 탄핵 정국과 달리 윤석열 대통령 탄핵 정국에서는 소위 보수와 진보 세력이 결집된 모습을 보였다. 입법부를 마비시킬 뿐 아니라 일체의 정치활동을 금지하겠다는 반민주주의, 권위주의적 내용을 담은 포고령에 기반한 계엄이었음에도 불구하고, 계엄 선포의 정당성과 탄핵의 부당함을 외치는 목소리가 예상 외로 강했다. 게다가 대통령 탄핵 반대 세력의 상당수는 민주주의의 근간이 되는 선거제도에 대한 신뢰도 공유하지 않았다. 두 개의 진영으로 나뉘어 상대 진영을 적대시하는 정치 상황은 우리만의 문제는 아니다. 많은 민주주의 국가에서 양극화의 심화에 따른 민주주의의 쇠퇴, 포퓰리즘의 부상, 권위주의로의 회귀 등과 같은 문제들을 심각하게 바라보고 있다(Grillo et al. 2024; Haggard and Kaufman 2021; Levitsky and Ziblatt 2019). 현상은 유사하지만 그 원인과 양태는 국가별로 다르기 때문에, 민주주의 회복을 위한 처방이 공유되지는 않는 실정이다. 이 글에서는 한국 유권자 차원에서의 양극화 현황을 살펴보고, 이를 극복하기 위한 대안으로 개헌을 비롯한 정치개혁이 효과적인 해법이 될 수 있을지를 따져본다.

  2025년 1월에 구축된 온라인 설문자료(n=1,514) 분석 결과, 유권자 차원의 정서 양극화 affective polarization 의 내용에 흥미로운 특징을 확인할 수 있었다. 전체적으로 정치권에 대한 부정 감정negative emotion이 높은데, 상대방 정당/정치인에 대해서는 역겨움disgust을, 자신이 지지하는 정당/정치인에 대해서는 분노anger를 느끼는 비율이 높음을 알 수 있다. 사회심리학 이론(Banks and Valentino 2012; Molho et al. 2017; Russell and Giner-Sorolla 2013)에 따르면 역겨움은 회피avoidance 동기가 작동한 감정이기 때문에 그 대상을 절멸의 대상으로 삼는 경향이 있다. 반면 분노는 접근approach 동기가 작동한 감정이기 때문에 그 대상을 개선의 여지가 있는 대상으로 여기는 경향이 있다. 이 발견은 현재 한국 유권자 차원에 내재된 양극화 특징이 '상대방의 절멸'이라는 극단적 선택으로 치우쳐 있음을 고려해야 한다는 점을 시사한다.

또한 대통령의 자질에 대한 평가도 지지 정당에 따라 확연히 갈렸다. 강한 리더십과 확고한 원칙을 중시하는 경향은 국민의힘 지지자들에게서 크게 나타난 반면, 협치와 소통 능력을 중시하는 경향은 야당 지지자들에게서 두드러졌다. 문제는 이러한 차이가 정치 개혁에 대한 의견 차이로도 이어진다는 점이다. 현행 대통령제를 바꾸는 개헌과 대통령의 권력 분산을 목적으로 한 정치개혁에는 국민의힘 지지자들이 눈에 띄게 반대하는 경향을 보인다. 한편 현행 국회의원 제도를 개혁하자는 의견에는 더불어민주당 지지자들의 반대가 상대적으로 강하다. 이러한 결과는 1987년 제6공화국 정치체제에 대한 불만과 개혁의 필요성에 대한 공감이 유권자 차원에서 있다고 해도, 각론으로 들어가면 양극화의 벽을 넘지 못함을 의미한다. 순서 상으로 볼 때 양극화의 완화가 정치제도 개혁에 우선해야 할 것이고, 제도의 문제를 지적하기에 앞서 정치인, 정당, 유권자 차원에서의 문제를 적시하고 이를 해소하기 위한 방안을 모색하는 것이 급선무다.

2. 정서 양극화

정치 양극화 현상은 '정치인(국회의원) 차원의 이념 양극화 ideological polarization'와 '유권자 차원의 이념 양극화 및 정서 양극화 affective polarization'로 나누어 볼 수 있다. 유권자 차원의 이념 양극화는 정파적 배열partisan sorting이라는 개념과 구분된다. 이념 양극화는 중도 성향의 유권자 비율이 줄어드는 동시에 유권자가 자신의 이념 성향과 일치하는 정당을 지지하는 경향이 강화되는 현상을 말한다(Abramowitz and Saunders 2008). 반면, 정파적 배열은 중도 유권자 비율의 변화 없이, 유권자가 자신의 이념 성향과 일치하는 정당을 더 강하게 지지하는 경우를 지칭한다(Levendusky 2009). 다시 말해 이념 양극화는 유권자가 두 진영으로 갈리는 현상을 의미하고, 정파적 배열은 유권자가 두 진영으로 갈리지 않은 채, 각 정당 내 유권자의 이념 순도가 높아짐을 의미한다. 기존 연구(하상응 2022)는 한국 유권자 차원에서 보이는 양극화 현상이 이념 양극화보다는 정파적 배열에 가까움을 확인하였다. 한편 정서 양극화는 지지하는 정당을 둔 유권자들이 다른 정당 혹은 다른 정당을 지지하는 유권자들에 대해 부정적인 감정을 표현하는 경향성을 의미한다(Iyengar et al. 2019). 이념 양극화 현상과는 달리, 한국 유권자 차원에서 정서 양극화가 진행되는 흔적이 관찰된다(하상응 2022). 실제로 보수정당 지지자는 진보정당을, 진보정당 지지자는 보수정당을 점점 더 부정적으로 느끼는 경향을 보인다. 다만, 정서 양극화가 시계열적으로 심화됐다거나, 그 정도가 심각하다고 이야기 하기에는 증거가 부족한 상황이다(강우창·이준호 2024).

이 글에서는 2025년 1월 윤석열 대통령 탄핵 정국에서 수행된 횡단자료cross-sectional data 분석 결과에 의존하기 때문에 양극화의 시계열적 변화보다는 양극화의 내용에 초점을 맞추어 본다. 정서 양극화를 측정하는 도구로는 정치인 혹은 정당에 대한 감정온도feeling thermometer가 일반적으로 사용된다. 양대 정당인 더불어민주당과 국민의힘, 그리고 지난 대통령 선거 때 이들 정당을 대표한 후보였던 윤석열과 이재명을 놓고 물어본 감정온도(0도~100도)의 분포를 지지 정당 별로 나누어 보면 〈그림 1〉과 같다.

그림 1 | 정당과 정치인에 대한 감정 온도 분포 (%): 지지 정당별

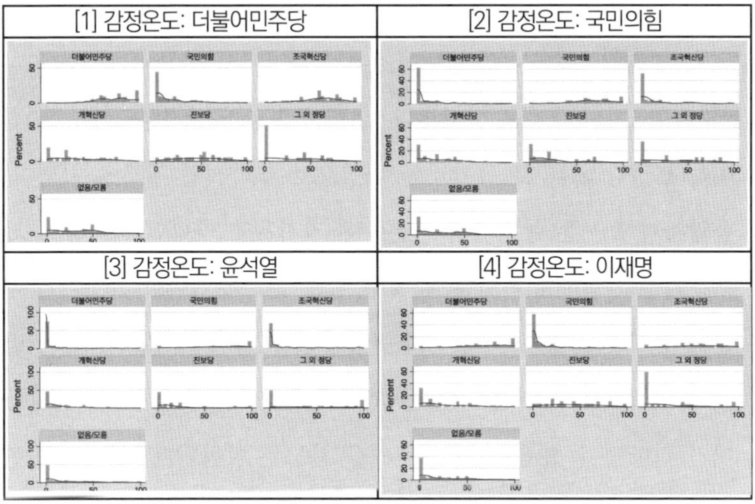

■ 다음 질문에 대한 답을 기술함. "다음 정당과 정치인에 대해 얼마나 좋아하거나 싫어하는지 0에서 100 사이의 숫자로 선택해 주십시오. 0은 대단히 싫어한다는 것을 의미하며 100은 대단히 좋아한다는 것을 의미합니다. 좋지도 싫지도 않을 경우는 50점입니다."
■ 각 정당 지지자의 수는 다음과 같음: 더불어민주당(467), 국민의힘(418), 조국혁신당(127), 개혁신당(70), 진보당(23), 그 외 정당(26), 지지정당 없음(383).

예상대로 더불어민주당 지지자와 국민의힘 지지자의 감정온도 패턴은 확연히 구분된다. 더불어민주당 지지자는 경쟁 대상인 국민의힘에 대해 매우 부정적인 감정을 느끼고 있고, 국민의힘 지지자는 더불어민주당과 조국혁신당에 대해 강한 부정 감정을 표현하고 있다. 더불어민주당 지지자와 조국혁신당 지지자의 경우 윤석열에 대한 부정감정이 매우 강하고, 국민의힘 지지자의 경우 이재명에 대한 부정감정이 높게 나타난다. 지지 정당이 없거나 군소정당을 지지하는 응답자는 양대 정당과 윤석열 및 이재명에 대한 감정이 평균적으로 좋지 않은 편이다. 더불어민주당 지지자가 국민의힘/윤석열을 싫어하는 정도와 국민의힘 지지자가 더불어민주당/이재명을 싫어하는 정도가 큰 점은 확인되지만, 이것이 과거에 비해 더 심화된 것인지 아니면 완화된 것인지를 판단하기 쉽지 않기 때문에 유권자 차원에서의 정서 양극화가 심하다는 결론을 내리기는 어렵다.

따라서 횡단자료라는 한계에도 불구하고 다루어 볼 수 있는 정서 양극화의 내용을 살펴본다. 위에서 확인한 감정온도에서 50점 이하(부정감정)를 준 응답자를 대상으로 추가적인 질문을 하였다. 응답자가 느끼는 부정감정이 분노에 가까운지 아니면 역겨움에 가까운지를 선택하게 하였다. 분노는 접근 동기에 기반한 감정이기 때문에 상대방의 행동에 개선 가능성이 있을 경우 발현된다. 다시 말해 나의 감정이 상대방의 행동을 바꿀 수 없거나 상대방의 반발에 내가 저항할 수 없음을 깨닫는 경우 분노는 발현되지 않는다. 반면 역겨움은 회피 동기에 기반한 감정이기 때문에 상대방의 행동 개선 가능성에 대한 기대가 아예 없는 상황에서 발현된다. 역겨움은 그 대상이 나의 눈 앞에서 사라지길 바라는 감정이다. 따라서 민주당 지지자가 윤석열에게 분노를 느낀다면, 이는 그의 행동이 자신의 선호에 맞게 개선될 여지가 있다는 믿음의 발현이라고 볼 수 있다. 만약 국민의힘 지지자가 이재명에게 역겨움을 느낀다면, 그를 개선 여지가 없는 정치인으로 간주하고 정치권에서 사라지길 바란다는 의사의 표현으로 볼 수 있다. 따라서 동일한 부정 감정이라고 해도 분노가 역겨움에 비해서는 양극화의 완화에 도움이 된다. 반대로 유권자들의 분노가 역겨움으로 대체된다면 서로 다른 진영 간의 대화와 타협이 불가능해 질 것이다. 결과는 〈표 1〉에서 확인할 수 있다.

표 1 | 정당과 정치인에 대한 부정 감정(분노 혹은 역겨움): 지지정당

	더불어민주당에 대한 부정 감정 (n=889)					국민의힘에 대한 부정 감정 (n=1,081)				
	민주	국힘	혁신	개혁	없음	민주	국힘	혁신	개혁	없음
분노	94.6 (53)	38.8 (154)	81.3 (26)	66.0 (33)	65.1 (209)	25.4 (113)	88.6 (78)	20.5 (23)	46.2 (30)	52.1 (174)
역겨움	5.4 (3)	61.2 (243)	18.8 (6)	34.0 (17)	34.9 (112)	74.6 (332)	11.4 (10)	79.5 (89)	53.8 (35)	47.9 (160)
총합	100.0 (56)	100.0 (397)	100.0 (32)	100.0 (50)	100.0 (321)	100.0 (445)	100.0 (88)	100.0 (112)	100.0 (65)	100.0 (334)
	윤석열에 대한 부정 감정 (n=1,143)					이재명에 대한 부정 감정 (n=1,016)				
	민주	국힘	혁신	개혁	없음	민주	국힘	혁신	개혁	없음
분노	18.6 (83)	77.3 (99)	19.0 (23)	44.9 (31)	41.9 (143)	75.4 (95)	16.4 (65)	73.1 (38)	46.6 (27)	48.0 (166)
역겨움	81.4 (364)	22.7 (29)	81.0 (98)	55.1 (38)	58.1 (198)	24.6 (31)	83.6 (331)	26.9 (14)	53.5 (31)	52.0 (180)
총합	100.0 (447)	100.0 (128)	100.0 (121)	100.0 (69)	100.0 (341)	100.0 (126)	100.0 (396)	100.0 (52)	100.0 (58)	100.0 (346)

■ 다음 질문에 대한 답을 기술함: (더불어민주당/국민의힘/윤석열/이재명에 대한 감정온도가 100점 만점에 50점 이하인 응답자만을 대상으로) "귀하는 다음의 두 진술 중 어느 쪽이 귀하의 입장을 잘 표현한다고 생각하십니까?" (0= "분노를 일으킨다. 잘못하고 있음을 따지고 싶다", 1="역겹다. 정치권에서 안 봤으면 한다"). 지지 정당별 응답 비율 제시함. 괄호 안에는 응답자 수를 제시함.

우선 더불어민주당에 대한 부정감정의 내용을 살펴본다. 예상대로 더불어민주당에 대해 부정감정을 표현하는 더불어민주당 지지자는 자신의 부정감정을 분노(94.6%)로 생각한다. 역겨움(5.4%)이라고 생각하는 비율은 매우 적다. 한편 더불어민주당에 대해 부정감정을 느끼는 국민의힘 지지자는 역겨움(61.2%)을 분노(38.8%)보다 더 많이 선택하고 있다. 지지정당이 없는 응답자가 더불어민주당에 대해 느끼는 부정감정이 분노 65.1%, 역겨움 34.9%임을 고려하면 더불어민주당 지지자와 국민의힘 지지자 간의 차이는 확연하다. 유사한 패턴이 국민의힘에 대한 부정감정에서도 확인된다. 더불어민주당 지지자 중에서 국민의힘에 부정감정을 느끼는 응답자는 분노(25.4%)보다 역겨움(74.6%)을 선택하는 비율이 높다. 한편 국민의힘 지지자 중에서 국민의힘에 부정감정을 느끼는 응답자는 역겨움(11.4%)보다 분노(88.6%)를 선택하는 경향이 두드러졌다. 지지정당이 없는 응답자가 국민의힘에 대해 느끼는 부정감정이 분노 52.1%, 역겨움 47.9%임을 고려하면 더불어민주당 지지지와 국민의힘 지지자 간의 차이를 명확히 확인할 수 있다.

정치인 윤석열과 이재명에 대한 부정감정에서도 유사한 패턴을 관찰할 수 있다. 더불어민주당 지지자 중에서 윤석열에 대한 부정감정은 분노 18.6%, 역겨움 81.4%로 나뉜다. 국민의힘 지지자 중에서 윤석열에 대한 부정감정은 각각 분노 77.3%, 역겨움 22.7%다. 한편 더불어민주당 지지자 중에서 이재명에 대한 부정감정은 분노 75.4%, 역겨움 24.6%인 반면, 국민의힘 지지자 중에서 이재명에 대한 부정감정은 분노 16.4%, 역겨움 83.6%다. 지지하는 정당이 없는 응답자의 부정감정의 분노 및 역겨움 비율이 반반 정도로 나뉘는 사실(윤석열: 분노 41.9%, 역겨움 58.1%; 이재명: 분노 48.0%, 역겨움 52.0%)을 고려하면 지지정당에 따른 정치인에 대한 부정감정의 내용은 확연히 다른 패턴을 보인다.

그림 2 | 부정감정(분노-역겨움)의 결정 요인: 회귀분석 결과

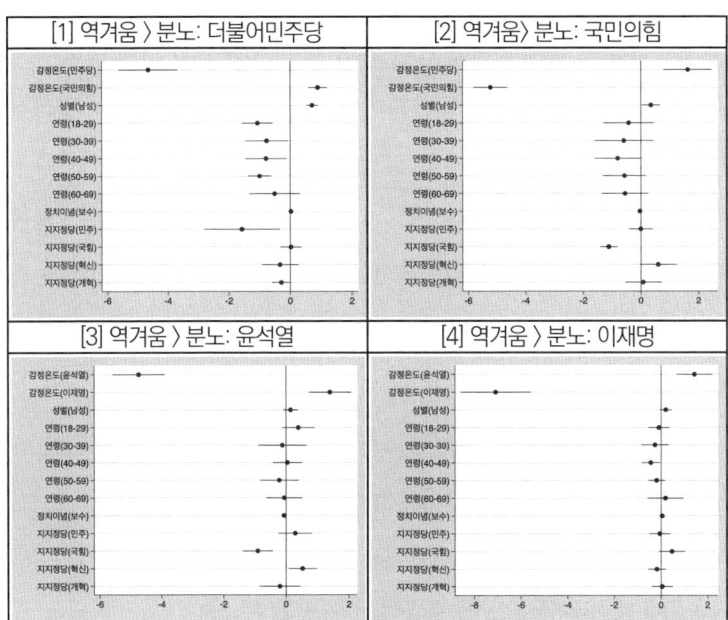

■ 다음의 설문 문항을 종속변수로 삼았음: (더불어민주당/국민의힘/윤석열/이재명에 대한 감정온도가 100점 만점에 50점 이하인 응답자만들 대상으로) "귀하는 다음의 두 진술 중 어느 쪽이 귀하의 입장을 잘 표현한다고 생각하십니까?" (0= "분노를 일으킨다. 잘못하고 있음을 따지고 싶다", 1="역겹다. 정치권에서 안 봤으면 한다")
■ 이항 로짓 결과. 회귀계수와 95% 신뢰구간이 제시되어 있음. 감정온도 점수는 시각화의 편의를 위해 100으로 나눈 후 회귀식에 포함시켰음. 연령 변수의 기준 범주는 "70세 이상", 지지정당 변수의 기준 범주는 "지지정당 없음". 그래프에 제시된 변수 외에도 정치 관심, 소득수준, 자산, 7개 지역(서울, 인천/경기, 대전/세종/충청, 광주/전라, 대구/경북, 부산/울산/경남, 강원/세수) 더미 변수들이 회귀모형에 포함되었음. 7개 지역 기준 클러스터 표준 오차를 반영함.

부정감정을 호소한 응답자들 중에서 분노 대신 역겨움을 선택한 응답자들의 특징이 어떠한지를 확인하기 위해 회귀분석을 수행하였고 그 결과를 〈그림 2〉에 요약하였다. 〈그림 2〉는 각 독립변수의 회귀계수와 그에 딸린 95% 신뢰구간을 보고하고 있다. 응답자의 성별, 연령, 정치이념, 지지정당 등을 주요 독립변수로 삼았고, 정당 및 정치인에 대한 감정온도와 응답자의 소득, 자산, 거주 지역(7개 권역 기준)을 통제변수로 고려했다. 다른 변수들을 통제한 후에도 정당에 대한 감정온도는 일관되면서 통계적으로 유의미한 결과를 보였다. 더불어민주당에 대한 감정온도가 높을 수록 더불어민주당에 대해서는 역겨움보다 분노를 더 느끼고〈그림 2〉의 [1], 국민의힘에 대해서는 분노보다 역겨움을 더 느낀다〈그림 2〉의 [2]. 국민의힘에 대한 감정온도는 정반대의 결과를 보여준다. 정치인(윤석열과 이재명)에 대한 부정감정의 결정 요인 중에서도 정치인에 대한 감정온도가 눈에 띈다. 이재명에 대한 감정온도가 높을수록 윤석열에 대해서는 분노보다 역겨움을 더 느끼고〈그림 2〉의 [3], 이재명에 대해서는 역겨움보다 분노를 더 느낀다〈그림 2〉의 [4]. 이와는 완전히 반대되는 결과를 윤석열에 대한 감정온도의 효과에서 확인할 수 있다.

정당 및 정치인에 대한 부정감정의 결정요인으로 정당/정치인에 대한 감정온도 외에도 지지정당 변수가 대부분 통계적으로 유의미한 결과를 보여준다. 국민의힘 지지자는 지지정당이 없는 응답자 대비, 국민의힘과 윤석열에 대해 역겨움 대신 분노를 더 느끼는 경향을 보인다. 더불어민주당 지지자는 지지정당이 없는 응답자 대비 더불어민주당에 대해 역겨움 대신 분노를 더 느끼는 경향을 보이나 이같이 통계적으로 유의미한 차이가 이재명에 대한 부정감정에서는 확인되지 않는다. 요약하자면 회피동기와 연관된 역겨움은 자신이 지지하지 않는 정당과 정치인에 대한 부정감정을 구성하고, 접근동기와 연관된 분노는 자신이 지지하는 정당과 정치인에 대한 부정감정을 구성함을 알 수 있다. 이 결과는 기존 사회심리학 연구의 내용과 일치하는 것이다.

3. 대통령의 자질

설문조사에 대통령의 자질에 대한 의견을 묻는 문항들도 담았다. 구체적으로 [1] 야당이나 여론의 반대에 흔들리지 않는 강력한 리더십, [2] 국민과의 소통 능력, [3] 야당과의 협치 능력, [4] 뚜렷한 정치 이념과 철학이 각각 대통령의 자질로 중요한지 여부에 대한 답을 받았다. 설문 문구에서 확인할 수 있듯이, 국회에 의해 탄핵되긴 했지만 윤석열 대통령이 여전히 직을 유지하고 있을 때 설문이 수행되었다는 사실을 고려하면 이 문항들에 대한 대답은 윤석열 대통령을 염두에 두고 나왔을 것이라 짐작할 수 있다. 예를 들어 첫번째 진술인 "야당이나 여론의 반대에 흔들리지 않는 강력한 리더십"을 국민의힘 지지자는 중요하다고 판단하겠지만, 더불어민주당 지지자는 상대적으로 중요하지 않다고 생각할 가능성이 높다.

〈표 2〉에 제시된 결과를 보면, 예상대로 대통령 자질에 대한 입장이 지지정당에 따라 확연히 갈림을 알 수 있다. 강력한 리더십이 "매우 중요하다"는 응답의 비율은 전체 응답자의 29.6%, 지지정당이 없는 무당파 응답자의 24.5%인데, 국민의힘을 지지하는 응답자의 44.0%를 차지하고 있다. 이는 탄핵정국에서 윤석열 대통령에 대해 상대적으로 우호적이거나 계엄에 유보적인 입장을 보이는 경향이 응답에 반영된 것이라 볼 수 있다. 반면 야당과의 협치 능력이 "매우 중요하다"는 응답의 비율은 정반대의 양상을 보인다. 전체 응답자의 44.6%, 지지정당이 없는 응답자의 39.7%가 협치를 매우 중요하다고 응답한 반면, 국민의힘을 지지하는 응답자의 29.0%, 더불어민주당을 지지하는 응답자의 58.9%가 같은 응답을 보였다. 국민과의 소통 능력을 대통령의 자격으로 요구하는 비율 역시 국민의힘 지지자(65.8%)보다 더불어민주당 지지자(84.4%)에서 두드러지게 나타났다. 뚜렷한 정치이념과 철학을 요구하는 비율은 국민의힘 지지자(56.2%)가 더불어민주당 지지자(37.7%) 보다 높았다.

표 2 | 대통령 자질에 대한 태도: 지지정당 별

	강력한 리더십				협치 능력			
	전체	민주	국힘	무당파	전체	민주	국힘	무당파
전혀 중요하지 않음	3.6 (54)	6.9 (32)	0.2 (1)	2.6 (10)	0.9 (14)	0.4 (2)	1.4 (6)	1.3 (5)
별로 중요하지 않음	15.9 (240)	22.1 (103)	5.5 (23)	15.7 (60)	6.5 (99)	2.8 (13)	9.1 (38)	9.7 (37)
중요한 편임	51.0 (772)	47.5 (222)	50.2 (210)	57.2 (219)	48.0 (726)	37.9 (177)	60.5 (253)	49.4 (189)
매우 중요함	29.6 (448)	23.6 (110)	44.0 (184)	24.5 (94)	44.6 (675)	58.9 (275)	29.0 (121)	39.7 (152)
총	100.0 (1,514)	100.0 (467)	100.0 (418)	100.0 (383)	100.0 (1,514)	100.0 (467)	100.0 (418)	100.0 (383)
	소통 능력				뚜렷한 정치이념과 철학			
	전체	민주	국힘	무당파	전체	민주	국힘	무당파
전혀 중요하지 않음	0.7 (11)	0.9 (14)	0.2 (1)	1.3 (5)	1.3 (20)	0.9 (4)	0.7 (3)	1.6 (6)
별로 중요하지 않음	3.1 (47)	2.6 (12)	2.8 (12)	4.7 (18)	10.1 (153)	12.2 (57)	4.8 (20)	13.8 (53)
중요한 편임	22.8 (345)	12.2 (57)	31.1 (130)	27.4 (105)	47.4 (718)	49.3 (230)	38.3 (160)	53.8 (306)
매우 중요함	73.4 (1,111)	84.4 (394)	65.8 (275)	66.6 (255)	41.2 (623)	37.7 (176)	56.2 (235)	30.8 (118)
총	100.0 (1,514)	100.0 (467)	100.0 (418)	100.0 (383)	100.0 (1,514)	100.0 (467)	100.0 (418)	100.0 (383)

■ 다음의 설문 문항에 대한 응답을 기술함: "대통령의 자질로서 다음의 각 요인이 얼마나 중요하다고 생각하십니까? [1] 야당이나 여론의 반대에 흔들리지 않는 강력한 리더십, [2] 국민과의 소통 능력, [3] 야당과의 협치 능력, [4] 뚜렷한 정치 이념과 철학. (1="전혀 중요하지 않다"; 4="매우 중요하다"). 지지 정당별 응답 비율 제시함. 괄호 안에는 응답자 수를 제시함.

대통령 자질에 대한 입장의 결정 요인을 회귀분석을 통해 확인한 결과가 〈그림 3〉에 제시되어 있다. 다른 잠재적인 결정 요인들을 통제하고 나서도, 지지 정당이 없는 응답자에 비해 국민의힘 지지자는 야당과 여론의 반대에도 흔들리지 않는 강력한 리더십과 뚜렷한 정치 이념과 철학을 대통령에게 요구하고 있다. 반면 지지 정당이 없는 응답자에 비해 민주당 지지자는 국민과의 소통능력과 야당과의 협치 능력을 대통령에게 요구하는 경향이 나타난다. 흥미로운 점은 정서 양극화 정도가 높은 유권자들은 언급된 네 가지 대통령의 자질이 모두 필요하다고 생각한다는 것이다. 여기서 정서 양극화 변수는 양대 정당에 대한 감정온도의 차이를 분자, 합을 분모로 놓고 계산한 값에 절대값을 취한 것이다. 정서 양극화 변수가 특정 정당 혹은 정치인에 대한 방향성을 나타내지 않기 때문에, 이 결과는 자신이 지지하는 정당 혹은 정치인에 대한 호감도가 높은 경우(즉 정서 양극화가 높은 경우) 대통령이 갖춰야 하는 네 가지 자격을 모두 요구한다는 해석이 가능하다.

그림 3 | 대통령 자질에 대한 태도의 결정 요인: 회귀분석 결과

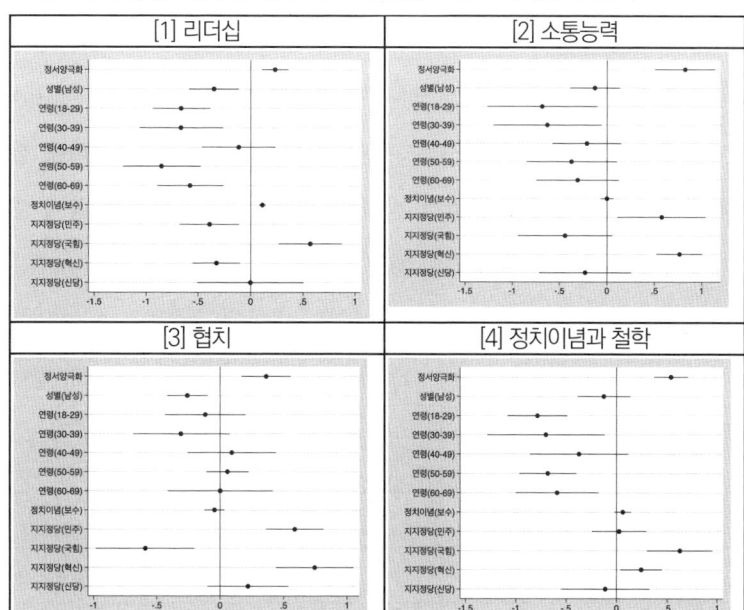

■ 다음의 설문 문항을 종속변수로 삼았음: "대통령의 자질로서 다음의 각 요인이 얼마나 중요하다고 생각하십니까? [1] 야당이나 여론의 반대에 흔들리지 않는 강력한 리더십, [2] 국민과의 소통 능력, [3] 야당과의 협치 능력, [4] 뚜렷한 정치 이념과 철학. (1="전혀 중요하지 않다"; 4="매우 중요하다")

■ 순서형 로짓 결과. 회귀계수와 95% 신뢰구간이 제시되어 있음. 연령 변수의 기준 범주는 "70세 이상", 지지정당 변수의 기준 범주는 "지지정당 없음". 그래프에 제시된 변수 외에도 정치 관심, 소득수준, 자산, 7개 지역(서울, 인천/경기, 대전/세종/충청, 광주/전라, 대구/경북, 부산/울산/경남, 강원/제주) 더미 변수들이 회귀모형에 포함되었음. 7개 지역 기준 클러스터 표준 오차를 반영함.

4. 개헌 및 정치 개혁

　　지지하지 않는 정당과 정치인에 대해 역겨움이라는 회피동기에 기반한 부정 감정을 갖는 정서 양극화 상황에서는, 대통령에게 요구하는 자격에 대한 입장 역시 정치 환경에 따라 여당과 야당 지지자 간 차이를 보인다. 따라서 계엄과 탄핵으로 점철된 정치 상황을 해결하기 위한 노력의 일환으로 논의되는 개헌과 정치 개혁에 대

한 입장 역시 지지 정당에 따라 확연히 다른 결과를 낳을 것으로 예상된다. 유권자들이 지지하는 정당에게 유리한 방향으로 한국 정치의 갈등 양상을 재단하는 현상은 꾸준히 확인되고 있다(길정아·하상응 2019; 길정아·하상응 2024). 한국 정치의 양극화를 정치 제도 개혁을 통해 해결하려는 논의는 꾸준히 진행 중이지만, 이 개혁의 방향에 대한 국민적 합의가 없다면 의미 있는 성과를 기대하기 어렵다.

표 3 | 개헌 및 정치 개혁에 대한 태도: 지지정당 별

	전체	민주	국힘	무당파
[1] 개헌				
현상유지	29.5 (447)	24.8 (116)	45.5 (190)	19.3 (74)
개헌	53.1 (804)	61.5 (287)	43.1 (180)	48.0 (184)
모름/무응답	17.4 (263)	13.7 (64)	11.5 (48)	32.6 (125)
[2] 대통령 권한				
분산	43.6 (660)	61.0 (285)	22.5 (94)	38.9 (149)
현상유지	36.7 (556)	31.9 (149)	46.7 (195)	33.9 (130)
강화	11.4 (172)	2.6 (12)	24.9 (104)	9.9 (38)
모름/무응답	8.3 (126)	4.5 (21)	6.0 (25)	17.2 (66)
[3] 국회의원 선거제도				
바꿀 필요 있음	64.7 (980)	54.0 (252)	80.6 (337)	60.1 (230)
바꿀 필요 없음	22.3 (338)	35.1 (164)	12.9 (54)	15.1 (58)
모름/무응답	13.0 (196)	10.9 (51)	6.5 (27)	24.8 (95)
총계	1,514	467	418	383

■ 다음의 설문 문항에 대한 응답을 기술함: "귀하는 현행 대통령제를 바꾸는 개헌에 대해 어떻게 생각하십니까", "우리나라 대통령은 어느 정도의 권력을 지니고 있다고 생각하십니까", "귀하는 지금 시행하고 있는 국회의원 선거 제도를 바꿀 필요가 있다고 생각하십니까". 지지 정당별 응답 비율 제시함. 괄호 안에는 응답자 수를 제시함.

〈표 3〉을 보면, 우선 현행 대통령제를 바꾸는 개헌에 대해서는 전체 응답자의 53.1%가 긍정적인 입장을 보이고 있음을 알 수 있다. 하지만 지지 정당에 따라 온도 차이가 있다. 개헌에 가장 긍정적인 집단은 더불어민주당을 지지하는 응답자(61.5%)다. 국민의힘을 지지하는 응답자 중에서는 43.1%만이 개헌이 찬성하고 있고, 그 보다 많은 45.5%가 개헌에 반대하는 입장을 보인다. 이러한 응답 패턴은 지문에 "현행 대통령제를 바꾸는"이라는 표현이 들어가 있기 때문에 발생했다고 볼 수 있다. 국회로부터 탄핵을 당하긴 했지만 설문이 수행되는 시기 당시 대통령은 여전히 윤석열이었기 때문에 국민의힘을 지지하는 응답자에로부터 개헌에 대한 긍정적 응답이 상대적으로 낮게 나타난 것이다. 지지 정당에 따른 응답 패턴이 가장 확연히 다른 경우는 대통령 권력 분산/강화에 대한 입장에서 확인할 수 있다. 대통령의 권한이 분산되어야 한다는 입장에 대한 찬성 비율이 더불어민주당 지지자에서 61.0%였으나 국민의힘 지지자에서는 22.5%에 불과하였다. 반면 대통령 권한이 강화되어야 한다는 입장을 찬성하는 비율은 더불어민주당 지지자에게서 2.6%, 국민의힘 지지자에서는 24.9%로 큰 차이를 보였다. 그러나 더불어민주당이 다수당의 지위를 차지하고 있는 국회에 대한 개혁에는 반대 현상이 확인된다. 국회의원 선거제도 개혁이 필요없다는 의견의 비율이 더불어민주당 지지자에서는 54.0%, 국민의힘 지지자에서는 80.6%나 된다. 결국 자신이 지지하는 정당의 유불리에 따라 정치 개혁에 대한 입장이 결정되는 경향을 보인다는 결론이 가능하다.

〈표 3〉에서 확인된 결과를 조금 더 체계적으로 확인하기 위하여 수행한 회귀분석 결과가 〈그림 4〉에 제시되어 있다. 이미 확인한 바와 같이 현행 대통령제를 바꾸는 개헌에 대해서 국민의힘 지지자들은 지지 정당이 없는 응답자에 비해 반대하는 경향을 보인다. 마찬가지로 국민의힘 지지자들은 대통령의 권력 분산에 대해서도 반대 입장을 보인다. 지지 정당이 없는 응답자에 비해 민주당, 조국혁신당, 개혁신당 지지자들이 대통령 권력 분산을 지지하는 것과 대조된다. 한편 국회의원 선거제도 개혁에 대해서는 민주당 지지자들이 부정적인 입장을 보인다. 흥미롭게도 정서 양극화(지지 정당에 대한 감정과 지지하지 않는 정당에 대한 감정 차이의 절대값)가 높을 수록 개헌이나 대통령 권력 분산에 대한 태도에는 통계적으로 유의미한 차이를 보이지 않지만, 국회의원 선거제도 개혁에 대한 지지와는 유의미한 상관관계를 나타낸다.

그림 4 | 개헌 및 정치 개혁에 대한 태도: 회귀분석 결과

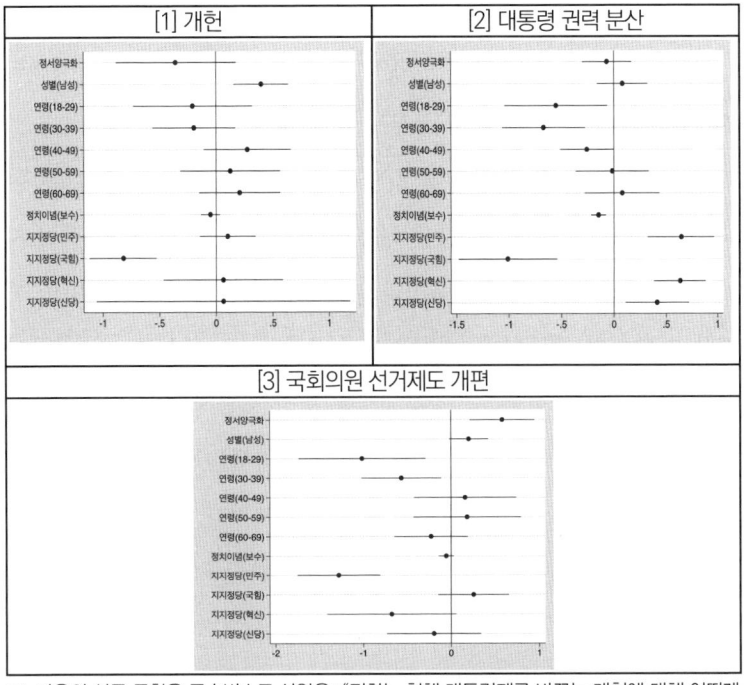

■ 다음의 설문 문항을 종속변수로 삼았음: "귀하는 현행 대통령제를 바꾸는 개헌에 대해 어떻게 생각하십니까" (0="현행제도 유지"; 1="개헌"), "우리나라 대통령은 어느 정도의 권력을 지니고 있다고 생각하십니까" (1="약한 권력", 2="적절한 수준의 권력", 3="강한 권력"), "귀하는 지금 시행하고 있는 국회의원 선거 제도를 바꿀 필요가 있다고 생각하십니까" (1="필요가 없다", 2="필요가 있다"). 순서형 로짓 결과. 회귀계수와 95% 신뢰구간이 제시되어 있음. 연령 변수의 기준 범주는 "70세 이상", 지지정당 변수의 기준 범주는 "지지정당 없음". 그래프에 제시된 변수 외에도 정치 관심, 소득수준, 자산, 7개 지역(서울, 인천/경기, 대전/세종/충청, 광주/전라, 대구/경북, 부산/울산/경남, 강원/제주) 더미 변수들이 회귀모형에 포함되었음. 7개 지역 기준 클러스터 표준 오차를 반영함.

5. 나가며

현재 한국 유권자 차원에서 확인되는 정서 양극화는 상대방 진영과의 접촉을 전제로 하는 분노 대신 상대방 진영을 배제하고 회피하는 역겨움이라는 감정에 기반해 있는 것으로 보인다. 이는 한국 정치의 양극화 성격이 갈등 해소보다 갈등 증폭으로 이어질 소지가 큼을 시사해 준다. 역겨움이라는 감정은 궁극적으로 상대방의 절멸을 지향하기 때문이다. 지지정당에 따라 정치 개혁을 보는 시각이 다른 점도 우려할 만하다. 일각에서는 소위 제왕적 대통령제의 개편을 포함한 개헌을 통해 1987년 체제를 넘어서는 결단이 한국 정치의 고질적 병폐를 치료할 수 있다고 한다. 그러나 현재 국민의힘 지지자들은 대통령제 변경과 대통령의 권력 분산에 부정적인 입장을 보이고 있다. 민주당 지지자들은 국회의원 선거제도 개혁에 부정적인 입장을 보인다. 현재 자신의 지지 세력에게 유리한 입장을 정치 제도 개혁을 논의하는 과정에서도 투영하고 있음을 알 수 있다. 이 상황에는 모든 정치 개혁안들이 정치적 입장에 의해 재단될 가능성이 높다. 정치적 판단으로부터 자유로워야 할 법원과 판사에 대한 평가도 이미 정치적 입장에 의해 재단되는 판국이니, 개헌과 정치제도 개혁에 대한 합의를 만드는 작업은 요원하다.

이번 계엄과 탄핵 사태를 계기로 소위 제왕적 대통령제의 문제점이 다시 한 번 부각되었다. 대한민국의 대통령제가 제왕적이라는 비판을 받는 이유는 역설적으로 우리나라의 대통령제가 순수한 대통령제의 모델을 따르지 않기 때문이다. 우리나라 대통령제는 내각제적 요소를 일부 포함하고 있기 때문에 대통령에게 권한이 집중되어 권력 분립이 제대로 이루어지지 않는 경향이 있다. 예를 들어 여당 국회의원들이 대통령의 부름을 받고 행정부의 장관직을 겸직할 수 있다는 사실을 주목해보자. 이것은 대통령이 실질적으로 입법부의 영역에 권한을 행사하는 행위라서, 여당은 대통령의 영향권으로부터 자유롭기 어렵다. 순수 대통령제를 채택하고 있는 미국에서는 연방의회 의원이 장관직을 맡게 되면 의원직을 내려놓고 행정부로 이동한다. 따라서 우리나라 대통령제의 개혁을 논의할 때는 입법부에게 부여돼야 할 권한의 일부가 대통령에게 주어져 있다는 사실을 재고 해야 한다. 하지만 국회 다수당을 차지한 더불어민주당의 일련의 탄핵 추진과 대통령의 일관된 거부권 행사가 맞물려 진정국이 교착 상태에 빠진 상황에서, 많은 한국 유권자들은 입법부 권한 강화 논리를 더불어민주당에 힘을 실어주는 시도로 오해하기 쉽다. 이처럼 정치 개혁 논의가 진영논리에 의해 재단된다면, 한 발자국도 앞으로 나아가기 어렵다. 이것이 현재 한국정치가 마주한 비극적인 상황이다.

참고문헌

강우창·이준호. 2024. 오인과 과장 사이: 한국 유권자의 정서적 양극화에 대한 종단 분석 (2000년~ 2022년).『한국정치학회보』 58(1), 7-32.

길정아·하상응. 2024. "서로를 향한 손가락질: 분점정부에서 국회-행정부 갈등에 대한 유권자 인식."『의정연구』 30(3): 143-188.

길정아·하상응. 2019. "당파적 편향에 따른 책임 귀속: 여야간 갈등인식과 정당 호감도를 중심으로."『의정연구』 25(1): 45-78.

하상응. 2022. "한국 유권자 차원에서의 정치적 양극화"『한국의 사회동향 2022』통계청 통계개발원.

Abramowitz, Alan I. and Kyle L. Saunders. 2008. Is polarization a myth?. *The Journal of Politics*, 70(2), 542-555.

Banks, Antoine. J. and Nicholas A. Valentino. 2012. Emotional substrates of white racial attitudes. *American Journal of Political Science*, 56(2), 286-297.

Grillo, Edoardo, Zhaotan Luo, Monica Nalepa and Carlo Prato. 2024. Theories of Democratic Backsliding. *Annual Review of Political Science*, 27, 381-400.

Haggard, Stephan and Robert R. Kaufman. 2021. *Backsliding: Democratic regress in the contemporary world.* New York: Cambridge University Press.

Iyengar, Shanto, Yphtach Lelkes, Matthew Levendusky, Neil Malhotra and Sean J. Westwood. 2019. The origins and consequences of affective polarization in the United States. *Annual review of political science*, 22(1), 129-146.

Levendusky, Matthew. 2009. *The partisan sort: How liberals became Democrats and conservatives became Republicans.* Chicago:

University of Chicago Press.

Levitsky, Steven and Daniel Ziblatt. 2019. *How democracies die*. New York: Crown.

Molho, Catherine, Joshua M. Tybur, Ezgi Güler, Daniel Balliet and Wilhelm Hofmann. 2017. Disgust and anger relate to different aggressive responses to moral violations. *Psychological Science*, 28(5), 609-619.

Russell, Pascale Sophie and Giner-Sorolla Roger. 2013. Bodily moral disgust: what it is, how it is different from anger, and why it is an unreasoned emotion. *Psychological Bulletin*, 139(2), 328.

저자 약력

강원택 | 서울대 정치외교학부 교수, 서울대 국가미래전략원 원장

런던 정치경제대학교(LSE)에서 정치학 박사학위를 취득하였다. 한국정치학회장, 한국정당학회장을 역임했다. 주요 연구분야는 한국 정치, 의회, 선거, 정당 등이다. 주요 논저로는 『제5공화국』(역사공간, 2024), 『국가는 어떻게 통치되는가』(인간사랑 2022), 『한국 정치의 결정적 순간들』(21세기북스, 2019), 『사회과학 글쓰기』(서울대학교출판문화원, 2019), 『한국 정치론』(박영사, 2019), 『시민이 만드는 민주주의』(박영사, 2018) 등이 있다.

김지혜 | 서강대 사회학과 조교수

서강대학교 사회학과 조교수이며, 미국 아이오와 대학교 사회학 박사학위를 취득하였다. 펜실베니아대학교 한국학연구소 박사후연구원, 한국여성정책연구원 연구원으로 재직한 이력이 있다. 최근 논문으로는 "Perceived China Threat, Conspiracy Belief, and Public Support for Restrictive Immigration Control during the COVID-19 Pandemic" Race & Justice (2023), "Social Capital and Subjective Social Status: Heterogeneity within East Asia" Social Indicators Research (2022), "가치 연구와 이중과정이론(Dual-Process Theory): 암묵적 인지 측정 방법의 적용"『한국사회학』(2022), "종교는 평화인가, 갈등인가? 종교 스키마 국제 비교 연구"『한국사회학』(2024) 등이 있다.

김한나 | 진주교대 도덕과교육 교수

서울대학교 정치외교학부에서 정치학 전공으로 박사학위를 취득하였으며, 서울대학교와 이화여자대학교 등에서 강사로 재직하며 비교정치와 한국정치 과목을 가르쳤다. 서울대 한국정치연구소의 연구원, 이화여대 정치외교학과 BK21 사업단 박사후과정연구원, 미 피츠버그대학교 Asian Studies Center 방문학자를 거쳤다. 현재는 진주교육대학교 도덕과교육 조교수로 재직중이다. 진주교대에서는 비교정치의 관점에서 한국정치, 통일교육, 민주주의, 다문화사회, 세계시민교육 등의 정치학 과목을 맡아 학생들을 가르치고 있다. 세부 전공분야는 비교정치, 한국정치, 정치과정이다. 전공분야의 연구로는 Political Psychology (단독, 2025), Democratization (단독, 2024), Asian Survey (2인 공저 제1저자, 2024), International Journal of Public Opinion Research (2인 공저 교신저자, 2024) 등과 같은 저널에 논문을 최근 게재하였다.

박범섭 | 중앙대 정치국제학과 부교수

중앙대학교 정치국제학과 부교수로 재직 중이며, 비교정치를 전공하고 있다. 연구 관심사는 민주적 책임성(democratic accountability) 메커니즘으로, 특히 선거 과정 중 시민들이 정책 성과를 바탕으로 대표자를 견제할 수 있는 능력을 중점적으로 연구하고 있다. 2025년 중앙대학교로 부임하기 이전에는 숭실대학교 정치외교학과에서 비교정치를, 영국 레딩대학교 정치학과에서 비교정치 및 정치경제 전공 조교수로 재직하였으며, 그 이전에는 미국 뉴저지칼리지정치학과에서 방문조교수로 근무했다. 미국 미주리대학교에서 정치학 박사학위를 받았으며, 런던정경대에서 글로벌 정치학 석사, 독일 베를린경제법대에서 국제경제학 석사 학위를 취득하였다. 주요 연구로는 Political Behavior, Democratization, Journal of Elections, Public Opinion and Parties, European Political Science Review, Electoral Studies 등의 저널에 게재된 논문들이 있으며, 최근 논문으로는 "When do Agents deliver the Vote? A Vote-Popularity Function in Electoral Manipulations" (Democratization, 2024) 등이 있다.

성예진 | 성균관대 좋은민주주의연구센터 전임연구원

서강대학교 정치외교학부를 졸업하고, 서울대학교에서 정치학 석사 및 박사 학위를 취득하였다. 전공 분야는 대통령제, 대통령-의회 관계, 정치제도, 민주주의 인식이며 대통령의 행정입법 활용과 제도적 견제, 민주주의 제도에 대한 시민 인식 등이 주요 관심사이다. 최근 출판 논문으로는 「한국 대통령의 일방적 권력 행사의 정치적 기초: 행정입법 권한의 제도적 전환」, 「승자와 패자는 어떤 민주주의를 선호하는가?: 정당 간 갈등 타협에 대한 인식과 민주주의 만족도」(공저) 등이 있다.

손　열 | EAI 원장, 연세대 국제학대학원 교수

시카고대학교 정치학 박사학위를 취득하였으며, 중앙대학교를 거쳐 현재 연세대학교 국제학대학원 교수, 재단법인 동아시아연구원(East Asia Institute) 원장이다. 연세대학교 국제학대학원 원장과 언더우드국제학부장, 지속가능발전연구원장, 국제학연구소장 등을 역임하였고, 도쿄대학 특임초빙교수, 노스캐롤라이나대학, 캘리포니아대학 방문학자를 거쳤다. 한국국제정치학회 회장(2019)과 현대일본학회장(2012)을 지냈다. Fullbright, MacArthur, Japan Foundation, 와세다대 고등연구원 시니어 펠로우를 지내고, 외교부, 국립외교원, 동북아역사재단, 한국국제교류재단 자문위원, 동북아시대위원회 전문위원 등을 역임했다. 전공분야는 일본외교, 국제정치경제, 동아시아국제정치, 공공외교이다. 최근 저서로는 『트럼프의 귀환, 미국의 미래』(2025, 공편), 『미중 경제 전쟁과 한국: 경제안보의 부상, 위기와 기회』(2024, 공편), 『개념전쟁』(2023), 『2022 대통령의 성공조건』(2021, 공편), 『2022 신정부 외교정책제언』(2021, 편), 『BTS의 글로벌 매력 이야기』(2021, 공편), 『위기 이후 한국의 선택』(2021, 공편), Japan and Asia's Contested Order (2019, with T. J. Pempel), Understanding Public Diplomacy in East Asia (2016, with Jan Melissen), South Korea under US-China Rivalry: the Dynamics of the Economic-Security Nexus in the Trade Policymaking," The Pacific Review 23, 6 (2019) 등이 있다.

유성진 | 이화여대 스크랜튼학부 교수

서울대학교 외교학과와 같은 대학 대학원을 졸업하고 미국 뉴욕주립대(Stony Brook)에서 유권자의 정당과 후보인식, 그리고 정치참여에 관한 논문으로 정치학 박사학위를 받았으며, 미국과 한국을 중심으로 선거, 정당, 여론 등에 관한 연구를 진행하고 있다. 미국정치연구회 회장(2019), 한국정당학회보 편집위원장(2020-2021), 한국정치학회 연구위원장(2022)을 지냈다. 현재까지 70여 편의 연구논문을 Journal of Politics, 한국정치학회보, 국제정치논총, 한국정당학회보, 미국학논집, Issues and Studies, Asia-Pacific Social Science Review 등에 발표한 바 있다.

정인관 | 숭실대 정보사회학과 교수

서울대학교 사회학과에서 학사와 석사를 마치고 미국 예일대학교에서 사회학 박사학위를 취득했다. 전공분야는 불평등과 사회이동, 정보사회학, 교육사회학이다. 〈플랫폼 임팩트 2023〉를 공저했으며 Social Science Research, Sociological Science, American Sociological Review, 『한국사회학』, 『경제와 사회』 등에 주로 불평등과 사회이동 관련 논문을 발표한 바 있다.

하상응 | 서강대 정치외교학과 교수

미국 시카고 대학교에서 정치학 박사를 취득하였다. 주요 연구 분야는 정치심리, 여론, 투표행위, 미국정치 등이다. 미국 Brooklyn College (CUNY) 정치학 조교수, Yale University (Institution for Social and Policy Studies) 박사 후 연구원을 역임 하였다. 최근 연구로는 "서로를 향한 손가락질: 분점정부에서 국회-행정부 갈등에 대한 유권자 인식 (공저)," "민주적 원칙과 당파적 이익: 2020년 국회의원선거에서 위성정당에 대한 태도와 투표선택 (공저)," "한국 유권자의 정당일체감: 사회적 정체성인가, 정치적 이해관계인가? (공저)" 등이 있다.

한   준 | EAI 미래혁신연구센터 소장, 연세대 사회학과 교수

스탠포드대학교 사회학 박사학위를 취득하였으며, 한림대학교를 거쳐 현재 연세대학교 사회학 과 교수, 재단법인 동아시아연구원 미래혁신연구센터 소장이다. 현재 연세대학교 사회과학대학 학장이며, 재단법인 한국사회과학자료원 원장을 역임했고, 하버드-옌칭 연구소 방문학자를 거쳤다. 한국사회학회 회장(2022)을 지냈다. 국민경제자문회의 위원, 삼성경제연구소 자문위원을 역임했으며 통계청 삶의질지표선정위원회 위원장이다. 전공분야는 조직이론, 삶의 질, 예술사 회학이다. 최근 저서로는 『한국 예술계: 기원.발전.쟁점』(2024), 『자본주의의 미래』(2023, 공저), 『사회 안의 조직, 조직 안의 사회』(2022), 『플랫폼 사회가 온다: 디지털 플랫폼의 도전과 사회질서의 재편』(2021, 공저), 『BTS의 글로벌 매력 이야기』(2021, 공편), Beyond Taste Hierarchy?: Inclusionism vs. Cynicism in Korean Cultural Valuation Scheme, Journal of Asian Sociology(2024), "현대 한국 예술계의 변화와 발전" 『현상과 인식』(2023), "2000년 이후 한국 사회학의 사회학: 변동과 과제" 『한국사회학』(2022) 등이 있다.

정치 양극화와 한국 민주주의의 위기

편저자 강원택, 손열
발행인 손열
발행처 (재)동아시아연구원
발행일 2025년 7월 10일

편집 송채린
디자인·인쇄 ㈜ 케이에스센세이션

주소 서울특별시 종로구 사직로7길 1
전화 02-2277-1683 (代)
팩스 02-2277-1684
홈페이지 www.eai.or.kr
등록 제2-3612호(2002. 10. 7.)

ISBN 979-11-6617-956-3 93340

이 책에 실린 글과 이미지의 무단전재·복제를 금합니다.
이 책 내용의 전부 또는 일부를 재사용하려면 발행처의 동의를 받아야 합니다.